김부식과
일연은
왜

김부식과 일연은 왜

삼국사기·삼국유사 엮어 읽기

정출헌 지음

한겨레출판

프롤로그
판도라의 상자를 열며

삼국을 들여다보는 두 개의 창(窓),
『삼국사기』와 『삼국유사』

고인도 날 못 보고, 나도 고인을 못 뵈어.
고인을 못 뵈어도 가던 길 앞에 있네.
가던 길 앞에 있거든 아니 가고 어찌할꼬.

– 퇴계 이황, 〈도산십이곡(陶山十二曲)〉 중에서

옛사람과 나는 만난 적이 없다. 하지만 옛사람의 치열한 삶과 그로부터 얻은 깨달음은 내 앞에 오롯이 남아 있다. 어찌할지 갈팡질팡하는 지금보다 훨씬 오래전에 뚜벅뚜벅 걸어간 옛사람의 선명한 발자취, 그것은 우리 모두에게 너무나도 긴요한 지침이자 등불이다. 이황은 그걸 삶의 잣대로 삼아 자신의 앞길을 꾸려가겠노라 다짐하고 또 다짐했다.

　고전이란 무엇일까? 어떤 사람은, 제목은 익히 들어 알고 있지만 정작 읽지 않는 것이 고전이라고 말한다. 농담 섞인 말이겠지만, 사실 고전을 읽는다는 것은 곤혹스럽고 허망한 일일 수도 있다. 하지만 꼭 그렇지만은 않다. 고전이란 시간이 흘러도 많은 사람들이 소중하게 읽고 간직해온 책에만 붙일 수 있는 이름이다. 가야 할 길이 캄캄하고 아득할 때마다 앞서 걸어온 이들의 걸음을 되짚어볼 수 있는 것은 모두 고전이 있기에 가능한 일이다. 그리고 이것이 우리가 지금 '낡은' 고전을 되돌아보려는 까닭이다.

　김부식의 『삼국사기』와 일연의 『삼국유사』는 아득한 삼국시대의 면모를 전해주는 매우 소중한 우리의 역사 고전이다. 사실 우리가 알고 있는 삼국에 대한 거의 모든 지식은 이들 두 고전에 기대고 있다 해도 과언이 아니다. 현전하는 서적 가운데 가장 오래 된 최고(最古)가 바로 『삼국사기』이고, 우리 고대사를 가장 흥미롭게 담고 있는 최고(最高)가 바로 『삼국유사』다. 이들 두 고전으로 말미암아 한반도 역사의 서막을 화려하게 장식했던 고대 국가의 발자취를 조금이나마 더듬어볼 수 있는 것이다.

　하지만 『삼국사기』와 『삼국유사』가 그려낸 삼국의 역사는 참으로 딴판이다. 모두 삼국을 대상으로 삼고 있음에도 삼국을 기술하는 방식은 물론이고 같은 사건을 다루고 있는 경우조차 찾기 어려울 정도다. 그래서 많은 학자들은 이들 두 역사 고전을 대립적인 차원에서 비교하길 즐겼다. "『삼국사기』가 사대적인 반면 『삼국유사』는 자주적이다." "『삼국사기』가 귀족적인 데 반해 『삼국유사』는 서민적이다." "『삼국사기』가 유교적이라면 『삼국유사』는 불교적이다."

　이외에도 대비되는 측면이 많을 것이다. 하긴 만약 일연이 김부식의 『삼국사기』가 충분하다고 여겼다면 『삼국유사』를 쓰지 않았을 것이다. 뭔가 불만이 있고, 빠뜨린 것이 있다고 여겨 '삼국의 남은 사건들'이라는 의미로 제목을 『삼국유사』로 지었을 것이 분명하다. 그건 김부식도 마찬가지였다. 비록 지금은 전해지고 있진 않지만, 삼국을 통일한 고려의 주역들은 지난 역사를 정리하는 『삼국사』를 편찬한 바 있다. 그럼에도 김부식은 굳이 『삼국사기』를 다시 썼으니, 고려 초에 편찬된 『삼국사』에 불만이 많았기 때문이다. 그래서 역사는 늘 다시 쓰이는 법이다.

　편찬된 시대적 상황 또한 유념해서 볼 필요가 있다. 『삼국사기』는 금나라의 위협과 송나라의 몰락으로 음습한 기운이 나라 전체를 휘감고 있을 때, 서경 중심 세력들이 도참사상이나 풍수지리사상 등 신비적인 세계관을 중심으로 기존 정치 질서에 반기를 들던 고려 중기에 편찬된 역사서다. 『삼국유사』는 몽골의 침입과 삼별초의 난처럼 안팎으로 혼란스런 시대를 마감한 고려 후기에 편찬된 역사서다. 두 역사 고전은 유학자와 승려라는 김부식과 일연의 신분 차이뿐만 아니라 편찬된 시대적 상황 또한 달랐던 것이다. 이처럼 편찬자의 시각에 따라, 또는 시대적 요구에 따라 삼국의 역사는 다른 모습으로 그려질 수밖에 없었다.

　삼국을 들여다볼 수 있는 거의 유일한, 그러나 참으로 상이한 두 개의 창을 비교하며 엮어 읽어야 하는 까닭은 바로 여기에 있다. 같은 삼국시대를 두고 김부식은 왜, 또 일연은 왜 이렇게 서술했을까 하는 궁금증을 가지고 두 책을 함께 읽어가는 것은 온전한 삼국의 역사를 이해하는 첫걸음이자 당대를 다양한 시각으로 볼 수 있는 방법이 될 것이다.

남성의 시각으로 채색된 삼국 여성들

『삼국사기』와 『삼국유사』에는 삼국시대의 사회상은 물론이고 흥망성쇠의 과정이 때로는 사실적으로 때로는 상징적으로 그려 있다. 삼국 가운데서도 신라는 특히 자세하게 기술되어 있다. 그런데 모든 역사가 그러하듯 신라도 한창 번영을 누리다가 내리막길로 접어들 무렵, 사회 기강은 해이해지고 예법도 흐트러질 대로 흐트러졌던가 보다. 흥덕왕은 재임 9년(834), 사람에게는 상하가 있고 지위에는 귀천이 있는데 요즘 백성들은 사치스럽기 그지없어 국산품을 촌스럽게 여기고 예법을 어기는 일이 많다며 개탄하는 교지를 내렸다. 정해진 분수를 지키지 않으면 국법으로 엄히 다스리겠다는 협박과 함께. 값비싼 외국 명품을 선호하는 요즘의 사치 풍조를 상상하면 되겠다. 그러고는 골품과 남녀에 따른 복식 규정을 조목조목 밝혀 놓았다.

> [평민 남자] 두건은 견포(絹布)만을 사용하며, 겉옷과 바지는 포(布)만을 사용한다. 내의는 견포만을 사용하며 띠는 구리와 쇠로만 장식한다. 장화는 검은 사슴 주름 무늬 가죽과 자색 가죽의 사용을 금한다. 장화 띠는 쇠와 구리로만 장식한다. 신발은 마 이하를 사용하며, 포는 12승(升=되) 이하를 사

용한다.

[평민 여자] 겉옷은 면주와 포만 사용하며 내의는 다만 거친 견식(絹織)과 면주(綿紬), 포만을 사용한다. 바지는 깁(거친 명주) 이하를 사용하며 겉치마는 견(絹) 이하를 사용한다. 옷끈은 능(綾, 비단) 이하를 사용하며 띠는 다만 능과 견 이하를 사용한다. 버선목은 무늬 없는 천을 사용하며 버선은 거친 면주 이하를 사용한다. 빗은 흰색 뼈와 뿔 이하를 사용하며 비녀는 유석 이하를 사용한다. 포는 15승 이하를 사용하며 색의 사용은 4두품 여자와 동일하다.

– 『삼국사기』 권33, 「잡지(雜志)」, 〈색복조(色服條)〉

참으로 놀랍다. 어떤 옷감으로 옷을 짓고, 어떤 빛깔의 옷감을 써야 하는가를 모자, 겉옷, 옷고름, 속옷, 바지, 신발, 버선, 빗, 비녀에 이르기까지 세세하게 정해주고 있으니 말이다. 신라시대 평민들은 속옷마저도 아무거나 입을 수 없었던 것이다. 복색만이 아니었다. 말과 수레, 사용하는 물품, 그리고 거주하는 집에 이르기까지 이런 구분은 엄격하게 정해져 있었다. 그런데 자세히 보면 언제나 여자는 남자보다 한 등급이 낮았다. 신라는 잘 알려진 것처럼 구성원을 성골·진골과 같은 왕족을 비롯하여 모두 6단계로 나누는 골품제가 완강하게 지켜지던 사회였다. 종종 사극에서 그려지는 평등하고 자유분방한 풍토와는 거리가 멀었다. 나아가 인간과 인간을 혈통으로 엄격하게 차별하던 신라에서 남녀평등을 기대하기란 애당초 어려웠다. 그때 그곳에도 부귀빈천과 남존여비의 규범은 거부할 수 없는 현실이었던 것이다.

물론 고려 말 성리학이 전래되면서 인간과 인간, 남자와 여자의 위계질서가 보다 정치한 논리로 구축되어간 것은 부정할 수 없다. 그렇다고 불평등한 인간관계의 원죄를 성리학으로 돌리는 것은 정당하지 않다. 단군 신화에서조차 남성 환웅과 여성 웅녀의 차별적 관계는 엄연하지 않았는가? 그곳에서 웅녀는 늘 갈구하고, 환웅은 늘 배푸는 존재였다. 신분차별과 남존여비의 기원은 생각보다 연원이 훨씬 깊었던 것이다. 우리는 여기에서 삼국을 비롯한 신라 사회를 자유롭고 평등한 유토피아처럼 미화해서는 안 된다는 사실을 깨닫게 된다. 서구에서 그토록 예찬해 마지않던 그리스-로마 시대 역시 노예를 '말하는 도구'로 치부하던 불평등한 계급사회였던 것과 마찬가지다. 하지만 천 년 왕국 신라에서는 조선시대라면 상상하기 어려운 현상들이 종종 목격되기도 했다.

> 안장틀은 자단·침향·황양·홰나무를 금하며, 또한 금·은·옥으로 장식하는 것을 금한다. 안장 밑깔개와 안장 자리깔개는 계수금라(罽繡錦羅)·세라(繐羅)·능·호피를 금한다. 재갈과 등자는 금·은·유석을 금하고, 또한 금·은으로 장식하는 것을 금한다. 장니(障泥; 말다래)는 다만 가죽을 사용하고, 가슴걸이는 땋은 끈과 자색 가루로 입힌 줄을 금한다.
>
> – 『삼국사기』 권33, 「잡지」, 〈색복조〉

4두품 이하의 낮은 신분 여성들이 타는 말과 수레를 정한 규정이다. 화려한 안장과 장식을 세세하게 규제하고 있는 것은 복색 조항과 크게 달라 보이지 않는다. 그럼에도 불구하고 이 같은 규정은 4두품 여자들도 말을 타고 거리를 활보했는가 하면, 때로는 정해진 법도를 넘어서서 화려하게 치장한 말을 타고 거들먹거리며 나다녔다는 사실을 역으로 보여준다. 평민 여성이 화려하게 장식한 말을 타고 대로를 나다니다니? 신라시대의 여성은 우리가 흔히 상상하는 조선시대 여성처럼 규방 안에만 다소곳이 머물러 있지 않았던 것이다. 물론 조선시대 여성이 조롱에 갇힌 새처럼 갇혀 지냈다고 생각하는 것도 크게 잘못된 통념이지만. 어쨌든 우리는 『삼국사기』와 『삼국유사』를 읽을 때 법으로 정한 규범으로 통제되지 않던 신라인의 일상, 그리고 여성들도 말을 타고 거리를 활보하던 신라인의 낯선 풍속을 염두에 두지 않으면 안 된다.

이와 함께 고려해야 할 사항이 또 하나 있다. 우리가 지금 접할 수 있는 삼국시대 여성의 모습은 고려시대 김부식과 일연이라는 '완고한' 남성의 시각으로 그려낸 것이라는 사실이다. 이제까지의 거의 모든 역사는 남성 중심으로 쓰였다. 『삼국사기』와 『삼국유사』도 예외는 아니다. 그렇기에 여성은 역사의 전면에 얼굴을 내밀기 힘들었고, 내밀었다고 해도 남성의 시각에 의해 일그러진 모습이기 일쑤였다. 하지만 인간의 절반이 여성이라는 진부한 논리를 들먹이지 않더라도 남성 중심의 가부장적 가족제도가 사회 전반에 완벽하게 뿌리내리기 전, 가정과 사회에서 차지하는 여성의 역할은 무시할 수 없을 만큼 중요했다. 아득한 기원을 갖는 모계 사회에서는 말할 것도 없고, 고구려의 서옥제(壻屋制: 처가 근처에 사위를 머무르게 하는 제도)처럼 여성 중심의 사회적 흔적들은 도처에서 발견된다. 아니, 그런 풍습은 조선 중기까지도 이어졌다. 율곡 이이가 외갓집 강릉에서 어머니 신사임당 손에 자란 것은 너무나도 잘 알려진 사실이다.

하지만 두드러진 여성들의 존재와 역할을 그려내지 않을 수 없었던 남성 역사가의 심경은 착잡했을 법하다. 그렇기에 삼국시대 여성의 활동은 남성 중심의 역사관에 의해 배제되거나 축소되기 일쑤였다. 설사 그려진다 해도 왜곡되거나 일그러진 모습이 대부분이다. 그렇다면 근엄하기 짝이 없는 유학자 김부식과 세속적 욕망에 초탈했을 법한 승려 일연이 그려낸 여성들을 우리는 어떻게 받아들여야 할까?『삼국사기』와『삼국유사』에 등장하는 삼국의 여성들이란 결국 김부식과 일연이라는 두 남성의 프리즘에 굴절되어 그려진 상이기에, 이 점을 염두에 두면서 이면을 들여다봐야만 역사의 깊은 속살에 좀 더 다가갈 수 있을 것이다. 이러한 굴절의 시각을 고려하며 역사를 탐색해보는 것이 고전을 읽는 또 다른 즐거움이다.

새롭게 음미하는 고전 독법

『삼국유사』에는『삼국사기』보다 여성의 모습이 다채롭게 등장하지만, 전체적으로 볼 때 여성이 차지하는 비중은 남성에 비해 훨씬 떨어진다. 그렇다고 남성의 역사 저편에서 언뜻언뜻 얼굴을 내비치고 있는 여성들의 역할을 가볍게 보아서는 안 된다. 그들 가운데에는 웅녀나 유화처럼 고대 국가를 건설한 남성 영웅의 어머니도 있고, 알영이나 허황후처럼 건국주와 함께 거룩한 역사를 함께 만들어간 아내도 있다. 또 여자의 몸으로 지존의 자리에 오른 선덕·진덕·진성여왕과 같은 여성들도 있다. 바보 온달을 고구려 최고의 장수로 길러낸 평강공주와 미천한 서동을 백제의 왕위에 올려놓은 선화공주의 활약도 눈부시다. 어디 그들뿐인가? 폭군의 무자비한 겁탈을 죽음으로 거부한 도미의 아내, 약혼자와의 신의를 굳게 지켜낸 설씨녀, 자신의 몸을 팔아 눈먼 모친을 봉양한 갸륵한 지은, 충절을 위해 가족을 버리고 죽음을 자처했던 박제상의 아내도 빠뜨릴 수 없는 삼국 여성의 모습이다.

여기서는 이런 여성들을 한자리에 불러 놓고, 김부식과 일연이 이들을 어떻게 그렸는지 견줘가며 읽어볼 것이다. 서사의 전체 맥락에 어긋나지 않도록 꼼꼼하게 읽되, 한껏 자유롭게 감상하려 시도할 것이다. 어떤 사람은 고전이 마치 양파 껍질처럼, 무언가 값진 것을 속에 감추고 있으리라고 기대하지만 실상은 아무것도 없다며 비아냥거리기도 한다. 고전에 대한 신랄한 야유다. 하지만 양파란 본디 껍질 하나하나가 모두 값진 자신의 일부이자 전부다. 고전을 읽고 감상하는 것도 이와 다르지 않다. 정말 훌륭한 고전의 미덕은 영구불변의 진리를 담고 있는 그 무엇이 아니라 읽을 때마다 감동의 빛깔이 달라진다는 데 있다. 그렇다면 우리의 역사 고전 『삼국사기』와 『삼국유사』를 읽을 때 전체적인 맥락을 놓치지 않으면서도 오늘날 우리의 문제의식으로 음미해보려는 것이야말로 고전을 고전답게 읽는 법일 수 있다.

실제로 역사서를 읽는 까닭은 절대불변의 객관적 진실을 확인하기 위해서가 아니다. 변치 않은 객관적인 역사 서술이 가능하다면, 역사서가 왜 시대마다 새롭게 쓰이겠는가? 오히려 역사서를 제대로 읽는다는 것은, 그렇게 기록된 까닭을 깊이 음미해보는 과정 자체일 수 있다. 그런 과정에서 우리는 역사에 대한 새로운 인식을 날카롭게 벼려나가는 것이다. 만약 『삼국사기』와 『삼국유사』가 그런 지평을 넓혀주지 못한다면, 그들은 더 이상 우리 시대의 고전이 될 수 없다. 고전은 시대에 따라 새롭게 음미되어야 마땅하기 때문이다. 아니, 그럴 수 있을 때 진정한 우리 시대의 고전이 된다.

그러기 위해서는 우선 우리 고대사에 대한 부풀려진 환상을 경계하는 동시에 삼국시대가 성리학적 이념으로 물들기 이전의 모습을 간직한 사회였다는 사실을 잊지 말아야 한다. 또한 『삼국사기』와 『삼국유사』에 등장하는 삼국의 여성은 그들 본래 모습이 아니라 고려인이 재구(再構)한 결과이고, 그 과정에서 남성적 시각에 의해 심각하게 덧칠되거나 왜곡됐을지도 모른다는 의혹을 놓쳐서는 안 된다. 팽팽한 균형감각과 세심한 독법이 절실하게 요구되는 지점이다.

우리는 이런 마음으로 김부식과 일연, 그리고 그들이 편찬한 『삼국사기』와 『삼국유사』를 음미하는 긴 여정을 떠나고자 한다. 그 과정에서 김부식은 유학자의 근엄한 의관을, 일연은 성스러운 승복을 벗고 발가벗겨진 채 쑥스러운 남성의 몰골로 나타나는 순간도 있을 것이다. 또는 고려 사회를 유교 국가 또는 불교 국가로 만들려던 지배계급의 음험한 이데올로기에 소름이 끼칠 수도 있다. 그들도 어쩔 수 없는 시대적 존재였음을 확인하는 순간이겠고, 그때 우리는 그들의 이런 모습에서 실망하기도 하고 이런 분투에서 감발(感發)받기도 할 것이다. 우리와 크게 다르지 않은, 지난날의 한 역사적 인간이었다는 사실의 공감과 함께.

프롤로그 · 판도라의 상자를 열며 · 4

1부 역사를 보는 두 개의 시선

1 역사는 황당한 이야기가 아니다   근엄한 유학자 김부식의 시선   19

일흔이 넘는 나이에 편찬한 『삼국사기』 • 논란의 소용돌이 속에서 •
유학자가 꿈꾸었던 나라 • 인물을 통해 역사를 말하다 • 인물 선별에 담긴 속뜻

2 눈에 보이는 것이 전부는 아니다   탈속의 승려 일연의 시선   44

불교 국존의 자리에서 편찬한 『삼국유사』 • 동강난 비문과 굴곡진 삶 •
승려의 눈으로 본 세상 • 기이한 일화로 역사를 말하다 • 불교 영험에 담긴 허실

2부 진실을 엿보는 일곱 개의 창

1 건국신화의 숨은그림찾기   유화, 소서노, 알영, 허황후   69

신화 주변을 서성이는 여인들 • 자애로운 어머니로 전락한 유화 •
지아비에게 버림받은 소서노 • 참으로 당당했던 알영과 허황후 •
신화가 끝난 뒤의 쓸쓸함
읽기자료 주몽 신화 • 박혁거세 신화 • 김수로왕 신화

2 공주는 왜 미천한 사내를 만났을까   평강공주와 선화공주   107

비슷하면서도 다른 두 편의 로맨스 • 왜 하필 온달을 선택했을까 •

서동과 〈서동요〉의 영험함 • 일연이 오독한 서동의 정체 •
온달과 서동, 그들은 행복했을까?
읽기자료 평강공주와 바보 온달 • 선화공주와 서동

3 여자는 나라를 다스리지 못한다? 선덕·진덕·진성여왕   137

여자로 지존의 자리에 오른다는 것 • 여왕을 바라보는 남성의 따가운 시선 •
성차별과 혈연적 집착 속에서 • 비범함으로 채색된 선덕여왕의 일화들 •
신라의 여왕을 기억하는 오늘의 의미
읽기자료 신라 최초의 여왕, 선덕 • 신라의 마지막 여왕, 진성

4 그녀의 희생은 사랑이었을까 설씨녀와 호녀   171

강요된 희생과 자발적 선택 사이에서 • 낭군을 향한 호녀의 눈물겨운 희생 •
이들의 사랑을 읽던 일연의 시선 • 다시 이어지는 신도징의 이야기 •
헌신의 아이콘이 된 설씨녀와 호녀
읽기자료 거울로 맺어진 설씨녀와 가실 • 김현과 호랑이 처녀의 사랑

5 너무나 아름다워 위태롭던 부인들 도미처와 도화녀   204

거부할 수 없는 치명적 아름다움 • 집요하게 도미처를 강탈하려던 개루왕 •
죽어서도 도화녀를 잊지 못하던 사륜왕 • 비형랑을 치켜세운 낯간지러운 찬사
읽기자료 절대권력에 맞선 도미처 • 왕을 허락한 도화녀

6 차라리 지아비의 칼에 죽는 게 낫다고?
    계백·소나·박제상·석우로의 처   233

충절이라는 이름으로 포장된 전쟁기계들 • 충신의 아내가 살아가는 법 •
김부식이 그린 박제상의 처 • 일연이 그린 김제상의 처 •
지아비의 복수에도 지켜야할 정도가 있다?
읽기자료 충절에 가려진 박제상의 처 • 신모가 된 김제상의 처

7 자식을 매장한 부모는 유죄인가 손순과 김유신의 처, 지은   266

효에 관한 불가사의한 일화 • 부처를 감동시킨 비정한 부모 •
효자가 되는 험난한 길 • 효행보다 감동적인 지은의 사연 • 정치적 쇼에 동원된 효행담
읽기자료 효녀 지은 • 어머니를 봉양한 가난한 여인

1부

역사를 보는
두 개의 시선

일러두기

1. 이 책의 『삼국사기』와 『삼국유사』 내용은 국사편찬위원회의 국역본을 기준으로 하되 일부 어색한 표현은 우리말에 맞게 수정·보완했다.
2. 2부의 '읽기자료' 제목들은 독자의 편의를 위해 편집부에서 임의로 붙인 것이다.

1. 역사는 황당한 이야기가 아니다
근엄한 유학자 김부식의 시선

일흔이 넘는 나이에 편찬한 『삼국사기』

인종 23년, 김부식이 편찬한 신라·고구려·백제의 삼국사(三國史)를 드렸더니, 왕이 내시 최산보를 그의 저택으로 보내어 칭찬하며 격려의 말을 전하고 화주(花酒)를 내려주었다. 의종이 즉위한 후 김부식을 낙랑군개국후(樂浪郡開國候)로 봉하고, 식읍 1천 호에 식실봉 4백 호를 주었으며, 인종실록을 편찬할 것을 명령했다. 의종 5년에 죽으니 향년 77세였으며, 시호는 문열(文烈)이라고 했다.

— 『고려사』 권98, 「열전」, 〈김부식〉

김부식(金富軾)의 영광에 찬 삶을 증언하고 있는 대목이다. 여기에는 김부식이 고려 인종 23년(1145) 『삼국사기』를 편찬한 사업이 얼마나 큰 국가적 대사였는가가 생생하게 기록되어 있다. 왕이 측근을 보내어 술을 내려주었다는 짤막한 언급에 불과하지만, 후대의 역사가들이 역사서에 기록했을 만큼 각별한 사건이었다. 하긴 그런 각별함은 김부식 자신에게도 마찬가지였다. 『삼국사기』의 편찬을 마쳤을 무렵, 김부식은 일흔이 넘은 나이였다. 말하자면 자신의 삶을 마감할 즈음, 마지막 열정을 불사르며 이룩했던 일생일대의 대역사였던 것이다.

무엇이 김부식으로 하여금 자신의 혼불을 불살라가며 『삼국사기』를 쓰도록 만들었던 것일까? 이를 이해하기 위해, 그 편찬 시대와 편찬 책임자 김부식의 삶을 간단히 점검해볼 필요가 있다. 인종 시기는 신채호가 일컬었듯, "조선 역사상 1천 년 이래 제1대 사건"인 '묘청의 난'이 일어났다. 그건 고려 건국 이래 꾸준히 진행되던 문벌귀족 중심의 유가적 통치이념에 대한 반발로부터 말미암은 사건이다. 당시의 시대적 정황은 위태롭기 짝이 없었다. 간략히 요약하자면 밖으로는 요나라·금나라의 부침과 송나라의 몰락, 안으로는 이자겸(李資謙)을 비롯한 외척 세력의 왕권 도전이 있었다. 안팎으로 불안한 긴장과 음습한 기운이 고려를 휘감고 있었던 것이다. 그리고 이런 시대적 혼란을 틈타 묘청(妙淸)·정지상(鄭知常) 등 서경 중심 세력들이 기존 정치 질서에 반기를 들고 나섰다.

이를 주도한 서경 세력에 대한 역사적 평가는 다각도로 이루어져야 할 것이다. 하지만 이들이 내세운 서경 천도, 황제 칭호와 독자적 연호 사용, 금나라 정벌 등의 명분은 기실 고려의 수도였던 개경의 운세가 다했다는 도참사상과 풍수지리사상에서 비롯된 것이었다. 수도를 옮겨 분위기를 일신해보자는 주장이 갖는 일말의 당위성은 인정할 수 있지만, 이들이 주술적이고도 신비적인 세계관에 깊이 젖어 있었다는 사실까지 간과해서는 안 된다. 지금 우리는 그런 미신적인 주장에 선뜻 동의하기 어렵다. 김부식도 그러했다. 그리하여 자신이 믿고 있던 유가적 통치이념으로 이런 낙후하고, 터무니없는 사상사적 도전에 맞서고자 했다. 그리하여 자신이 직접 군사를 이끌고 이들을 무자비하게 진압했던 것이다.

어찌 보면 김부식은 서경 천도를 주장하던 이들 세력과 체질적·정치적으로 합치될 수 없는 인물이었다. 김부식은 신라 무열왕계에 맥이 닿아 있던, 그러다가 신라의 멸망 뒤 개경으로 자신의 정치적 기반을 옮겨 유력한 지배가문을 이룩한 일원이었다. 그의 성장 내력을 보다 생생하게 보여주는 사례로 증조부 김위영(金魏英)의 이력을 참고할 만하다.

신라의 마지막 임금 경순왕은 참으로 현명한, 또는 참으로 부끄러운 임금이었다. 그는 1천 년 동안 이어온 신라를 싸움 한 번 않고 통째로 들어 왕건에게 바쳤다. 그런 모습이 부끄러워 아들 마의태자(麻衣太子)는 베옷으로 갈아입고 금강산에 들어가 여생을 마쳤다고 하지만, 아버지 경순왕은 그때 안압지에서 성대한 잔치를 열며 왕건의 은덕에 감격해했다. 그 자리가 신라의 패망을 축하하는 자리라는 걸 모를 리 있었겠는가? 그는 패할 수밖에 없는 전쟁터로 백성을 내몰 수 없다며 자신의 선택에 정당성을 부여하고자 했지만, 애당초 백성을 위하는 인군(仁君)이 아니었다는 점을 상기한다면 자신의 부귀영화를 위해 나라를 팔아넘긴 자의 자기기만에 지나지 않으리라.

하지만 점령군 왕건으로서는 경순왕을 비롯한 신라 군신의 그런 선택이 참으로 기쁘고 경사스런 일이었다. 그래서 천년왕국을 이어온 신라의 서울이라는 뜻인 '서라벌(徐羅伐)'을 바꿔 부르기 시작했다. 경사스러운 고을이라는 뜻의 '경주(慶州)'로 말이다. 무엇이 경사란 말인가? 신라로서는 참으로 치욕스러운 이름이 아닐 수 없다. 그리고 김부식의 증조부 김위영은 바로 왕건에 의해 경주의 첫 번째 주장(州長)으로 임명된 인물이다. 이런 가문의 내력을 상기해볼 때, 김부식의 정치적·지역적 성향을 짐작하기란 어렵지 않다. 그는 신라의 정치적 유산을 이어받은 인물이었고, 그런 점에서 고구려의 기상을 되살리자던 서경 세력과 목숨을 건 한판 대결을 벌이지 않을 수 없었던 인물이다.

논란의 소용돌이 속에서

한 인물, 한 저작에 대한 평가가 시공을 초월해 한결같을 수는 없다. 아무리 탁월한 인물이나 저작이라 해도 사정은 다르지 않다. 그 점을 십분 감안한다 해도 김부식과 그의 『삼국사기』에 대한 평가는 유별난 바 있다. 고려 중기 정치가·문장가·역사가 등으로 다채로운 삶을 살았던 그는, 언제나 이런저런 라이벌과 비교·평가되고는 했다. 정치가로서는 서경천도파인 묘청과 대비되고, 문장가로서는 고려 중기의 문신인 정지상과 대비되고, 역사가로서는 『삼국유사』의 편자인 일연과 대비된다. '보수적·귀족적' 또는 '사대적·유가적'이라는 그에 대한 부정적 평가는 그렇게 해서 얻어졌다. 물론 고대적 사유를 극복하고 중세 보편주의를 지향한 '중세적 지성', 부족한 자료의 한계 속에서도 객관적인 편찬 태도를 견지한 '엄정한 역사가'라는 긍정적 평가를 받기도 한다. 민족주의라든가 민중의식을 강조하던 시대적 분위기가 점차 퇴조해가고 있는 최근의 현상이다.

하지만 김부식에 대한 논란은 그 자신이 빌미를 제공한 측면이 많다. 널리 알려진 것처럼, 김부식은 삼국의 역사서가 있음에도 불구하고 새롭게 쓰고자 했다. 그 역사서는 본래 『삼국사』로 불렸는데, 김부식이 『삼국사기』를 새롭게 편찬하게 되자 '낡은 삼국의 역사'라는 뜻인 『구삼국사』라는 이름으로 불린 채 밀려나고 말았다. 일흔이 넘은 나이에 김부식은 이처럼 새로운 삼국의 역사를 편찬한 것이다. 고래희(古來稀)라는 늙은 몸을 이끌고 이뤄낸 그 사업은, 웬만한 사명감이 없다면 엄두도 내지 못했을 터다. 그런데도 그는 새로운 역사 편찬에 골몰했다. 무엇 때문일까? "옛 기록은 문장이 거칠고 졸렬하며 사적 가운데 빠지고 없어져 (……) 후대에 권계로 드리울 수 없다"고 『구삼국사』를 비판한 김부식의 「진삼국사표(進三國史表: 삼국사를 편찬하여 올리는 표문)」에서, 그 사명감의 일단을 짐작할 수 있다. 김부식은 『구삼국사』가 참으로 못마땅했고, 그래서 삼국의 역사를 새로 쓰지 않으면 안 되겠다고 결심했던 것이다.

그렇다고 해서, 김부식과 그의 『삼국사기』가 전폭적인 지지를 받았던 것은 아닌 듯하다. 도가적·불교적 세계관에 입각한 이규보의 「동명왕편」과 일연의 『삼국유사』가 새롭게 편찬되고 있는 데서 그 즈음의 정황을 감지할 수 있다. 비판적 견해의 직접적 사례를 들어보자. 김부식은 주몽의 탄생 등 삼국의 건국신화를 황당한 이야기라 치부했다. 하지만 이규보는 장편의 한문 서사시인 〈동명왕편〉을 지으면서 주몽신화는 "환(幻)이 아니고 성(聖)이며, 귀(鬼)가 아니고 신(神)이라"며 이를 적극 옹호했다. 그리고 뒤에서 자세하게 살피겠지만, 일연은 아예 『삼국유사』의 서문에서 "삼국의 시조가 신비스러운 데서 탄생했다는 것이 뭐가 괴이하랴?" 하고 김부식의 세계 인식을 정면에서 반대하고 나섰다. 김부식과 『삼국사기』는 고려시대에 이미 논란의 한 복판에 자리하고 있었던 것이다.

그런 면모는 문장가로서의 김부식에게도 마찬가지였다. 김부식은 "『구삼국사』는 문장이 거칠고 졸렬하며, 사적 가운데 빠진 것이 많다"며 비난했는데, 이는 그의 독창적 발언이 아니다. 『신당서(新唐書)』를 편찬한 송나라 증공량(曾公亮)의 말을 이어받은 것이다. 증공량은 당나라 역사를 새로 쓴 동기를 "『구당서(舊唐書)』가 문장의 빛깔이 분명하지 않고, 사실에 누락된 것이 많기 때문"이라고 밝힌 바 있다. 삼국의 역사를 새로 쓴 김부식과 당나라의 역사를 새로 쓴 증공량의 비판은 동일한 지평에서 발화되고 있다. 우리는 그곳에서 문장가로서 김부식이 추구했던 진면목을 확인하게 된다.

김부식은 당나라의 한유·유종원을 비롯하여 송나라의 소식·구양수·왕안석·증공량 등이 주도한 고문운동(古文運動: 고문을 부흥시키고자 한 운동)을 적극적으로 받아들였다. 김부식의 형제 넷의 이름은 송나라의 대문장가 소식 형제를 본떠 지었는데, 김부식의 '식(軾)'자는 소식의 '식(軾)'에서 따온 것이다. 그런 만큼 김부식은 소식을 자신의 모범으로 존숭해 마지않았다. 소식과 같은 고문운동가들이 『구당서』가 마땅치 않아 『신당서』를 새롭게 편찬했던 것처럼, 김부식도 『구삼국사』의 '졸렬한' 문체를 혁신하고자 『삼국사기』를 편찬했던 것이다. 하지만 그런 새로운 글쓰기는 당대에 쉽게 받아들여지지 못했던 듯하다. 김부식과 정지상을 둘러싼 다음의 일화에서 그런 정황을 유추할 수 있다.

> 김부식과 정지상은 문장으로 당시에 이름이 나란했는데, 두 사람은 서로 잘못한다고 다투었다. (……) 뒷날 정지상이 김부식에게 죽음을 당해 귀신이 됐다. 김부식이 어느 날 봄을 읊은 시에 이르기를 "버들 빛은 천 가지에 푸르고, 복숭아꽃은 만 점으로 붉네[柳色千絲綠, 桃花萬點紅]"라고 했다. 그러자 문득 공중에서 정지상이 귀신으로 나타나 김부식의 뺨을 때렸다. 그러고는 이르기를 "천 올, 만 점인 것을 누가 세어보았더냐? 어찌 '버들 빛은 올올이 푸르고, 복숭아꽃은 점점이 붉네[柳色絲絲綠, 桃花點點紅]'라고 하지 않느냐?"라고 했다. 김부식이 마음속으로 몹시 불쾌하게 여겼다.
>
> — 이규보, 『백운소설(白雲小說)』

짧은 일화지만, 뒷사람들은 시구 하나를 가지고 김부식과 정지상의 문풍(文風)을 날카롭게 대비시키고 있었다. 진실이야 어떻든 그들의 라이벌적 면모는, 여러 시화집(詩話集)에서 다양하게 발견된다. 묘청의 난을 빌미로 김부식이 서경파의 일원인 정지상을 잡아 죽였고, 원한에 사무친 정지상은 귀신이 되어 김부식의 음낭(陰囊)을 잡아당겨 죽였다는 복수담도 그런 맥락에서 파생된 일화의 하나이다. 이런 이야기의 궁극적 의도는 두 인물 간의 시적 능력을 따지는 것이지만, 그건 작가 개인의 시재(詩才)를 넘어선 시대적 문풍과 분리하여 생각하기 어려운 측면도 있다. 우리가 지금 보건대 김부식의 시풍이 질박하면서도 엄정하다면, 정지상의 시풍은 화사하면서도 호방하다. 양자의 우열을 쉽게 말할 수는 없다. 하지만 당대인들은 대부분 정지상을 당대 최고의 작가로 꼽았고, 김부식은 그보다 못한 것으로 평가했다. 김부식이 정지상을 시기하여 죽였다는 일화는 그래서 만들어졌던 것이다.

　김부식은 왜 한 등급 낮은 평가를 받았던 것일까? 고려시대, 특히 문헌이 거의 남아 있지 않은 고려시대 전·중기 문학사는 제대로 밝혀진 바가 없다. 그래도 남아 있는 자료를 면밀하게 검토해보면, 당시 문학 작품의 기저에는 도가적 사유가 지배적 정서를 이루고 있었다. 그리고 정지상은 그런 시대의 문풍을 대표하는 문인 가운데 단연 돋보였다. 정지상의 높은 인기는, 김부식보다 작가적 능력이 훨씬 뛰어나서 그렇다기보다는 당시의 시대적 정서와 잘 맞아떨어졌기 때문으로 보는 게 옳다. 그렇다면 평가의 논점을 바꿔 생각해볼 수도 있다. 김부식은 도가에 기반을 둔 화사하고 호방한 문풍을 유가에 기반을 둔 엄정하고 전아한 문풍으로 바꿔보려고 시도했던 문장가라고 말이다. 중국의 당송 고문파(唐宋古文派)가 그러했던 것처럼.

　앞서 살펴보았듯이 김부식은 정치가나 역사가로서도 그러한 삶을 살았다. 묘청이 주도하던 신비주의적인 세계관에 반대하여 유가적 합리주의로 맞섰던 것이다. 그렇게 볼 때, 김부식은 분명 새로운 시대로 나아가기 위한 방향으로 한 걸음, 한 걸음 내딛고 있었다. 하지만 나머지 한 발은 아직, 완강한 위세를 떨치고 있는 전통적 지반에서 떼지 못하고 있었다. 그게 김부식이 서 있던 자리이고, 숱한 논란에 시달렸던 까닭이다. 『삼국사기』를 읽다 보면, 저자가 어떤 국면에서는 중국 중심의 보편주의를 지향하다가도 어떤 국면에서는 자국 중심의 전통을 옹호하는 모습을 종종 발견하게 된다. 『삼국사기』는 사대주의와 자국 중심주의의 두 축을 자주 오고 갔던 것이다.

그렇다면 『삼국사기』의 시각이 '민족적이냐, 아니냐?' '귀족적이냐, 아니냐?'라는 기존의 상투적인 평가와는 일정한 거리를 둘 필요가 있다. 대신 김부식이 기존의 전통으로부터 '이어받고 있는 것'과 함께 '새롭게 혁신하려는 것'이 무엇인가에 유념하는 게 중요하다. 그 혁신의 거점을 유가적 합리주의라 부를 수 있다. 김부식은 유가적 합리주의에 입각하여 삼국의 역사를 새롭게 쓰고 싶었던 것이다. 아직 그런 역사관이 낯설게 느껴지던 그때.

유학자가 꿈꾸었던 나라

김부식의 『삼국사기』 편찬 작업은 자신의 오랜 정치적 경륜을 총동원하여 지난 역사를 바로 세우려는 분투였다. 지금도 정권이 바뀔 때마다 역사관을 바로 세워야 한다고 야단법석을 떠는 것처럼, 이자겸으로 대표되는 외척 세력의 발호와 묘청으로 대표되는 서경 세력의 반란을 진압하고 권력의 정점에 선 김부식에게는 '잘못된' 역사를 바로잡는 일이 무엇보다 중요했다. 그러기 위해서는 자신이 구축한 시대를 정당화해줄 역사의 전범이 필요했는데, 그게 바로 『삼국사기』였던 것이다. 그가 자신만만하게 천명한 내용을 들어보자.

신라·고구려·백제는 나라를 세워 세 나라가 솥발처럼 벌려 서서 능히 예의로써 중국과 교통했던 까닭으로 범엽(范曄)의 『후한서(後漢書)』와 송기(宋祁)의 『당서(唐書)』에 모두 삼국에 관한 열전(列傳)이 있다. 그러나 중국의 일은 상세히 하고, 외국의 일은 간략히 하여 삼국의 사실이 모두 갖추어 실리지 못했다. 또한 우리의 옛 기록은 문장이 거칠고 졸렬하며 사적(事跡) 가운데 빠지고 없어져 임금의 착함과 악함, 신하의 충직과 간사, 국가의 편안함과 위태함, 인민의 다스려짐과 어지러워짐을 모두 드러내어 후대에 권장계로 드리울 수 없다.

- 김부식, 「진삼국사표」

김부식은 『삼국사기』의 편찬 목적을 두 가지로 들고 있다. 하나는 중국 역사서에 실린 삼국의 역사가 너무 소략하여 가능한 한 풍부하게 서술하겠다는 것이고, 다른 하나는 『구삼국사』는 후세에 권계로 삼기에 부족하기 때문에 포폄의 기준을 분명하게 세우겠다는 것이다. 실제로 중국 역사서에 비할 수 없을 만큼 풍부하게 삼국의 역사를 기록했으니, 전자의 목적은 달성한 셈이다. 하지만 지금으로서는 『구삼국사』에 비해 얼마나 풍부해졌는지 확인할 자료가 없는 형편이다. 다만 이규보의 〈동명왕편〉에 인용된 주몽 신화만 비교해보면, 『삼국사기』의 해당 기록은 『구삼국사』에 비해 매우 소략하다는 점을 확인할 수 있다. 이로 미루어 보건대, 신라의 역사적 사실은 대폭 추가된 반면 고구려와 백제의 역사는 별로 보완되지 않은 것으로 보인다.

그렇기 때문에 보다 면밀하게 따져보아야 할 대목은, 권계의 표준을 세우겠다던 후자에 대해서다. 후대에 권계 삼을 만한 역사서가 되어야 한다는 관점은, 김부식이 처음 주창한 게 아니다. 역사가라면 거의 모두가 그러할 것이다. 신라 진흥왕 6년, 이사부(異斯夫)도 "나라의 역사라는 것은 임금과 신하의 잘잘못을 기록해, 그 포폄을 후대에 보이는 것입니다"라고 역설한 바 있다. 고려 전기에 편찬된 『구삼국사』라고 해서 이런 역사의 기본을 모르거나 외면했을 리 없다. 그럼에도 불구하고 김부식이 이를 표방하고 나선 까닭은, 포폄의 기준이 마땅치 않다는 말에 다름 아니다. 김부식은 지금-여기의 관점에 입각하여 삼국의 흥망성쇠를 통해 역사의 새로운 교훈을 분명하게 보여주려 했을 터이다.

우리는 김부식의 그런 편찬 의도를 백제의 멸망을 서술하는 대목에서도 발견할 수 있다. 최근의 『삼국사기』 연구를 훑어보면, 김부식이 신라 중심의 역사관에 매몰되지 않았음을 변증하려는 논의가 적지 않다. 자료 전승에 있어 삼국이 균등할 수 없었던 정황이라든가 신라가 고구려·백제보다 훨씬 오래 지속됐다는 점을 감안한다면 딱히 신라에 편중된 서술이라고 볼 수 없다는 게 주요 논거다. 그렇게 볼 구석이 있기는 하다. 또한 만주 벌판을 호령하던 고구려에 대한 부풀려진 민족적 자부심에 근거하여, 신라를 삼국의 정통으로 세우고 신라의 역사를 보다 자세하게 기록한 김부식을 부정적으로 몰아간 측면도 있다. 그런 태도는 반성해야 마땅하다. 그럼에도 불구하고 김부식이 삼국 각각에 대해 지녔던 호오(好惡)의 감정, 그리고 그에 따라 삼국의 흥망을 그려내는 서술 태도에 대한 면밀한 탐구까지 포기해서는 안 된다.

> 백제는 말기에 와서는 도리에 어긋나는 행동이 많았으며, 또한 대대로 신라와는 원수를 맺고 고구려와는 화친을 계속하면서 신라를 침공하여, 유리한 조건과 적당한 기회만 있으면 신라의 중요한 성(城)과 큰 진(鎭)을 빼앗기를 그치지 않았으니, 이른바 어진 사람을 가까이 하고 이웃과 잘 사귀는 것

이 나라의 보배라는 말과는 달랐다. 이에 당나라의 천자가 두 번이나 조서를 내려 백제와 신라 사이의 원한을 풀기 위하여 노력했으나, 겉으로는 순종하는 척하면서도 안으로는 이를 어겨 대국(大國)에 죄를 졌으니, 그들이 패망한 것도 당연한 일이었다.

— 『삼국사기』 권28, 「백제본기」, 〈의자왕 사평〉

김부식이 백제의 멸망을 어떤 식으로 이해했는가를 유감없이 드러내고 있기에 논점을 재차 요약할 필요는 없겠다. 당나라 천자의 거듭된 타이름을 듣지 않아 결국 망하게 됐다는 것! 백제가 나당연합군에 의해 멸망하고 말았다는 역사적 사실을 상기해본다면, 김부식의 평가에 시비를 걸기 어렵다. 하지만 『삼국사기』의 「백제본기」를 읽어가다 보면 역사적 사실들이 위의 사평(史評)에 입각해 주도면밀하게 배치되어 있다는 의심을 지울 수 없다. 사실 「백제본기」는 백제의 역사라 이름 붙이기 민망할 정도로 소략하다. 1년에 한 줄, 또는 몇 년을 아무 사건 없이 훌쩍 건너뛰는 경우도 허다하다. 망해버린 나라가 감수할 수밖에 없는 '잃어버린 시간'을 감안한다 해도 너무 심하다.

그럼에도 불구하고 의자왕 20년, 그러니까 백제가 멸망하던 660년의 기사는 넘치고 넘쳐난다. 당나라 고종이 소정방·유백영 등 쟁쟁한 장수들에게 13만 대군을 거느리게 하여 신라의 김춘추·김유신과 함께 백제 부여를 향해 진군하던 그날의 기사는 마치 스펙터클한 영화의 한 장면을 보는 듯하다. 하지만 여기서 눈여겨보아야 할 대목은, 그런 장엄한 장면의 바로 앞부분이다. 당 고종이 백제를 '타이르는' 조서를 내려보낸 의자왕 11년부터 나당연합군이 백제로 진군하는 의자왕 20년 직전까지의 10년을 기록한 부분이다. 당나라의 조서를 받은 다음 해 정월, 의자왕은 당나라에 조공을 보낸다. 이 사실로 미루어보아, 백제는 당나라의 타이름에 적절히 대응하고 침공의 위협을 무마해보려는 모종의 노력을 기울였음에 분명하다. 하지만 김부식은 그 사실을 단지 '견사입당조공(遣使入唐朝貢: 사신을 당에 보내 조공을 바쳤다)'이라는 여섯 글자로 처리해버리고 만다. 그리고는 의자왕 13년 가뭄으로 백성이 굶주리고, 15년 태자궁을 사치스럽게 수리하고, 16년 방탕하게 노니는 것을 간하던 성충(成忠)을 처형하고, 17년 극심한 가뭄이 들었다는 사실만을 간단히 기록하고 있다. 그러다가 멸망 직전인 19년부터 나당연합군이 침공해오는 20년 전반부, 기사가 갑자기 길어진다. 모두 인용하기 번다하니 골자만 제시하자면 다음과 같다.

〔의자왕 19년〕 2월 여우 떼가 궁궐에 들어왔는데, 흰 여우 한 마리가 상좌평(上佐平)의 책상에 올라앉았다. 여름 4월에 태자궁에서 암탉이 참새와 교미했다. (……) 5월에 서울 서남쪽 사비하에서 큰 물고기가 나와 죽었는데 길이가 세 길(약 8미터)이었다. 가을 8월에 여자 시체가 생초진(生草津)에 떠내려 왔는데 길이가 18척(약 5미터)이었다. 9월에 대궐 뜰에 있는 홰나무가 사람이 곡하는 소리처럼 울었으며 대궐 남쪽 도로에서 귀신의 곡소리가 들렸다.
〔의자왕 20년〕 봄 2월에 서울의 우물이 핏빛으로 변했다. 서해에 조그만 물고기들이 물 밖으로 나와 죽었는데 백성들이 모두 먹을 수 없을 정도로 많았다. (……) 여름 4월에 두꺼비 수만 마리가 나무 꼭대기에 모였다. 서울의 저자 사람들이 까닭도 없이 놀라 달아나니 누가 잡으러 오는 것 같았다. 그

러다가 쓰러져 죽은 자가 1백 여 명이나 되고 재물을 잃어버린 자가 셀 수도 없었다. 5월에 폭풍우가 몰아치고 천왕사와 도양사의 탑에 벼락이 쳤으며 또한 백석사 강당에도 벼락이 쳤다. 검은 구름이 용처럼 공중에서 동서로 나뉘어 서로 싸우는 듯했다. 6월에 왕흥사의 여러 중들이 모두 배의 돛대와 같은 것이 큰물을 따라 절 문간으로 들어오는 것을 보았다. 들사슴 같은 개 한 마리가 서쪽으로부터 사비하 언덕까지 와서 왕궁을 향해 짖더니 잠시 후에 행방이 묘연해졌다. 서울의 모든 개가 노상에 모여서 짖거나 울어대다가, 얼마 후에 흩어졌다. 귀신이 대궐에 들어와서 "백제가 망한다. 백제가 망한다"고 크게 외치다가 곧 땅으로 들어갔다.

왕이 이상하게 생각하여 사람을 시켜 땅을 파게 했다. 석 자가량 파내려가니 거북이 한 마리가 발견됐다. 그 등에 "백제는 둥근 달 같다는 것은 왕성하다는 것이요, 초승달 같다는 것은 가득 차지 못한 것이니, 가득 차지 못하면 점점 차게 된다"고 하니 왕이 그 거북이를 죽여버렸다. 어떤 자가 말하기를 "둥근 달 같다는 것은 왕성하다는 것이요, 초승달 같다는 것은 미약한 것입니다. 생각건대 우리나라는 왕성해지고 신라는 차츰 쇠약해간다는 것인가 합니다"라고 하니 왕이 기뻐했다.

- 『삼국사기』 권28, 「백제본기」, 〈의자왕〉

골자만 간추려도 참 번다하다. 어찌 된 일일까? 백제의 잃어버린 시간이란, 적어도 의자왕 19년부터 20년까지는 해당되지 않는다. 암탉이 참새와 교미하는 기이한 일이야 그렇다고 해도, 도성의 개들이 모여 짖어댄 일까지 낱낱이 기록되어 있다. 그런 하찮은 기록조차 김부식이 『삼국사기』를 쓸 때까지 보존되었던 것이다. 김부식이 멋대로 꾸며낸 것이 아니라면 말이다. 그렇다면 승리한 신라의 사적에 비해 멸망한 왕조인 고구려와 백제의 사적이 많이 유실되었으리라고 인정한다 해도, 고구려와 백제의 기록을 적극적으로 수습하려는 노력이 부족했다는 점도 부정하기는 어렵다.

하지만 앞의 기사들을 길게 인용한 것은, 김부식의 불성실함을 탓하기 위해서가 아니다. 그가 기록하고 있는 역사적 사실의 성격과 그 역사적 사실들의 구성에 주목하기 위해서다. 자신이 사평에서 내렸던 백제의 '당연한 패망'을 입증하기 위해 멸망을 암시하는 '흉흉한 조짐'을 하나도 빠뜨리지 않은 채 거두고, 이를 나당연합군의 장엄한 진군 장면과 극적으로 대비시키고 있는 역사 서술 방식을 간과해서는 안 되는 것이다. 김부식은 자신의 역사관에 부합하도록 남아 있는 사건을 적절하게 선별·배치하고, 효과를 극대화하기 위해서라면 비현실적 사건을 끌어들이는 것도 주저하지 않았다. 객관적 사실만을 기록해야 한다는 자신의 역사관에 배치되는 데도 불구하고 말이다.

그런 점에서 역사란 역사가와 그가 살던 시대가 공모하여 만들어낸 '거대한 허구'에 다름 아니다. 그리고 허구는 종종 부동의 사실로 굳어지고는 했다. 삼국의 역사에 대한 이해에서 『삼국사기』가 차지하는 위상도 그러하다. 김부식은 사평을 통해 백제의 멸망을 '중국에 대한 불손', 고구려의 멸망을 '군신 간의 불화', 신라의 멸망을 '불교에 대한 숭상'으로 분명히 논단했다. 그리고 그런 평가는 지금까지 모든 국사 교과서에서 역사적 진실로 받아들여지고 있다. 하지만 삼국의 멸망에 대한 김부식의 이런 해석은, 고려 중기 최고의 정치가로서 자신이 추구했던 사대교린(事大交隣)의 외교정책, 문벌귀족으로서 가졌던 올바른 군신관계, 그리고 유교이념에 기초한 정치철학과 절묘하게 대응된다. 우연의 일치인가, 아니면 자신의 역사관에 입각해 삼국의 멸망을 해석한 것인가? 우리는 후자라고 믿는다.

인물을 통해 역사를 말하다

백제의 멸망을 설명하는 『삼국사기』, 「본기(本紀)」의 서술 방식을 통해 우리는 역사가 역사가에 의해 만들어질 수도 있다는 하나의 사례를 확인할 수 있었다. 하지만 김부식이 채택한 역사 편찬 방식에 대해 좀 더 깊이 따져볼 필요가 있다. 널리 알려진 것처럼, 『삼국사기』는 한나라 무제 때 사마천(司馬遷)이 창안한 역사 서술 방식인 기전체(紀傳體)를 따르고 있다. 사마천은 삼황오제(三皇五帝: 중국 전설에 나오는 세 명의 황제와 다섯 명의 제왕)에서 자신의 시대까지의 역사를 기록한 『사기(史記)』를 쓰면서, 역대 제왕의 일대기를 연대기로 서술한 「본기」, 각국의 제후들을 다루고 있는 「세가(世家)」, 제도와 문물에 관해 서술한 「서(書)」, 각국의 주요 연표를 적은 「표(表)」, 시대를 대표하는 탁월한 인물을 다룬 「열전(列傳)」 등으로 나누어 서술했다.

김부식도 『삼국사기』를 편찬할 때, 이런 전례를 참조하여 삼국의 역사를 「본기」 28권, 「연표(年表)」 3권, 「잡지(雜誌)」 9권, 「열전」 10권으로 구성했다. 신라·고구려·백제 순으로 삼국의 연대기를 「본기」에서 다루고, 삼국의 건국부터 멸망까지를 「연표」로 정리하고, 삼국의 다양한 문물과 제도 등을 「잡지」에서 기술하고, 장수·재상·충신·학자 등각 부분의 뛰어난 인물을 「열전」에 거두었던 것이다. 이런 역사 서술 방식을 기전체라 명명하게 된 까닭은 '본기'와 '열전'이 가장 핵심적인 부분이기 때문이다.

『사기』에서 처음 구현된 이런 기전체라는 역사 서술 방식은 역사를 해석하고 재구성하는 방식에서 편년체(編年體)와 뚜렷이 구별된다. 편년체가 시간의 흐름 위에 '인간의 명멸(明滅)'을 배치시킨다면, 기전체는 '인간의 행위(行爲)'를 중심으로 시간을 해체하는 것이다. 그 점은 「열전」에서 가장 확연하게 드러난다. 예컨대 『사기』의 경우, 총 130권의 방대한 분량 가운데 「열전」은 절반이 넘는 70권을 차지한다. 만만치 않은 비중이다. 사마천은 서른 개의 수레바퀴 살이 중심축을 향해 있는 것을 본떠서 황제의 역사인 「본기」를 중심으로 30편의 「세가」를 설정했다. 역사의 중심을 황제와 제후로 보았던 것이다. 하지만 이런 역사의 수레바퀴를 돌리는 자는 누구인가? 세계의 중심이라 자처한 제왕과 제왕이 나누어준 봉토를 통치하던 제후가 아니다. 오히려 정치·경제·문화의 여러 영역에서 구체적인 삶을 영위하던 인간일 수밖에 없다. 이들이 없다면 수레바퀴는 결코 굴러가지 못할 터, 「열전」은 바로 역사를 움직인 이런 인간들의 전기(傳記)인 것이다.

이처럼 개별적 인간을 역사의 주체로 내세운 데서 『사기』의 탁월함을 찾을 수 있다면, 「열전」은 분량에서만이 아니라 서술에 들인 공력에서도 단연 으뜸이다. 사마천이 가장 공력을 들인 대목은, 그리하여 『사기』에서 가장 빛나는 대목은 「열전」에 실린 인물의 전기인 것이다. 그뿐만 아니라 『사기』 전체를 관통하는 사마천 자신의 역사관도 바로 열전에 담았다. 「열전」의 첫 번째 인물로 내세운 백이·숙제를 통해 제기한 "천도(天道)란 과연 있는가?"라는 물음은, 역사가 사마천이 평생 품고 있던 역사의 최대 화두였다. 백이와 숙제 같은 올곧은 인물은 수양산에서 고사리를 캐먹다 죽고 말았는데, 도척과 같은 악인은 어찌하여 평생 호의호식하다가 제명에 죽었는지에 대한 의문이야말로 알다가도 모를 하늘의 오묘한 뜻이었던 것이다. 아니, 천도와 천명을 들먹이는 폭군에 대한 깊은 불신이었을지도 모른다. 백이와 숙제라는 인물은 역사에 대한 이런 회의를 표명하기 위해 잠시 빌려온 이름인 것이다. 그렇게 볼 때 역사의 긴 시간 속에서 「열전」에 과연 누구를 주역으로 끌어올릴 것인가, 나아가 선발된 인물들을 어떻게 배치할 것인가는 결코 간단한 문제가 아니었다. 지난 한 세기를 대표하는 인물 1백 명을 꼽아보라면, 우리는 모두 골머리를 앓을 게 분명하다. 사마천도 그랬고, 김부식도 그랬다.

그런 점에서 삼국의 위인들을 거둬들이고 있는 『삼국사기』의 「열전」은 삼국에 대한 김부식의 생각을 분명하면서도 고스란히 드러내고 있는 곳이다. 「열전」에는 총 69명의 인물이 이름을 올리고 있는데, 국가별로 보면 신라 56명, 고구려 10명, 그리고 백제 3명이다. 김부식의 신라 중심적인 역사관이 노골적으로 드러나 있는 것으로 해석할 수 있겠지만, 여기서 그걸 탓하지는 않겠다. 멸망한 왕조에 몸담았던 고구려인과 백제인의 삶에 대한 자료가 온전히 전해질 수 없었던 사정도 주요한 이유 가운데 하나였을 것이기 때문이다. 오히려 불균형을 문제 삼는다면, 「열전」 전체에서 차지하는 김유신 한 개인의 비중이 과도하다는 점이다. 김부식은 「열전」 10권 가운데 3권에 달하는 분량을 김유신에게 할애한다. 삼국통일을 이룩한 공업을 고려한다면, 그럴 수 있겠다는 생각이 들기도 한다. 그 이유를 김부식에게 직접 들어보자.

> 대체로 신라에서 유신을 대하는 것을 보면 친근하게 하여 틈이 없도록 했고 일을 맡겨서는 의심하지 않았으며 계책을 내면 행하고 말하면 들어주어 그로 하여금 쓰이지 않는다고 원망을 품지 않게 했으니, '육오동몽(六五童蒙)의 길(吉)함'을 얻었다고 할 만하다. 그러므로 유신은 그 뜻한 것을 행할 수 있게 되어 상국(上國: 중국)과 함께 협력하고 모의하여 세 나라의 영토를 합쳐 한 집안을 이루고, 능히 공을 세워 이름을 떨치고 일생을 마칠 수 있었다.
>
> — 『삼국사기』 권43, 「열전」, 〈김유신 사평〉

김부식은 김유신의 행적을 총괄하면서, 우리의 예상과는 달리 삼국통일의 위업에만 초점을 맞추지 않았다. 대신 '무지한 사람이 높은 지위에 있으면서 겸손한 태도로 유능한 사람에게 모든 것을 맡기고, 그의 가르침을 받아들이는 것을 어린아이같이 하기에 길하다'는 『주역』, 「몽괘(蒙卦)」의 '육오동몽길(六五童蒙吉)'을 끌어들인다. 김유신의 삶을 기록하면서 가장 강조하고 싶었던 것은, 삼국통일을 이룩한 김유신의 위대한 업적이 아니라 그것을 가능하게 한 군주의 아낌없는 배려와 신뢰였던 것이다.

임금과 신하의 행복한 만남은 이렇게 해서야 가능할 수 있다는 것이다. 그렇다면 임금의 선악(善惡), 신하의 충사(忠邪), 나라의 안위(安危), 인민의 치란(治亂)을 통해 역사의 거울을 제시해야 한다고 믿은 김부식의 역사관을 염두에 둘 때, 그의 진정이 어디에 있는가는 명확하다. 이

자겸과 묘청의 반란을 진압함으로써 문벌귀족으로서의 지위를 확고하게 다진, 그 자신의 군신관(君臣觀)을 피력하고 있는 것에 다름 아니다. 임금은 자신과 같이 유능하고 충성스런 신하에게 모든 것을 맡기고 의지해야 한다? 조금은 점잖지만, 대단히 위협적인 발언이다. 김부식의 이런 군신관이 김유신을 「열전」의 첫 번째 인물로 배치한, 그리고 「열전」 전체의 3분의 1을 할애하여 말하고 싶었던 진정이다. 그렇게 본다면 "인물의 사적을 나열함(列)으로써 후세에 그런 사실을 전하려는 것(傳)"이라는 「열전」도, 역사가가 자신의 역사관을 정당화하기 위해서 역사적 인물을 잠시 빌려오는 것이라고 말해도 좋겠다. 역사적 사실의 주도면밀한 선별과 배치를 통해 자신의 역사관을 정당화하려고 했던 백제 멸망의 해석처럼 말이다.

인물 선별에 담긴 속뜻

인간을 역사의 주체로 세웠던 사마천과 김부식이, 백이·숙제와 김유신을 첫머리에 내세워 자신의 역사관을 피력했던 것은 결코 우연이 아니었다. 그런 만큼 역사가들이 수행한 인물의 선별, 그리고 그 배치를 좀 더 눈여겨 따져볼 필요가 있다. 기존의 역사서를 강력하게 비판하며 삼국의 역사를 새롭게 구성하려 했던 김부식의 역사 인식을 살펴보기 위해서는 더욱 그러하다. 특히 『구당서』를 부정하고 편찬된 『신당서』는 좋은 전례가 된다. 새로 씌인 『신당서』는 김부식이 『삼국사기』를 새롭게 쓰는 데 결정적인 계기를 마련해주었기 때문이다. 『신당서』

를 편찬하는 데 주도적인 역할을 맡았던 증공량은 이렇게 말했다.

> 『구당서』는 공적이 혁혁한 명군(明君)·현신(賢臣)을 화근의 괴수인 혼암(昏暗)·탐학(貪虐)한 군주 및 적신(賊臣)·난신(亂臣)과 함께 두고 있다. 그러니 선악을 폭로하여 사람을 감동시키기에 부족할 뿐만 아니라 후대에 권계로 삼기에도 마땅치 않다. 그 점, 심히 한탄스럽다.
> — 증공량(曾公亮), 「당서를 새롭게 수정하여 올리는 표문(進新修唐書表)」

증공량은 『구당서』, 「열전」에 실린 인물들이 뒤죽박죽 섞여 있어 선악과 시비를 드러내기에 부족하다고 비판하며, 인물을 권계로 삼기에 좋도록 새롭게 배치하고자 했다. 『구당서』가 인물들을 시간의 순서에 따라 늘어놓은 것에 대한 불만이었던 것이다. 그리하여 「열전」에 실린 인물을 유형에 따라 다시 분류한다. 우선 13개 항목으로 구성되어 있던 『구당서』, 「열전」을 26개 항목으로 세분한 뒤, 선악과 시비를 엄정하게 따져 새롭게 분류·배치했던 것이다. 그뿐만 아니라 항목의 순서도 새로 짰다. 『구당서』, 「열전」에서는 앞에 놓였던 외척(外戚)·환관(宦官)·혹리(酷吏) 항목을 뒤로 돌려버리고, 뒤에 놓였던 명신(名臣)·충의(忠義)와 탁행(卓行)·효우(孝友)·은일(隱逸) 항목은 앞으로 끌어온다. 권장할 만한 부류를 앞으로, 징계할 만한 부류를 뒤로 배치한 것이다. 김부식도 『신당서』의 이런 전례를 받아들였다. 삼국의 인물을 세심하게 선별한 뒤, 그들을 유형별로 질서정연하게 배치했던 것이다. 다음이 『삼국사기』, 「열전」의 구성이다.

권1 김유신(상)

권2 김유신(중)

권3 김유신(하)

권4 을지문덕, 거칠부, 거도, 이사부, 김인문, 김양, 흑치상지, 장보고, 사다함

권5 을파소, 김후직, 녹진, 밀우·유유, 명림답부, 석우로, 박제상, 귀산, 온달

권6 강수, 최치원, 설총

권7 해론, 소나, 취도, 눌최, 설계두, 김영윤, 관창, 김흠운, 열기, 비령자, 죽죽, 필부, 계백

권8 향덕, 성각, 실혜, 물계자, 백결선생, 검군, 김생, 솔거, 효녀 지은, 설씨녀, 도미

권9 창조리, 연개소문

권10 궁예, 견훤

맨 앞에 배치한 〈김유신〉을 별도로 한다면, 권4~10은 대략 명장(名將)과 명신(名臣), 학자(學者), 충절(忠節), 기타(효자, 지조, 예술, 열녀 등), 그리고 반신(叛臣)과 역신(逆臣)으로 유형화되어 있다. 『신당서』에 비해 항목 구성이 명확하지 않고, 항목 내부의 인물 유형도 일관성이 다소 부족하다. 하지만 배치를 자세히 살펴보면, 김부식의 깊은 속뜻을 읽어낼 수 있다.

여기서는 창조리(倉助利)와 개소문(蓋蘇文)을 권9에 배치한 까닭만 짚어보기로 하자. 이들은 이른바 군주를 몰아낸 반신(叛臣)의 자격으로

여기에 실렸다. 창조리는 말할 것도 없고, 우리에게 친숙한 연개소문을 과연 반역의 인물로 분류하는 것이 정당한가에 대해서는 시비가 없을 수 없다. 하지만 여기서는 김부식의 판단을 존중하기로 한다. 그럼에도 불구하고 삼국의 인물 가운데 임금을 시해하거나 폐위시킨 인물은 이들 말고도 수없이 많은데, 왜 하필 이들 두 사람만 싣고 있는가에 대한 답변은 들어보아야만 하겠다. 그런 자는 백제에도 있고 신라에도 있었는데, 유독 고구려 인물 둘만으로 반신의 항목을 채운 까닭을 말이다.

하지만 죽은 김부식에게 물어 무엇 하겠는가? 우리가 추론해 밝힐 수밖에. 우리는 앞서 백제의 멸망 원인, 김유신에 대한 평가가 김부식 자신의 역사 인식과 연관되어 있음을 확인한 바 있다. 중국에 대한 사대교린의 외교정책, 문벌귀족으로서 가질 만한 군신관과 대응된다고 말이다. 그밖에 김부식은 고구려의 멸망을 군신 간의 불화로 해석하고 있었다. 고구려의 멸망을 이처럼 설명했다면, 삼국의 역사를 장식했던 수많은 군신 간의 불화 가운데 고구려의 두 사람을 꼽은 이유는 자명하다. 고구려의 멸망 원인에 대한 자신의 판단에 설득력을 높이기 위해, 임금을 쫓아내거나 죽인 창조리와 연개소문을 반역의 자리인 권9에 배치한 것이다.

이런 치밀한 배치는 편목의 구성에만 적용되는 것이 아니다. 편목 내부의 인물들에게도 적용되는데, '기타'로 분류된 권8에 속한 11명의 인물들을 살펴보자. 이들 가운데 향덕을 제외한 10명은 『삼국유사』는 물론 그 어떤 자료에서도 이름을 발견할 수 없다. 그만큼 이들은 역사를 주도할 만한 두드러진 행적을 남기지 못했다. 그럼에도 불구하고 하찮은 삶에 주목하여, 이들을 역사의 전면으로 끌어낸 까닭은 무엇인가? 향덕·성각처럼 두드러진 효행을 보인 경우, 실혜·물계자·백결선생·검군처럼 숨어서 지조를 지킨 경우, 김생·솔거처럼 신묘한 예술의 경지에 이른 경우, 그리고 지은·설씨녀·도미(처)처럼 여성이 지켜야 할 본분을 다한 경우에 해당한다.

　김부식은 비록 국가적 차원의 공업(功業)을 세운 인물과는 거리가 있으나 인간 개개인이 지켜야 할 자세 가운데 효행, 지조, 예술, 절행에 뛰어난 인물이야말로 역사에 전할 만한 가치가 있다고 생각한 것이다. 하지만 이들의 배치를 좀 더 꼼꼼하게 따져보면, 김부식의 생각을 보다 분명하게 이해할 수 있다. 우리들은 백결선생을 거문고를 잘 탄 예인으로 기억한다. 거문고로 떡방아 소리를 냈을 정도로 탁월한 예술적 기교를 뽐낸 인물, 하지만 김부식이 주목한 면모는 그게 아니다. 굶주림과 부인의 구박을 꿋꿋이 견뎌내던 백결선생의 예술가적 '지조'에 방점을 둔 것이다. 어찌 그걸 아는가? 기예가 높은 예술가로서만 백결선생을 주목했다면, 김생·솔거와 함께 묶었을 것이다. 하지만 물계자라든가 검군처럼 지조를 굳게 지킨 인물과 묶어서 이들 예술인 앞에 둔 까닭이 그것이다. 김생과 솔거의 순서에도 유의할 필요가 있다. 그림 그리는 '환쟁이'보다 글씨 잘 쓰는 '서예가'가 좀 더 높은 사회적 대접을 받았음을 보여주고 있기 때문이다.

　말이 나온 김에 쉬운 질문 하나 해보자. 지은은 효행으로 이름을 날렸는데, 왜 효자인 향덕·성각과 함께 묶이지 않고 뒤에 처져 있는가? 답은 간단하다. "여자이니까!" 그러면 여자로서 칭찬 받을 만한 행위의 순서는 무엇인가? 효행이 첫째이고, 절행이 다음이다. 지은, 그리고 설씨녀와 도미(처)의 순서가 그걸 말해준다. 그런데 이상하다. 도미는 남자인데, 왜 남자가 여자들 뒤에 있는가? 정답은, "백제 사람이니까!"이다. 경상도에 뿌리를 두고 있던 김부식은 호남에 근거를 두었던 백제 사람을 참으로 미워했다. 믿을 수 없다면, 전쟁터에서 장렬하게 죽어간 인물을 모아 놓은 권7을 다시 한번 보시라. 맨 끝이 누구인가? 바로, 백제 최후의 장수 계백이다. 새파랗게 젊은 관창은 그보다 훨씬 앞에 두고서 백발이 성성한 계백을 뒤로 둔 이유를 신라에 대한 사랑, 백제에 대한 미움이 아니고 무엇으로 설명할 수 있겠는가? 이렇게 시시콜콜하게 인물의 배치까지 따지는 데는 작지만 중요한 이유가 있다. 산만하게 보이는 듯한 『삼국사기』, 「열전」의 인물 선별과 배치를 면밀하게 살피는 것, 그리하여 거기에 작동하고 있는 판단 기준을 섬세하게 읽어내는 것, 이것이야말로 고려의 남성 김부식이 삼국의 인물을 통해 재구성한 『삼국사기』를 새롭게 읽는 방법이기 때문이다.

2. 눈에 보이는 것이 전부는 아니다
탈속의 승려 일연의 시선

불교 국존의 자리에서 편찬한 『삼국유사』

스님의 저서로는 『어록』 2권과 『게송잡저』 3권이 있으며, 편수한 책으로는 『중편조동오위』 2권, 『대장수지록』 30권, 『제승법수』 7권, 『조정사원』 30권, 그리고 『선문염송사원』 30권 등 1백 여 권이 세상에 나와 있다. 문인인 운문사 주지 청진(淸珍)이 스님의 행적을 적어 왕(충렬왕)에게 아뢰니 왕이 찬술토록 했는데, 나는 학식이 거칠고 얕아 지극한 덕을 펼치기에 부족한 까닭에 몇 년을 미루고 있다가, 요청은 그만둘 수 없고 명령은 거스를 수 없어 삼가 이 서문을 쓰고 명을 짓노라.

- 민지(閔漬), 「보각국존 일연 비문(高麗國 華山 曹溪宗 麟角寺 迦智山下 普覺國尊碑 幷序)」

경상북도 군위군에 있는 사찰 인각사에 지금도 동강난 채 서 있는, 일연(一然) 비문의 마지막 대목이다. 일연의 삶을 기록하고 있는 위의 대목을 보고 있노라면, 일연이 예사 스님이 아니었음을 새삼 깨닫게 된다. 1백 여 권에 이르는 방대한 저술은 말할 것도 없고, 한 나라의 왕이 스님의 행적을 기리는 비문을 지어 길이 기리라는 명을 내렸으니 어찌 그렇지 않을 수 있겠는가? 그리고 비문의 제목을 보니, 일연은 당시 불교계의 최고 정점인 국존(國尊)의 자리까지 올랐던 인물이었다. 국존이란 무엇이던가? 예전에는 국사(國師)라 했으니, 대각국사 의천(義天)은 잘 알려진 경우다. 고려 11대 문종의 넷째 아들이었던 그는 출가한 뒤, 천태종을 고려에 열어 불교계의 절대강자로 군림했다. 일연도 그런 지위에 오른 고승이었다. 다만 원나라가 고려를 굴복시켜 자신의 휘하에 두면서, 나라의 스승인 '국사'라는 호칭을 원나라만 쓸 수 있으니 고려에서는 '국존'으로 바꾸라고 해서 그렇게 부른 것만 다를 뿐이다.

이에 대해서는 뒤에서 다시 살펴보게 될 것이니, 여기서는 다른 데 주목해보기로 하자. 비문에 적힌, 평생 저술했다는 1백 여 권의 저작 목록을 보면서 좀 이상하다는 생각이 들지 않는가? 우리가 일연의 대표작으로 널리 알고 있는 『삼국유사』가 빠져 있다. 무슨 이유로 빠뜨렸는지 그 사연은 정확히 알지 못한다. 『삼국유사』라는 역사서가 고승 일연의 덕목을 기리는 데 별로 중요하지 않다고 여겼기 때문이라 추측할 따름이다.

하긴, 일연이 『삼국유사』를 편찬했다는 기록은 어디에도 없다. 다만 『삼국유사』 5권에만 '일연이 찬했다(一然撰)'라고 기록되어 있어, 책 전체를 그가 편찬했으리라 간주하고 있는 것이다. 그게 타당한 추론인지는 의심받을 구석이 많지만 어쨌든 이런 내력을 지닌 『삼국유사』가 편찬된 것은 대략 1281년, 곧 일연의 나이 75세쯤 되던 때로 짐작된다. 김부식이 나이 70세 무렵, 자신의 삶을 총결하는 작업으로 『삼국사기』를 편찬했던 것과 마찬가지로 일연 역시 자신의 삶 막바지에 『삼국유사』의 편찬을 마쳤던 것이다.

그렇다면 일연은 어떤 인물이었던가? 불교사 연구자에 의해 밝혀진 바 있듯, 일연은 몽골과의 기나긴 항쟁이 끝난 뒤에 들어선 개경 정부의 절대적 후원에 힘입어 불교계의 전면에 등장하게 된다. 그리고 일연의 부상과 함께, 그가 속해 있던 가지산문파(迦智山門派)도 미약한 종파에서 벗어나 불교계의 절대강자로 군림하게 된다. 경상도 경산(慶山)에서 태어난 일연은 청도군 운문사 주지로 있으면서 충렬왕에게 불법(佛法)을 강론하는 등 두드러진 활약을 보이다가 국존에 오르게 됐던 것이다. 여기에서 일연의 일생을 세세하게 살피기란 어렵다. 다만, 그의 영예로운 삶이 몽골의 침입에 맞섰던 무신정권의 몰락과 친원세력이 주축이 된 권문세력의 성장 등 당시 중앙정계의 동향과 분리하여 생각할 수 없다는 점만큼은 짚고 넘어가야겠다.

일연의 삶을 기록하고 있는 앞의 비문에서도 그런 정황을 엿볼 수 있다. 여기에는 일연을 후원했던 인물들의 이름이 적혀 있는데, 그들은 박송비·나유 같은 무신과 이덕손·민훤·염승익 같은 문신으로 나뉜다. 전자가 고려 원종·충렬왕을 도와서 무신정권을 무너뜨린 뒤 개경으로의 환도(還都), 삼별초의 진압, 동정군(東征軍)의 참여를 주도했던 부류라면, 후자는 충렬왕이 세자 시절 원나라에 있을 때 모시고 있다가 고려로 귀국한 뒤 활약했던 부류이다. 일연은 반무신정권세력 또는 친원세력의 후원을 받고 있었던 것이다. 불교계의 최고 지위인 국존에 임명된 것도 이런 정치적 행보와 무관해 보이지 않는다. 그런 정황을 짐작할 수 있는 기록 하나를 읽어보자.

> 충렬왕이 경주에 행차했을 때, 중의 무리들이 비단으로 좌우 신하에게 뇌물을 주어 승려직을 구했다. 때문에 사람들은 그들을 '비단 선사(禪師)', '비단 수좌(首座)'라고 불렀으니, 처를 얻어 집에 살고 있는 자들이 반도 넘었다.
> ─ 『고려사』 충렬왕 7년 신사(辛巳)

『고려사』에 기록된, 불교계의 부끄러운 모습 가운데 한 장면이다. 여기서 충렬왕이 경주에 행차하게 된 까닭은 원나라 공주 출신인 왕비와 함께 제2차 고려-원나라 연합의 동정군을 격려하기 위해서였다. 고려를 복속시킨 원나라의 야심은 그칠 줄을 몰라서 바다 건너 일본까지 정복하려 들었다. 그리하여 해전에 능한 고려의 군사력을 동원해 대규모 군단을 조직했던 것인데, 결과는 이른바 '가미가제(神風)'로 불리는 태풍의 힘으로 모든 전선이 일본 앞바다에서 침몰되는 것으로 끝났다. 경상도 운문사에 거주하고 있던 일연이 충렬왕을 처음 만난 것이 바로 이때였고, 국존에 임명된 것은 그로부터 1년 뒤였다. 그리고 일연을 국존으로 임명하기 위해 개경으로 불러올릴 때, 모시고 간 인물은 김군(金頵)과 민훤(閔萱)이다. 일연의 비문에 후원자로 기재된 그들은, 『고려사』에도 다음과 같은 행적을 남기고 있다.

> 왕과 공주가 경상도에 행차했을 때, 박린(朴璘)·김군(金頵)은 임금을 맞이하는데 대접이 극히 풍성했고 사치스러워 좌우 신하가 모두 칭찬했다. 반면

이회(李檜)는 백성의 힘을 아끼고 낭비를 줄여 대접이 조촐했으니 내신들이 모두 그를 헐뜯었다. 그래서 이회는 보주(甫州)로 좌천되고, 박린은 안동(安東)으로 승진됐다. 안렴사 민훤(閔萱)은 왕에게 아첨하는 것을 자랑으로 여기고, 제멋대로 일을 처결해 임금에게 사랑을 받으니 당시 사람들이 '내렴(內廉)'이라고 불렀다.

— 『고려사절요』 충렬왕 7년 계미(癸未)

역시 충렬왕이 경주에 내려왔을 때의 일이다. 그때 김군과 민훤의 행적이 참으로 가관이다. 경상도 지방관으로 있던 김군은 왕에게 온갖 사치를 부려가며 융숭하게 대접한 대가로 승진한 자이고, 안렴사 있던 민훤 또한 아첨을 일삼아 모든 사람의 지탄을 받던 자였다. 그리고 일연은 바로 이런 부류의 후원을 받고 있었다. 그렇다고 해서 일연이 앞서 인용한 비굴한 승려처럼 비단을 바쳐 '비단 선사'라든가 '비단 수좌'가 됐을 리 없다고 믿는다. 그랬다는 명백한 증거도 없을 뿐만 아니라 간신배 부류인 김군과 민훤이 일연의 국존 임명에 영향력을 행사했는지도 확인할 길이 없다. 그럼에도 '충렬왕-친원세력-일연'으로 이어진 정치적 연관 관계까지 부정할 수는 없고 부정해서도 안 된다.

우리가 일연의 행적을 이처럼 꼬치꼬치 캐묻는 까닭은, 그의 삶에 흠집을 내려는 게 아니다. 그보다는 『삼국유사』는 야사(野史)이고, 그 편찬자 일연 역시 속세에서 벗어난 산승(山僧)일 것이라는 잘못된 통념을 경계하기 위해서다. 김부식이 현실적인 정치권력의 정점에 서 있던 인물인 것처럼, 일연도 당시 정치권력과 불가분의 관계를 맺으며 불교계의 정점에 서 있던 인물이었다. 우리는 흔히 김부식과 일연을 라이

벌로 맞세우는데, 이들이 맺고 있는 관계는 이처럼 단순한 개인적 차원을 넘어선다. 고려 중기의 유가적 세계관과 고려 후기의 불교적 세계관의 맞섬으로 확장시켜 생각할 필요가 있는 것이다.

동강난 비문과 굴곡진 삶

1760년, 이계(耳溪) 홍양호(洪良浩)가 경주부윤에 임명되어 내려왔다. 부임지에 도착한 그는 경주에서 그다지 멀지 않은 의흥(義興, 지금의 군위) 현감에게 인각사(麟角寺)에 있는 일연 비문의 탁본을 부탁했다. 부탁받은 현감은 인각사가 폐사되어 탁본할 길이 없다고 회신을 보냈다. 홍양호는 그래도 미련을 버리지 못했다. 절이야 불타 없어졌지만 돌로 된 비석마저 없어졌겠느냐며 자기 수하의 아전들을 시켜 온 산을 뒤지도록 했다. 찾기 전에는 돌아오지 말라는 엄명과 함께. 아전들은 열흘 만에 돌아와서 이렇게 아뢰었다.

> 깊은 산과 오래된 절을 가보지 않은 곳이 없으나 끝내 인각사라는 절은 찾지 못했습니다. 우연히 도착한 어느 산에 신라 때의 폐사가 있었습니다. 승려에게 오래된 비석이 있는가 물었더니, 승려가 불전의 마루 밑에 동강이 난 비석 파편들이 있는데 그걸 말하는 게 아니냐고 했습니다. 혹시나 하는 마음에 끄집어내어 보니 오래된 비석이었습니다. 물로 씻어 자세히 보니, 희미하게 '인각(麟角)'이라는 두 글자가 보였습니다.
>
> — 홍양호, 『이계집(耳溪集)』 권16, 「제인각사비(題麟角寺碑)」

홍양호는 매우 기뻐 탁본하는 사람을 보내 세 벌을 얻었다. 그러고는 비석이 훼손된 것은, 탁본하는 심부름으로 고통 받던 승려들이 부수어 감춰버렸기 때문이 아닐까 생각했다. 승려들이 동강내어 불전 밑에 버렸으리라는 비석, 이것이 바로 '고려국(高麗國) 의흥(義興) 화산(華山) 조계종(曹溪宗) 인각사 가지산하(迦智山下) 보각국존비(普覺國尊碑)'이다. 일연의 삶을 전하는 유일한 기록이다.

84세를 일기로 인각사에서 삶을 마친 일연, 그래서 그곳에 세워졌던 비문은 18세기 중엽에 이르게 되면 이렇듯 심하게 훼손된 채 컴컴한 절간 마루 밑에 나뒹굴고 있었다. 하지만 그의 삶을 되짚어보기 위해서는, 그리고 『삼국유사』를 이해하기 위해서는 산산조각 난 비문을 복원하여 음미하는 길 외에 달리 방법이 없다. 일연에 대한 기록은 남아 있는 것이 이것밖에 없고, 그나마도 온전하지 못하기 때문이다.

그런데 경주부윤에 부임한 홍양호는 일연의 비문에 왜 그리도 관심이 많았던 걸까? 일연을 평소 추앙했던 까닭일까? 아니다. 그건 젊은 시절 서울에서 인각사 비문의 탁본을 보고 감동받은 적이 있었기 때문이다. 뭐가 감동이란 말인가? 인각사 비문의 글자, 그건 바로 왕희지의 글씨를 집자(集字)하여 새긴 명필이었던 것이다. 일연의 삶은 왕희지의 글자를 집자해 정성껏 비석에 새겼던 것인데, 거기에서 일연이 당대 불교계에서 차지하던 위상을 가늠할 수 있다. 앞서 살펴보았듯, 일연은 원나라 압제기인 충렬왕 시절 불교계의 최고 자리인 국존에 오른 대단한 승려였다. 그리고 그런 지위에 걸맞게 충렬왕은 일연의 한평생을 최대한 호화롭게 장식하여 비석에 새기도록 분부했던 것이다.

어떤 사람은 비문 훼손의 원인을 거기에서 찾기도 한다. 아들 못 낳는 아낙들은 돌부처의 코를 갈아 먹으면 아들을 낳을 수 있다고 믿었듯, 벼슬에 목을 맨 사대부들은 명필이 쓴 비석의 글을 갈아 먹으면 과거에 급제할 수 있다고 믿었다는 것이다. 사정이야 어찌 됐건, 조선시대 사대부는 물론 일본과 중국에서도 왕희지의 글씨를 집자하여 새긴 일연의 비문에 지대한 관심을 보였다. 임진왜란 때 왜적들은 비석을 쓰러뜨려 놓고 마구 탁본을 해갔다고도 하고 중국에서 온 사신들은 으레 탁본을 요구해 돌아갔다고도 한다. 그러하니 힘깨나 쓰던 우리네 사대부들이야 말할 필요 있겠는가? 탁본하는 고역을 피하기 위해, 그 값진 비석을 동강내 감춰버렸을 승려들의 심정이 이해되기도 한다.

이렇듯 일연이 마지막으로 머물던 인각사는 허물어져 그곳 사람들조차 어딘지 모를 지경이었고, 그의 삶을 기리는 비석은 동강난 채 버려졌던 어두운 시절을 거쳐 일연은 오늘의 우리와 재회하고 있다. 어찌 보면 쓸쓸하고, 어찌 보면 기적 같다. 하지만 쓸쓸함은 다른 곳에 있다. 천신만고 끝에 탁본을 얻은 홍양호는 인각사 비문에 새겨진 주인공 일연에 대해서는 한 마디 언급도 없다. 오로지 왕희지 글씨에만 정신이 팔려 있는 것이다. 비문의 주인공보다 비문에 새겨진 글자 자체에 대한 지대한 관심이 시사하듯, 일연은 조선시대 내내 그렇게 까맣게 잊힌 인물이었다. 그러니 그가 남긴 『삼국유사』가 후한 대접을 받았을 리 없다. 성호 이익(李翼, 1681~1763)은 "맹랑한 세속의 말을 취급하고 있는 우리나라 역사가의 견식이 고루하다"며 『삼국유사』를 비판했는가 하면, 안정복(安鼎福)은 "이단(異端)의 허탄한 말일 뿐"이라 혹평하기도 했다. 맹랑하고 허탄하다는 게, 『삼국유사』가 버려진 가장 큰 원인이었던 것이다.

승려의 눈으로 본 세상

명필 왕희지의 글자를 하나하나 모아서 비문에 새겼을 정도로 추앙 받던 국존의 지위에서 후대에는 이렇듯 한낱 탁본에만 정신이 팔릴 정도로 전락한 일연. 그러다가 오늘날 최고의 고전 『삼국유사』의 저자로 사랑받고 있는 일대 반전. 거기에서 우리는 일연의 굴곡진 삶을 짐작할 수 있다. 도대체 이유가 무엇이었을까? 숭유억불(崇儒抑佛) 정책을 펼친 조선시대라는 시대적 상황으로만 설명할 수는 없다. 원효라든가 의상 같은 고승은 그때도 의연히 고승으로 기억되었으니까 말이다. 그보다는 이익과 안정복이 지목하고 있듯, 맹랑하고 허황한 이야기를 가리지 않던 그의 태도에서 답을 구해야 한다. 일연은 『삼국유사』를 이런 선언으로 시작한다.

> 대저 옛 성인(聖人)이 예악(禮樂)으로 나라를 일으키고 인의(仁義)로 가르침을 베푸는 데 있어 괴력난신(怪力亂神: 불가사의한 존재나 형상)에 대해서는 말하지 않았다. 그러나 제왕이 장차 일어날 때 부명(符命: 하늘의 제왕이 될 만한 사람에게 내리는 상서로운 징조)에 응하거나 도록(圖籙, 도참)을 받아 반드시 범인(凡人)과 다름이 있은 연후에야 능히 큰 변화를 타고 대기(大器)를 잡고 대업(大業)을 이룰 수 있는 것이다. (……) 그런즉 삼국의 시조가 모두 신이한 데서 나왔다는 것이 어찌 괴이하다 할 수 있겠는가! 이 기이(紀異)가 제편(諸篇)의 첫머리에 실린 것은, 그 뜻이 바로 여기에 있다.
>
> ―『삼국유사』 권1, 「기이 서문」

『삼국유사』는 「기이(紀異)」로 시작되는데, 위의 인용은 그 서문의 처음과 끝 대목이다. '기이'란 신이(神異)한 일(異)을 기록(紀)한다는 뜻인데, 일연은 삼국 건국주의 탄생담이 전혀 괴이할 것 없다고 선언하고 있는 것이다. 그러고는 곰이 변한 웅녀가 시조 단군을 낳았다는 '단군 신화', 알에서 태어난 주몽이 고구려를 세웠다는 '주몽 신화', 역시 알에서 태어난 박혁거세가 신라를 세웠다는 '박혁거세 신화' 등 신이한 이야기를 줄줄이 펼쳐나간다. 더욱이 「기이」가 『삼국유사』의 거의 절반 분량을 차지한다는 데서 신이함이 차지하는 비중을 가늠해볼 수 있다. 사람들이 하도 사실이라고 믿어 마지못해 『삼국사기』에 이들 건국 신화를 싣기는 하지만, 기괴하여 도저히 믿을 수 없다는 견해를 분명하게 밝혔던 김부식과는 판이한 양상이다. 『삼국유사』는 시종일관 신이함에 대한 믿음, 곧 신비주의적 세계관이 든든하게 뒷받침하고 있었던 것이다.

그런 일연에 대한 조선시대 사대부들의 태도가 비판적이었던 것은 일견 당연하기도 하다. 하지만 신이한 세계에 대한 굳은 믿음은 일연의 삶 그 자체였는지도 모르겠다. 지금은 동강나버린 비문, 그 첫머리는 일연의 삶을 이렇게 기록한다.

국존의 이름은 견명(見明)이고, 자는 회연(晦然)이며 나중에 일연(一然)으로 고쳤다. 속성은 김씨이며, 경주 장산군 사람이다. 아버지 이름은 김언필인데, 벼슬은 살지 않았지만 스님 때문에 좌복야(左僕射)로 추증됐다. 어머니는 이씨이고, 낙랑군부인으로 봉해졌다. 처음에 어머니가 둥근 해가 집 안으로 들어와 배에 내리쬐는 꿈을 3일 밤이나 꾸었는데, 마침내 태기가 있더니 태화(泰和) 병인년(丙寅年, 1206) 6월 신유일(辛酉日, 11)에 태어났다. 나면서부터 준수하고 의표가 단정했으며, 굳은 입에 소걸음과 호랑이 눈을 가지고 있었다.

— 민지, 「보각국존 일연 비문」

비문의 첫머리다. 속명과 법명, 부계와 모계, 그리고 출생과 유년 시절이 차례대로 기술되어 있다. 어떤 연구자는 '견명(見明) → 회연(晦然) → 일연(一然)'이라는 이름의 변화에서 '밝음[明]과 어둠[晦]의 대조', 그리고 '밝음과 어둠의 아우름[一]'이라는 인식의 성숙 과정을 읽어내기도 한다. 흥미로운 착상이다. 하지만 우리는 그곳에서 아주 엉뚱한 상상을 한다. '밝음을 보았다'로 해석되는 '견명'이라는 이름을 지었던 까닭은, 눈부신 햇살이 배에 내리쬐는 꿈을 꾸고 임신했기 때문이다. 햇볕과 잉태! 이 같은 탄생설화는 고구려의 건국영웅 주몽을 낳은 유화의 신이한 사연과 자연스럽게 겹쳐진다. 그녀도 유폐된 골방에서 햇볕을 쬐고 주몽을 잉태했다.

신화의 시대가 끝나고 역사의 시대로 접어든 지 오래된 고려 후기였건만, 신화는 여전히 일연과 그의 시대를 휘감고 있었던 것이다. 주몽의 탄생 과정은 '현실'처럼 이야기되고 일연의 탄생 과정은 '태몽'으로 변모되었지만, 이들 두 일화를 떠받치는 인식 지평은 다르지 않다. 실제로 비문에 기록된 일연의 삶을 더듬어보건대, 기이한 일화는 그의 삶에서 빈번히 일어난 현실이기도 했다. 몽골의 침입으로 전국이 전란에 휩싸였을 때, 일연은 문수보살의 주문을 외우며 무사하길 빌었다고 한다. 그러자 정말 기적처럼, 문수보살이 벽 사이에서 나타나 피신할

곳을 일러주었다는 것이다. 그뿐만 아니다. 일연 스스로도 뭇사람의 꿈을 통해 신이한 능력을 여러 차례 보여주고는 했다. 비문의 저본이 된 행장(行狀)은 제자 청분(淸玢, 또는 청진(淸珍)으로 보기도 한다)이 썼는데, 거기에는 일연이 생전에 보여준 신이한 행적이 매우 많이 기록되어 있었다고 한다. 하지만 고려의 중신이자 문장가였던 민지는 비문을 쓰면서 "(행장에는) 여러 이적(異蹟)과 기이한 꿈이 자못 많으나 말이 괴이한 곳으로 흐를까 두려워 줄이기로 한다"며 신이한 일들을 대거 생략했던 것이다.

우리가 '역사적 인물' 일연의 탄생으로부터 '신화적 인물' 주몽의 탄생을 연상하는 것은, 그런 점에서 자연스럽다. 나아가 일연의 그런 능력을 사실로 받아들인 제자들의 세계 인식은 『삼국유사』를 이해하는 중요한 코드가 된다. 신이한 탄생, 신이한 이적, 신이한 몽조(夢兆: 꿈에 나타나는 길흉의 징조)를 사실로 믿었던 그들의 세계관으로는 중국의 역대 제왕과 같이 삼국의 시조 또한 신이하게 태어났다는 건 전혀 괴이한 일이 아니었기 때문이다. 따라서 일부 사람들은 앞서 인용한 「기이」 서문에서 일연의 자주적인 역사 인식을 읽으려 했다. 우리의 삼국 시조도 중국과 동등하게 신이한 과정을 거쳐 태어났다는 선언은 자주적인 인식의 발로라는 것이다. 하지만 여기에서 방점을 찍어야 할 대목은 '중국과 우리가 동등하다'가 아니라 '비범한 인물은 신이한 과정을 거쳐 태어난다'는 일연의 독특한 믿음이다.

그렇다. 일연은 눈에 보이고 손으로 만져지는 현실만이 세계의 전부라고 생각하지 않았다. 눈에 보이지 않고 만질 수도 없는 또 다른 세계가 현실 너머에 엄연히 존재한다고 믿었던 것이다. 그런 세계관은 김부식이 표방했던 유가적 세계관, 곧 중세적 합리주의와 정면으로 맞선다. 그런 점에서 일연은 합리성이라는 이름으로 배제해버렸던 비현실적인 사실들에 새로운 가치를 부여하여 '세계의 진실'을 새롭게 되살리려 했다고 말할 수 있다. 아니,『삼국사기』를 편찬하면서 '빠뜨린 것을 수습한다(遺事)고 했던 김부식의 소극적인 차원을 훌쩍 넘어선다. 신이한 세계를 입증하는 이야기를 광범하게 거두고 체계적으로 배치하여 김부식의 편협한 역사 인식에 맞서고자 했던 것이다. 그것이 바로『삼국사기』가 있음에도『삼국유사』를 새롭게 썼던 진정한 이유다. 거기에 유가적 세계관과 불교적 세계관이 팽팽하게 힘겨루기를 하던 고려 후기의 시대적·사상적 분투가 아로새겨져 있음은 물론이다.

기이한 일화로 역사를 말하다

흔히『삼국유사』는 삼국시대를 다룬 역사서이자 설화집인 동시에 고승전이라고 평가된다.『삼국사기』가 빠뜨린 역사적 사건을 수습하고 있고, 역사 이면에 감춰져 있던 전래의 신화·전설을 거두고 있으며, 잊을 뻔했던 승려들의 행적을 기록하고 있다는 점에서 그럴 법하다. 일연은 신이한 세계에 대한 믿음을 바탕으로 삼아,『삼국사기』보다 훨씬 다채로운 삼국의 모습을 보여주고자 했던 것이다. 그런 과정에서 일연이 참고한 문헌은 대단히 방대했다. 중국과 우리의 저명한 전적을 두루 포괄하고 있으며, 기타 고기(古記)·향전(鄕傳)·비문(碑文)·고문서(古文書) 등까지 활용했다. 하지만『삼국유사』를 통괄하는 특징적 면모는 신이함이라 할 수 있다. 앞서, 일연의 삶으로부터 확인했던 바이다. 그렇지만 신이한 이야기라고 해서 무조건 거두었던 것은 아니다. 다음의 두 일화로부터 그런 사실을 유추해볼 수 있다.

> [가] 원효 스님이 두루 다니며 수행했던 시말(始末)과 불법(佛法)을 널리 폈던 성대한 자취는 당전(唐傳)과 행장(行狀)에 갖추어 실려 있어 여기서는 싣지 않고, 오직 세속에 전하는 한두 가지의 이상스러운 일만을 기록하겠다.
> - 『삼국유사』, 권 1, 「의해」, 〈원효불기(元曉不羈)〉

> [나] 사복(蛇福)이 세상에 응해서 이 일만을 보였을 뿐이다. 그런데도 세속에서 황당한 말로 가탁(假託)한 것이 많으니 참으로 가소로운 일이다.
> - 『삼국유사』, 권 1, 「의해」, 〈사복불언(蛇福不言)〉

[가]는 원효와 관련된 행적 가운데 세속에 떠도는 신이한 일만을 기록하겠다는 것이고, [나]는 사복과 관련된 행적 가운데 세속에 떠도는 황당한 일을 기록하지 않겠다는 것이다. 신이함과 황당함의 분별! 우리로서는 그게 그것 같은데 일연은 이를 엄연히 구분하고 있었던 것이다. 현실 너머의 세계를 거두고 배제하는 데 일연만의 준엄한 가치판단이 작동하고 있었음을 본다. 우리는 세속 사람들이 사복에게 가탁했다는 황당한 말이 무엇인지, 일연은 무슨 근거로 그것을 가소로운 일이라 단언하고 있는지 알지 못한다. 다만, 나름대로의 분별 기준이 있었다는 것만을 짐작할 수 있을 따름이다. 신이와 황당함을 나누는 기준은 무엇이었을까? 미루어 짐작할 수 있는 하나의 단서가 있다.

지귀(志鬼)는 신라 때 활리(活里)의 말몰이꾼(驛人)이었다. 선덕여왕을 너무 사모하여 비쩍비쩍 말라갔다. 사연을 들은 여왕은 영묘사에 불공을 드리러 갈 때 만나주겠다고 약속을 했다. 지귀는 약속한 날, 절의 탑 아래에서 선덕여왕이 오기를 기다리다가 그만 잠이 들어버렸다. 선덕여왕은 아무리 해도 깨어나지 못하는 지귀의 가슴에 자신의 팔찌를 얹어두고 궁궐로 돌아갔다. 잠에서 깬 지귀는 그 사실을 알고 오래도록 번민하다가, 마침내 마음의 불이 일어나 탑을 돌다가 불귀신으로 변했다. 선덕여왕은 술사(術士)에게 명하여 주문을 짓게 했다. 신라 풍속에 이 주문을 문에 붙여 화재를 막았다 한다.

— 『수이전(殊異傳)』, 「심화요탑(心火繞塔)」

『수이전』에 실려 있는 「심화요탑」의 전문이다. 마음의 불이 일어나 탑을 휘감았다는 뜻이다. 미천한 사내가 존귀한 여왕에게 연정을 품었다가 불귀신이 됐다는 결말은, 이루어질 수 없는 사랑의 파국을 극적으로 보여준다. 그리고 사모하는 마음이 너무 깊어 불로 변했다는 상상력, 아니 그 기이한 사연은 깊은 연민과 함께 신비로운 세계로 우리를 인도한다. 일연도 『수이전』에 실려 있던 이런 이야기를 읽었음에 분명하다. 그리하여 지귀에 얽힌 이야기를 『삼국유사』에 거두었다. 하지만 일연은 이런 방식으로 거두고 있다.

[혜공 스님이] 어느 날 풀을 가지고 새끼를 꼬아서 영묘사에 들어가 금당(金堂)과 좌우의 경루(經樓)와 남문(南門) 회랑을 둘러 묶고 강사(剛司)에게 일렀다. "이 줄은 모름지기 3일 후에 풀어라." 강사가 이상하게 생각하면서 따

르니 과연 3일 후에 선덕여왕이 가마를 타고 절로 들어왔는데 지귀의 가슴에서 불이 나서 그 탑을 태웠으나 오직 줄을 묶은 곳만은 면하게 됐다.

- 『삼국유사』 권4, 「의해」, 〈이혜동진(二惠同塵)〉

선덕여왕 때 불로 변한 지귀의 이야기라는 점은 같지만, 말하고자 하는 요점은 전혀 다르다. 일연은 선덕여왕에 대한 지귀의 이루어질 수 없는 사랑이나 마음의 번민이 깊어져 불로 변했다는 기이함에 초점을 맞추지 않았다. 일연이 눈여겨보았던 기이함은, 고승 혜공(惠空)이 보여준 이적(異蹟)이었다. 지귀가 불로 변해 탑을 태워버린 신이한 현상이 아니라 불이 날 것을 알고 예방법을 가르쳐준 혜공 스님의 신이한 능력에 감동을 받았던 것이다. 당연한 말이지만, 일연은 스님이었다. 그렇다면 일연이 주목한 신이함이란, 신이함 그 자체가 아니라 불교적 경이로움과 연결되어 설명될 수 있었던 것이 아닐까? 그런 문제의식을 갖고 편목 전체를 훑어 내려가보면, 승려 일연이 쓴 『삼국유사』는 철저하게 불교적 시각에서 읽어야 함을 새삼 확인하게 된다.

제1 기이(紀異, 상): 신이한 사적(事跡)에 관한 이야기

제2 기이(하): 신이한 사적에 관한 이야기

제3 흥법(興法): 불교의 흥기에 관한 이야기

제4 탑상(塔像): 불탑과 불상에 관한 이야기

제5 의해(義解): 불교의 교리에 관한 이야기

제6 신주(神呪): 신통한 주술에 관한 이야기

제7 감통(感通): 부처의 감응에 관한 이야기

제8 피은(避隱): 은거해 숨어든 사람 이야기
제9 효선(孝善): 효도와 선행에 관한 이야기

제1, 2가 『삼국유사』의 전반부라면, 제3~9는 『삼국유사』의 후반부이다. 전후반의 차이가 뭔지는 분명하다. 전반부는 단군으로부터 삼국의 멸망까지 신이한 일화를 시대순·나라순으로 기록한 것인데, 흥미롭게도 불교와 관련된 이야기는 하나도 없다. 후반부는 전혀 딴판이다. 삼국의 불교 전래로부터 시작하여 불탑·불상에 얽힌 영험, 불교의 참뜻을 보여준 일화, 불가사의한 불교적 영험, 효심과 불심의 관계 등으로 불교와 관련되지 않은 이야기는 하나도 없다. 전반부와 후반부의 관심사가 완벽하게 구별되는 것이다. 그래서 어떤 사람들은 『삼국유사』가 일연 한 사람의 저작인가 의심하기도 한다. 하지만 두 개의 저작이 후대에 합쳐진 것이라는 증거가 없는 이상, 아니 이질적으로 보이는 전후반이 하나로 묶여 전승되고 있는 이상 그 까닭만큼은 밝혀야 한다.

우리는 지귀라는 미천한 사내가 보인 신이한 행적, 그리고 혜공이라는 고승이 보인 신이한 영험 사이에 드러난 일연의 분별에서 해답의 실마리를 얻을 수 있다. 신이한 역사로 가득 채워진, 그리고 그건 전혀 괴이한 일이 아니라고 서문에서 밝혀둔 전반부의 「기이」는, 신이한 세계를 인정하지 않고는 도달할 수 없는 종교적 영험을 설득시키기 위한 은밀한 전제가 아니었을까? 실제로 기적을 인정하지 않고는 종교의 세계로 한 발자국도 진입할 수 없는 법이다. 전반부의 「기이」와 후반부의 「흥법」 이후는 이렇게 은밀하게 연계되어 있었던 것이다.

사정이 이러하다면 「기이」에 실린 신이한 사연들을 단순히 흥밋거리로만 읽어 넘길 수 없다. 단군 신화만 해도 그러하다. 곰이 여자(웅녀)가 되고, 웅녀가 단군을 낳았다는 기적 같은 사연에만 한눈팔 일이 아닌 것이다. 「기이」의 첫 작품, 아니 『삼국유사』의 첫 작품인 단군의 유래를 일연은 어떻게 설명했던가? 환웅의 아들 단군은 환인(桓因)의 손자다. 그런데 일연은 '환인' 아래에 '제석(帝釋)'이라고 주석을 달아 그 정체를 분명하게 밝혀두었다. '제석'이란 '석제환인다라(釋提桓因陀羅)'의 약칭으로 수미산(須彌山) 위의 선견성(善見城)에 살면서 그 아래의 사천왕(四天王)을 거느리고 불법과 불제자를 보호하는 하늘의 임금이다.

일연의 이런 독법에 의거한다면, 단군은 제석의 손자였으니 단군의 후예라 자처하는 우리들이야 굳이 부연할 필요도 없다. 아주 사소한 것처럼 보이는 작은 주석 하나와 그것이 놓인 위치가 함의하는 위력은 예사롭지 않다. 『삼국유사』는 전반부에 「기이」를 배치함으로써 후반부에 서술될 불교적 경이를 납득하도록 만들고 있고, 「기이」 첫머리에 단군 신화를 배치함으로써 불교의 세계 속에서 삼국의 역사를 읽도록 만들고 있는 것이다. 이것이야말로 유가적 합리주의에 의해 배제되어버린 신이의 세계를 되살려냄으로써, 일연이 고려의 국존으로서 말하고 싶어했던 진정이자 절묘한 서사적 전략이었으리라.

불교 영험에 담긴 허실

우리의 『삼국유사』가 최고의 고전으로 사랑받는 까닭 가운데 하나가

신이한 세계에 대한 믿음이라면, 다른 하나는 서민에 대한 구원의 손길이 아닐까 싶다. 실제로 『삼국유사』에는 서민과 관련된 이야기가 유난히 많고, 그들 편편마다 서민을 바라보는 따스한 눈길을 느낄 수 있다. 김부식의 『삼국사기』가 귀족적이라면, 일연의 『삼국유사』가 서민적·민중적이라는 평가는 그래서 생겨난 것이다. 그런데 다음과 같은 스님의 일화를 보고 있노라면, 때론 고개가 갸우뚱해진다.

〔가〕 어떤 걸녀(乞女)가 아이를 낳고는 꽁꽁 얼어 누워 있었는데, 거의 죽을 지경이었다. 정수(正秀) 스님이 보고 그를 가엾게 여겨 안아주니, 얼마 후 깨어났다. 이에 옷을 벗어 덮어주고, 자신은 알몸으로 본사로 돌아갔다.
〔나〕 원광법사가 죽은 뒤에, 속인(俗人)이 사태(死胎)를 낳은 일이 있었는데, 지방 속담에 '복 있는 사람의 무덤에 묻으면 후손이 끊어지지 않는다'고 하여 원광법사의 묘 옆에 몰래 묻었다. 그러나 바로 그날 벼락이 사태를 내리쳐서 무덤 밖으로 내쳤다. 이로 말미암아 존경하지 않던 사람도 모두 그를 숭앙(崇仰)하게 됐다.

— 『삼국유사』 권4, 「의해」, 〈원광서학(圓光西學)〉

우리 같은 범인에게 정수 스님과 원광법사는 좀 다른 분위기를 풍기는 분처럼 보인다. 추위에 떨고 있는 거지에게 옷을 모두 벗어주고 자신은 알몸으로 돌아가던 정수 스님의 인자함과 아무리 몰래 한 짓이라지만 벼락을 때려 자식 없는 자의 간절한 바람을 뿌리치던 원광법사의 단호함이 달리 느껴지는 것이다. 나아가 하층민에게 건네지던 따스한 종교적 구원의 손길과 동시에 범접하기 어려운 높은 장벽을 체감하기도 한다. 열린 가능성과 동시에 제시되는 닫힌 가능성이라고나 할까? 다음의 일화는 더욱 그러하다.

> 한 여자 종이 있었는데 이름을 욱면(郁面)이라 했다. 그녀는 뜰의 좌우에 긴 말뚝을 세워 놓고 새끼줄로 양 손바닥을 꿰어 거기에 매고는 합장하여 좌우로 움직이며 스스로를 격려했다. 서쪽 하늘에서 음악이 들려오더니 욱면의 몸이 솟구쳐 집 대들보를 뚫고 하늘로 올라갔다. 그러고는 해골을 버리고 부처의 모습으로 변하여 연화대(蓮花臺)에 앉아 환한 빛을 발하며 천천히 서쪽으로 날아가버렸다.
>
> — 『삼국유사』, 권5, 「감통」, 〈욱면비 염불서승(郁面婢念佛西昇)〉

욱면이 승천하던 장면을 그린 것인데, 참으로 장관이다. 더욱이 미천한 신분의 계집종도 부처가 될 수 있다고 하니 어찌 감동적이지 않겠는가? 우리는 여기에서 인간을 무차별로 대하던 승려 일연의 평등사상에 주목할 수도 있다. 불교에서는 만물에 차별을 두지 않는다고 가르치지 않았던가? 하지만 왠지 망설여진다. 욱면이 맞이했던 광명의 세계란 인간으로서는 실로 견디기 어려운 시련의 대가임을 잊어서는 안 되기 때문이다. 손바닥을 뚫어 새끼줄로 꿴 뒤, 피가 철철 흐르는 아픔을 참아가며 수행해야 했던 혹독한 시절! 광명은 아무에게나 주어지지 않는, 그런 참혹한 고통을 겪어낸 자에게만 주어지는 가능성이었던 것이다. 그렇다면, 그건 닫힌 가능성이라 말해야 하지 않을까? 그럼에도 무지한 중생은 그 닫힌 가능성을, 누구에게나 열려 있는 가능성으로 알고 돌진하는 것인가? 다음의 일화도 그러하다.

권화승(勸化僧) 점개(漸開)가 축원하여 말하기를, "단월(檀越)께서는 보시를 좋아하시니 천신이 항상 돌보아주실 것입니다. 하나를 보시하면, 만 배를 얻고 수명을 길이 편하게 누릴 것입니다"라 했다. 대성(大成)이 이 말을 듣고 기뻐하며 집으로 돌아와 어머니에게 말하기를, "내가 문에서 스님이 외는 말을 들었는데, 하나를 보시하면 만 배를 얻는다고 합니다. 생각건대, 우리는 선업(善業)이 없어 지금 이처럼 곤궁한 것입니다. 지금 다시 보시를 하지 않으면 내세에는 더욱 곤궁할 터이니 우리의 용전(傭田)이라도 법회에 보시하여 뒷날의 보답을 기다리는 것이 어떠하겠습니까?" 했다. 어머니가 좋다고 하고는 이에 밭을 절에 바쳤다.

― 『삼국유사』, 〈대성효이세부모(大成孝二世父母)〉

위의 일화처럼, 궁핍한 자에게 보시라든가 헌신, 희생을 권하는 내용은 『삼국유사』에 적지 않다. 우리는 고통 받는 사람들에게 다음 세계에서는 잘살게 될 것이라는 희망을 던져주었던 종교적 위안과 그것이 가진 긍정적 의의를 십분 이해한다. 그럼에도 불구하고 지배층의 자비로운 구원이나 내세에서의 막연한 희망에 기대를 걸고 현실의 고통과 모순을 외면하게 만들던 불교의 부정적 측면까지 모른 체할 수는 없다. 우리가 『삼국유사』를 불교 경전을 읽는 마음으로 읽는 게 아니라면 말이다. 그렇게 삐딱한 마음을 갖고 보면, 모든 게 삐딱하게 보이는 법이다. 세상 만물을 이롭게 하는 부처의 영험을 보라면서 경탄해 마지않던 다음과 같은 일화조차도 왠지 딴지를 걸고 싶으니 말이다.

옛날 연곡현(連谷縣) 사람들이 배를 갖추어 바다로 물고기를 잡으러 갔다.

문득 한 탑의 그림자가 배를 따라오니 물고기들이 그 그림자를 보고 모두 흩어져 달아나버렸다. 이 때문에 어부들은 물고기를 한 마리도 잡지 못하게 되고, 그 분노를 감당할 길이 없어 그림자를 따라 이르러 보니 바로 이 탑이 었다. 이에 모두 도끼를 휘둘러 탑을 깨고 가버렸다. 지금, 이 탑의 네 귀퉁이가 부서진 것은 바로 이 때문이다.

― 『삼국유사』 권3, 「탑상」, 〈오대산 문수사 석탑기(五臺山 文殊寺 石塔記)〉

일연은 이 일화를 듣고 경탄해 마지않는다. 미물의 생명조차 보살피려는 부처의 마음과 그 구원의 방법을 보면 참으로 그렇겠다는 생각이 든다. 그러나 탑의 그림자 때문에 온종일 허탕을 치고 돌아와 도끼를 휘두르며 탑을 부수려던 어부의 분노가 물고기의 생명보다 하찮게만 보인다면, 부처의 영험에 대한 일방적 경탄은 뭔가 공허하다. 아마도 이런 경탄은 불교계의 정점에 있던 일연의 한계이기도 하고, 고려 후기 불교계가 지닌 한계이기도 할 터이다. 고려 후기에는 무신란 이후 불교 대중화 운동을 벌이며 귀족불교에서 벗어나 민중불교를 지향했다. 하지만 고난에 찬 민중의 현실 모순에 대한 근본적인 대안을 제시하지 못한 채, 참회사상이나 미타정토사상만 가지고 민중을 구원하고자 했던 것이다. 참회를 강조하고 서방정토를 염원할 것을 강조하는 『삼국유사』도 그런 시대의 물결 위에 놓여 있었던 것이다.

2부

진실을 엿보는
일곱 개의 창

1. 건국신화의 숨은그림찾기

유화, 소서노, 알영, 허황후

신화 주변을 서성이는 여인들

우리 민족의 기원을 담은 단군 신화는 『삼국유사』에 실려 있다. 환인의 아들 환웅이 지상에 내려와 신의 도시를 열고, 삼칠일 동안 금기를 견뎌낸 곰은 여인이 되고, 잠시 몸을 변화한 환웅과 웅녀 사이에서 단군이 태어나 고조선을 건국했다는 이야기다. 어릴 적부터 골백번도 더 들었던 줄거리다. 처음 듣던 어린 시절에도 그랬지만, 명징한 눈으로 세상을 바라보아야 한다는 교육을 받아가면서는 이런 내용을 사실로 받아들이기가 더욱 어려웠다. 한편에서는 합리성을 강조하면서도 다른 한편에서는 황당함을 용인해야 하는 이율배반 속에서 단군 신화를 받아들이려니 혼란스러웠던 것이다. 그럴 즈음 고조선은 북방으로부터 이주해온 환웅족과 곰을 숭상하던 토착민의 연합으로 이루어진 국가를 상징한다는 역사적 해석이 미혹의 자리를 대신했다. 하지만 요즘의 나에게 단군 신화는 더 이상 배달민족으로서의 기원이나 고대 국가 건설의 비사(秘史)로 읽히지 않는다. 전혀 다른 방식으로 흥미로움을 주기 때문이다.

한번 생각해보자. 곰과 호랑이는 사람이 되고 싶다는 간절한 소원을 환웅에게 어떤 방식으로 전달했을까? 너무나 엉뚱한 질문이지만, 이런 식으로 질문을 하면서 읽으면 단군 신화는 물론이고 황당무계한 이야기로 가득 찬 『삼국유사』는 흥미진진해진다. 하긴 황당함이란 그리 탓할 게 못 된다. 둘러보라. 요즘처럼 우리가 황당함에 열광한 적이 또 있었는가? 사이버라는 가상공간은 말할 것도 없고, '해리포터'라든가 '반지의 제왕' 같은 신화적 황당함이 세계인을 열광케 하고 있지 않은가?

그렇다면 건국신화를 읽는 까닭은 사실 여부를 확인하기 위해서가 아니라 환상에 간직된 진정을 현재적 실감으로 생동감 있게 되살려 음미하는 것이겠다. 그러기 위해서는 천상과 지상이 하나로 이어져 있다고 믿었던 그들, 인간과 자연은 서로 자유롭게 소통할 수 있었다고 믿었던 그들, 그리고 이런 믿음을 신성한 이야기로 풀어냈던 고대인의 마음에 공감할 수 있는 감성과 상상력을 회복해야 하리라. 인간의 독선과 욕망에 의해 세상의 이치와 자연의 생명이 무자비하게 훼손당하는 것을 목도하게 되는 요즘에는 더욱더 그렇다. 손으로 만질 수 없고 눈으로 볼 수도 없지만, 인간 세상 너머에 또 다른 세상의 이치가 엄존하고 있다는 사실을 일깨워주는 고대인들의 마음을 읽어보려는 즈음, 비로소 우리는 건국신화를 제대로 감상하는 문으로 들어서게 된 것일까?

그런 마음으로 단군 신화를 다시 읽다 보니, 또 다른 물음이 입에서 뱅뱅 돈다. 잡식동물인 곰과 육식동물인 호랑이에게 쑥과 마늘로 연명하게 한 환웅의 시험은 애당초 부당한 것이 아니었던가? 그런 부당한 시험을 거쳐 인간이 된 곰을 진정한 승자로 인정할 수 있겠는가? 그건 그렇다고 치자. 그런 시련을 거쳐 여자가 된 곰은 과연 행복했을까? 아니면 인간이 되기를 포기하고 자신이 뛰놀던 산림으로 되돌아간 호랑이가 더 행복했을까?

삼국의 건국신화에도 이런 질문들을 하게 만드는 여성들이 등장한다. 주몽의 어머니 유화, 박혁거세의 아내 알영, 김수로왕의 아내 허황후가 그들이다. 건국영웅이 나라를 건설하고 다스리던 즈음, 그들은 어떤 모습, 어떤 표정으로 그 과정을 지켜보고 있었을까?

우리는 고대 국가 건설에 관한 역사를 거의 대부분 신화를 통해서 배운다. 객관적 사실을 생명으로 삼는다는 역사, 그리고 믿기 어려운 황당함으로 가득 찬 신화. 좀처럼 화해할 수 없을 법한 이 둘을 이어주는 연결고리는 신화의 세계를 역사적 사실의 상징으로 해석할 수 있다는 군건한 믿음이다. 단군 신화를 예로 들어보자. 천제(天帝)의 아들이라 자처하던 환웅은 누구인가? 북쪽으로부터 남쪽으로 내려온 이주 부족이다. 인간이 되기를 갈구하던 곰과 호랑이란 무엇인가? 곰과 호랑이를 토템으로 삼던 토착 부족이다. 그렇다면 시련을 견뎌낸 곰이 인간이 되어, 결국 환웅의 아이를 낳게 됐다는 것은 뭘 말하는 것인가? 이주해온 '환웅족'과 터를 잡아 살고 있던 '곰족'의 연합에 의해 고조선이라는 국가가 건설됐다는 역사적 사실의 신화적 상징이다.

아마도 익숙하게 들어온 해석일 것이다. 지금의 우리로서는 이런 설명이 얼마만큼 사실에 부합하는지, 그 타당성을 확인할 길은 없다. 하지만 신화를 해석하는 가장 매혹적이고도 일반화된 독법인 것은 사실이다. 그래서 그런 방식으로 이해하고 가르치기는 하는데, 그렇게 읽다 보면 읽을수록 역사적 사실에 대한 정보가 명징해지기는커녕 혼란스럽게 되는 경우가 종종 있다. 다음과 같은 대목도 그러하다.

"나는 본시 하백(河伯)의 딸로서 이름은 유화(柳花)인데 여러 아우들과 함께 놀던 중 때마침 한 사나이가 있어 천제의 아들 해모수라고 자칭하면서 나를 유인하여 웅신산(熊神山) 밑 압록강 변의 방 속에서 사통(私通)하고는 가서 돌아오지 않았다. 부모는 내가 중매도 없이 외간남자를 따랐다고 하여 드디어 이곳에서 귀양살이를 하고 있다"라고 했다.

〔『단군기(檀君記)』에 이르기를 "단군이 서하(西河) 하백의 딸과 상관하여 아이를 낳으니 이름을 부루(夫婁)라고 했다"고 한다. 지금 이 기록을 보면 해모수가 하백의 딸과 관계하여 주몽을 낳았다고 했다. 『단군기』에는 "아들을 낳으니 이름은 부루이다"라고 했으니 부루와 주몽은 이복형제일 것이다.〕

– 『삼국유사』 권1, 「기이」, 〈고구려〉

위의 인용문은 하백의 딸 유화가 자신을 겁탈하고 도망친 사내, 곧 해모수와 사통했다는 이유로 부모에게 추방당한 사연을 금와왕에게 털어놓는 대목이다. 일연은 이 대목에 흥미로운 협주(夾註: 본문을 알기 쉽게 풀이하여 본문 속에 끼워 넣은 주석)를 달았다. 지금은 일실된 『단군기』라는 책에는 '단군과 유화가 관계를 맺어 해부루를 낳았다'고 되어 있다는 것이다. 하지만 '주몽 신화'에서 유화는 해모수와 관계를 맺어 주몽을 낳지 않았던가? 선뜻 납득하기 어렵다. 도대체 유화는 어떤 여자이기에 단군이라는 남성하고도 관계를 맺어 해부루를 낳고, 또 해모수라는 남성하고도 관계를 맺어 주몽을 낳았다는 말인가? 뭇 사내들을 후리고 다니던 유화를 보고 있노라면 참으로 착잡하다.

  건국신화 속에 고대 국가 건설의 비밀이 담겨 있다고 본다면, 해부루가 세운 동부여와 주몽이 세운 고구려는 본디 혈연적 관계를 지닌 국가였다고 해석해야 할 것이다. 실제로 주몽은 동부여에 살다가 태자 대소(帶素)의 살해 위협을 피해 동료를 이끌고 도망해 고구려를 세웠으니, 양국 간의 혈연적 친연성을 인정할 만하다. 그럼에도 우리는 보다 혼란스런 기록을 바로 『삼국유사』, 「왕력(王曆)」에서 만나게 된다. 「왕력」은 중국과 우리의 네 국가, 곧 고구려, 백제, 신라, 가락국 임금의 세계(世系)와 연대(年代)를 비교할 수 있도록 정리한 도표이다. 그곳에서 일연은 고구려 제1대 동명성왕, 곧 주몽을 '단군의 아들(壇君之子)'이라 밝히고 있다. 단군과 해모수가 동일인으로 간주된 것이다. 이쯤 되면 혼란스럽기 그지없다.

  건국신화가 이처럼 착잡하고 혼란스러운 까닭은 무엇 때문일까? 그것은 무엇보다 고대 국가 건설과 관련한 이야기는 아득한 기억에 의존할 수밖에 없기 때문일 것이다. 아스라한 과거가 입에서 입으로 전승되어오는 동안 어찌 부연과 삭제, 왜곡의 과정을 겪지 않을 수 있었겠는가? 건국신화는 오랜 세월을 거치면서 축적된 기억이 문자로 기록된 뒤, 『삼국사기』와 『삼국유사』 같은 역사서에 실리게 된 것이다. 그렇기에 구전되던 고대 국가 건설의 비화(秘話)를 기록으로 남기는 일을 수행했던 주체, 곧 남성의 손질에 주목할 필요가 있다.

자애로운 어머니로 전락한 유화

『북사(北史)』에 이르기를 고구려는 항상 10월에는 하늘에 제사지내고, 음사(淫祀)가 많다. 신묘(神廟) 두 곳이 있는데, 한 곳은 부여신(夫餘神)을 모신 곳으로 나무를 새겨 부인의 형상을 만들어두었다. 나머지 한 곳은 고등신(高登神)을 모신 곳으로 그 시조인 부여신의 아들이다. 함께 관사를 두어 사람을 보내어 지키고 보호하니 부여신과 고등신은 각각 하백의 딸과 주몽을 이른다.

— 『삼국사기』 권32, 「잡지」, 〈제사〉

위의 글은 고구려 사람들이 시조 주몽과 함께 어머니 유화를 신으로 떠받들고 있었음을 증언하는 기록이다. 여기에서 주몽을 신으로 모시는 이유는 이해가 된다. 자기 나라의 건국주이니 어찌 숭상하지 않을 수 있겠는가? 그렇다면 유화는 무슨 까닭에 신으로 추앙을 받고 있었던 것일까? 『삼국사기』, 「고구려본기」, 〈동명성왕〉에 서술되어 있듯 해모수와 인연을 맺은 뒤 온갖 역경을 딛고 주몽을 낳아 길러낸 여인이기에 국모(國母)로 받들어진 것이리라. 하지만 건국주인 주몽을 낳았다는 사실만 가지고 유화가 지모신(地母神), 곧 풍요로운 수확을 주관하는 곡신(穀神)으로 자리잡게 된 내력을 이해하기란 어렵다. 김부식이 기록으로 남긴 〈동명성왕〉이든 그것을 토대로 삼고 있는 『삼국유사』의 〈고구려〉든, 그 어디에도 유화를 곡신으로 이해할 만한 내용이 없기 때문이다. 하지만 김부식이 삭제해버린 다음과 같은 내용을 보충해서 읽는다면, 유화가 곡신으로 추앙된 까닭을 이해할 수 있게 된다.

주몽이 이별할 때 차마 떠나지 못하니 어머니가 말하기를, "너는 어미를 걱정하지 말라" 하고 오곡(五穀)의 종자(種子)를 싸주어 보냈다. 주몽이 살아서 이별하는 마음이 애절하여 보리 종자를 잊어버리고 왔다. 주몽이 큰 나무 밑에서 쉬는데 비둘기 한 쌍이 날아왔다. 주몽이, "아마도 신모(神母)께서 보리 종자를 보내신 것이리라" 하고, 활을 쏘아 한 화살에 모두 떨어뜨려 목구멍을 벌려 보리 종자를 얻고, 물을 뿜으니 비둘기가 다시 소생하여 날아갔다.

— 이규보, 『동국이상국집』 권3, 〈동명왕편〉

이규보는 그 서문에서 『구삼국사』에 실려 있던 주몽 신화를 토대로 이런 장편서사시를 지었다고 밝히고 있다. 『구삼국사』는 앞서 살핀 대로 김부식이 마땅치 않게 생각해 『삼국사기』를 다시 쓰게 만들었다던 바로 그 역사서다. 그런데 이규보의 〈동명왕편〉에서 가장 흥미로운 대목은, 시로 풀어낸 본래의 신화 내용을 인용하면서 독자의 감상에 도움을 주는 부분들이다. 김부식에 의해 삭제된, 『구삼국사』에 실려 있던 '주몽 신화'의 본래 모습을 재구성할 수 있기 때문이다. 위의 인용문도 그 가운데 하나다. 죽음을 피해 먼 길을 가야 하는 자식을 염려하여 곡식의 씨앗을 챙겨주던 어머니 유화의 모습이 생생하게 그려졌다. 이런 모습이야 우리 일상에서 흔히 볼 수 있는 것이지만, 건국신화에서라면 사정이 다르다. 고대 국가를 세우는 데 더없이 중요한 생업의 기틀, 곧 고구려가 수렵사회에서 농업사회로 전환하는 데 결정적인 역할을 한 인물로 유화를 기억하고 있었던 것이다. 유화가 고구려 사람들에게 곡신으로 추앙된 것은 바로 이런 이유다. 하지만 김부식은 이런 중요한 삽화를 생략해버리고 말았다. 이규보는 그 이유를 이렇게 추측한 바 있다.

> 김부식은 『삼국사기』를 새로 편찬하면서 동명왕의 사적을 자못 간략하게 다루었다. 아마도 공은 국사(國史)란 세상을 바로잡는 책이니, 신이한 일을 후세에 보여주는 것은 옳지 않다고 여겼기 때문이리라.
>
> – 이규보, 〈동명왕편 병서(서문)〉

이규보의 말처럼 『삼국사기』의 주몽 신화를 이규보의 〈동명왕편〉과 비교해보면 해모수와 하백, 주몽과 송양왕과의 신이한 도술 싸움 등은 흔적도 없이 삭제되어버렸다. 유학자 김부식은 황당하고 신이한 일을 역사서에 실을 수 없다고 판단한 것이다. 그렇다면 유화가 주몽에게 오곡의 씨앗을 주었다는, 그러나 경황이 없어 두고 간 그것을 비둘기를 통해 다시 전해주었다는 내용도 그런 기준에 의해 생략된 것으로 볼 수 있다. 하지만 단지 그런 이유 때문만은 아니라는 생각이 든다. 거기에는 또 다른 삭제 기준이 작동한 것으로 보이기 때문이다.

사실 김부식의 『삼국사기』에 그려진 유화가 아들 주몽에게 해준 역할이란, 동부여의 태자 대소와 그 신하들의 모해(謀害)를 눈치 채고 탈출을 권유하는 것에 그칠 뿐이다. 하지만 유화의 역할은 본래 여기에 그치지 않았다. 다음의 두 기록을 비교해보자.

> 금와에게는 일곱 아들이 있어서 늘 주몽과 놀았으나 그 재주와 능력이 모두 주몽에 미치지 못했다. 맏아들 대소가 왕에게 말하기를 "주몽은 사람이 낳

은 자가 아니어서 사람됨이 또한 용감합니다. 만약 일찍 도모하지 않으면 후환이 있을까 두려우니 그를 제거할 것을 청하옵니다"라고 했다. 왕이 듣지 않고 그에게 말을 기르도록 했다. Ⓐ 주몽이 날랜 말을 알아보고 적게 먹여 마르게 하고, 둔한 말은 잘 먹여 살찌게 했다. 왕은 살찐 말은 자신이 타고, 마른 말은 주몽에게 주었다.

- 『삼국사기』, 권13, 「고구려본기」, 〈시조 동명성왕〉

그 어머니가, "이것은 내가 밤낮으로 고심하던 일이다. 내가 들으니 장사가 먼 길을 가려면 반드시 준마(駿馬)가 있어야 한다. 내가 말을 고를 수 있다"하고, 드디어 목마장으로 가서 긴 채찍으로 어지럽게 때리니 여러 말이 모두 놀라 달아나는데 한 마리 붉은 말이 두 길이나 되는 난간을 뛰어넘었다. 주몽은 이 말이 준마임을 알고 바늘을 가만히 말의 혀 밑에 꽂아 놓았다.

- 이규보, 『동국이상국집』, 권3, 〈동명왕편〉

두 번째 인용문인 〈동명왕편〉의 장면은 Ⓐ부분에 들어갈 내용이다. 유화가 아들 주몽이 타고 도주할 준마를 골라주었다는 내용이다. 하지만 『삼국사기』에는 이 대목이 빠졌다. 김부식은 주몽이 준마를 스스로 고른 것처럼 바꿔버린 것이다. 고구려인에게 좋은 말을 가려내는 안목이란, 활을 잘 쏘는 능력과 함께 탁월한 우두머리의 징표였다. 주몽은 그런 안목과 능력이 있었기 때문에 험난한 시련을 딛고 일어서서 건국 영웅이 될 수 있었던 것이다. 김부식은 주몽의 그런 면모를 돋보이게 만들고 싶었다.

그런 의도로 김부식은 중요한 장면을 생략하는 일도 마다하지 않았다. 앞의 인용문에서 확인할 수 있듯이, 주몽이 동부여에서 탈주할 수 있도록 준마를 가려내준 장본인은 본래 유화였다. 모정에 연연해 떠나지 못하는 유약한 아들을 깨우쳐 떠나게 하고, 탈출에 성공하기 위한 방법을 착실하게 준비시키고, 새로운 나라를 세워 부강하게 하는 생업까지 마련해준 유화는 참으로 자애로우면서도 탁월한 능력을 갖춘 그야말로 당당한 국모(國母)였다.

주몽은 그런 어머니를 신모(神母)라 부르고 있다. 하지만 김부식은 이것이 마뜩하지 않았다. 그리하여 유화를 건국주인 주몽을 낳은 어머니의 형상으로 축소시키고 말았던 것이다. 그녀가 발휘한 신이한 능력을 모두 아들 주몽의 몫으로 돌려버리는 대신 말이다. 유화는 그렇게 남자들만을 역사의 무대에 남겨둔 채, 건국신화의 뒤편으로 쓸쓸하게 지워져버렸던 것이다.

지아비에게 버림받은 소서노

『삼국사기』 권23, 「백제본기」를 보면, 백제의 시조 온조왕 13년에 왕의 어머니 소서노(召西奴)가 61세의 나이로 죽었다고 한다. 4년이 지난 뒤, 온조왕은 사당을 세워 자신의 어머니를 국모로 떠받들며 제사를 지낸다. 주몽의 어머니 유화가 고구려에서 부여신으로 모셔졌던 것처럼, 온조왕의 어머니 소서노 또한 백제에서 신으로 숭상되었던 것이다. 이렇듯 건국주의 어머니들은 죽은 뒤에도 두고두고 영화를 누릴 수 있었다. 그래서 그들은 행복했을까? 새삼스러운 말이지만, 영화로운 삶을 만끽한 국모들은 건국주의 어머니인 동시에 또 다른 이름을 갖고 있었다. 한 지아비의 아내라는 것. 단군의 어머니 웅녀는 환웅의 여자였고, 주몽의 어머니 유화는 해모수의 여자였고, 온조왕의 어머니 소서노는 주몽의 여자였다.

그런데 그들 모두는 건국영웅을 낳은 국모로 추앙받고 있지만, 정작 자신의 지아비에게는 철저하게 버림받았다는 점에서 한결같다. 인간이 되기를 갈망했고, 혼인할 짝을 갈구했던 웅녀가 어찌 됐는가를 보라. 환웅은 잠시 인간으로 변하여 웅녀와 인연을 맺어 단군을 낳게 해주고는 그뿐이었다. 임시로 변했다는 뜻인 '가화(假化)'가 말해주듯, 환웅은 잠시 인간의 몸을 빌려 아들을 낳게 하고는 다시 신의 세계로 돌아가버렸던 것이다. 사랑도 없이 단지 건국영웅을 낳는 역할만 담당한 국모 웅녀를, 씨받이라 부른다면 크나큰 망발이겠다. 하지만 '단군 신화'라는 서사에서는 엄연한 사실이다. 그처럼 한 남자의 아내로서 버림받는 과정을 가장 아프게 보여주고 있는 여인이 바로 유화다.

하백은 참으로 (해모수가) 천제의 아들이라고 생각하여 예로 혼인을 이루고 왕이 그의 딸을 데려갈 마음이 없을까 두려워하며 풍악을 울리고 술을 내어 왕이 크게 취하자 딸과 함께 용 수레에 실으니, 이는 하늘에 오르게 하려 함이었다. 그 수레가 미처 물에서 나오기 전에 해모수가 술이 깨어 여자의 황금비녀로 가죽 수레를 뚫고 그 구멍으로 홀로 나와서 하늘로 올라갔다.

― 이규보, 『동국이상국집』 권3, 〈동명왕편〉

역시 김부식의 『삼국사기』에는 없는, 그러나 이규보의 〈동명왕편〉에서는 생생하게 그려진 대목이다. 누군지도 모르는 남자에게 몸을 허락한 어린 딸 유화, 그런 자식이 버림받을까 노심초사하던 늙은 아버지 하백은 사위 해모수를 흠뻑 취하게 만든 뒤, 가죽 수레에 딸과 함께 실어 돌아가도록 한다. 하지만 해모수가 잠에서 깨자마자 나 몰라라 뺑소니치고 만다. 해모수가 왜 달아났는지 그 이유를 정확히 알 수는 없다. 다만, 모든 건국신화에 등장하는 건국영웅의 아버지는 아예 부재하거나 있다 해도 달아나버린다는 공통점은 알 수 있다.

이런 현상이 암시하는 바는 무엇일까? 아마도 어머니는 누구인지 확실하지만, 아버지가 누구인지 명확하게 알 수 없던 모계사회의 흔적일 것이다. 어떻든 아들만 잉태시키고 사라지는 남자들, 그건 건국주의 어머니가 겪어야 했던 여자로서의 아픔이었다. 온조왕의 어머니로 백제인에게 국모로 추앙받았다는 소서노, 그러나 주몽의 아내이기도 했던 그녀의 삶 역시 다르지 않았다. 일연은 『삼국유사』에서 백제의 건국 과정을 다음과 같이 기술하고 있다.

> 주몽은 북부여에서 난리를 피하여 졸본부여(卒本扶餘)에 이르렀다. 그곳 왕에게는 아들이 없고 다만 딸이 세 명 있었는데, 주몽을 보자 보통 사람이 아닌 것을 알고 둘째 딸을 아내로 주었다. 얼마 안 되어 부여의 왕이 죽자 주몽이 왕위를 이어받았다. 주몽은 두 아들을 낳았는데, 맏이는 비류이고 다음은 온조다. 그들은 후에 태자에게 용납되지 못할 것을 두려워하여 오간, 마려 등 열 명의 신하들과 함께 남쪽으로 가니 백성들도 이를 따르는 자가 많았다.
>
> —『삼국유사』, 권2, 「기이」, 〈남부여·전백제·북부여〉

백제의 건국신화에서는 고조선이나 고구려의 건국에 비해 신화적 요소를 찾아보기 힘들다. 오늘날의 상황에 비춰보더라도 충분히 납득될 정도로 현실적 맥락에서 백제 건국 과정이 서술되고 있는 것이다. 신화시대에서 역사시대로의 전환일지도 모르겠다. 하여튼 주몽의 여자, 곧 소서노는 졸본부여 임금의 둘째 딸이었다. 주몽이 북부여에서 낳았던 아들 유리가 찾아오지 않았더라면, 그들 부부는 두 아들인 비류, 온조와 행복하게 지냈을 것이다. 왕위도 첫째 비류에게 물려주었을 것이다. 하지만 주몽이 본처 예씨(禮氏) 사이에서 얻은 맏아들 유리가 나타나자 주몽은 자신의 든든한 후원자이기도 했던 부인 소서노와 두 아들을 주저하지 않고 내친다. 김부식이 『삼국사기』의 「백제본기」에서 소개한 백제의 건국 내력은 그때의 정황을 보다 소상하게 전해준다. 조금 길지만 그 전문을 인용해본다.

　시조 비류왕의 아버지는 우태(優台)로 북부여왕 해부루의 서손(庶孫)이었고, 어머니는 소서노(召西奴)로서 졸본 사람 연타발(延陀勃)의 딸이었다. 처음에 우태에게 시집가서 아들 둘을 낳았는데 큰아들은 비류라 했고 둘째는 온조라 했다. 우태가 죽자 졸본에서 과부로 지냈다. 뒤에 주몽이 부여에서 용납되지 못하자 전한(前漢) 건소(建昭) 2년 봄 2월에 남쪽으로 도망하여 졸본에 이르러 도읍을 세우고 국호를 고구려라 했으며 소서노를 맞아들여 왕비로 삼았다. 주몽은 그녀가 나라를 창업하는 데 도움을 주었기에 총애하고 대접하는 것이 특히 후했고, 비류 등을 자기 자식처럼 대했다. 주몽이 부여에 있을 때 예씨(禮氏)에게서 낳은 아들 유류(孺留)가 오자 그를 태자로 삼았고, 왕위를 잇게 했다. 이에 비류가 동생 온조에게 말했다. "처음에 대왕께서 부여의 난을 피해 이곳으로 도망하여 왔을 때, 우리 어머니가 가산을 내주어 나라의 기초를 세우는 위업을 도와주었으니 어머니의 조력과 공로가 많았다. 그러나 대왕께서 돌아가시자, 나라가 유류에게 돌아갔다. 우리가 공연히 여기에 있으면서 쓸모없는 사람같이 답답하고 우울하게 지내는 것보다는, 차라리 어머님을 모시고 남쪽으로 가서 살곳을 선택하여 별도로 도읍을 세우는 것이 좋겠다"라고 하고, 마침내 그의 아우와 함께 무리를 이끌고 패수(浿水)와 대수(帶水)를 건너 미추홀(彌鄒忽)에 와서 살았다고 한다.

- 『삼국사기』 권23, 「백제본기」, 〈시조 온조왕〉

『삼국사기』의 기록은 『삼국유사』와 조금 다르다. 비류와 온조는 주몽의 친아들이 아니라 과부 소서노가 데리고 들어온 의붓아들인 것이다. 하지만 여기서는 그 점을 따지려는 게 아니다. 주몽이 외지에서 낯선 졸본 땅에 고구려를 세우게 된 내력에 관심을 두고 있기 때문이다. 그때 혈혈단신이었던 주몽의 든든한 후원자는 아내 소서노였던 것이다. 비류의 말처럼 주몽은 아무런 대책도 없이 어머니 유화의 품을 떠나, 그리고 아내 예씨와 아들을 버리고 다만 '남자' 친구 셋과 동부여를 탈출했다. 그런 주몽은 졸본부여의 유력한 가문인 연타발의 딸과 결혼함으로써 고대 국가 건설의 기반을 마련할 수 있었다. 소서노의 내조와 재력으로 왕업을 세울 수 있었으니, 그녀의 공은 결코 잊을 수 없는 것이었다.

하지만 그뿐이다. 한때는 소서노에 대한 애정이 각별했고, 그녀가 데리고 온 두 아들들도 친자식처럼 사랑했다. 그렇지만 주몽은 본처의 아들 유리가 나타나자마자 나라를 곧바로 그에게 물려주고 만다. 소서노는 후처로서의 임무를 충실하게 수행한 뒤, 쓸쓸히 물러섰던 것이다. 따지고 보면 본처라고 해서 크게 다르지 않다. 주몽의 본처인 예씨도 어린 아들 유리를 남겨둔 채 달아나는 지아비의 뒷모습만 바라보고 있다가 까맣게 잊힌 여자였다. 예씨든 소서노든 건국신화의 여느 여자들처럼 오직 건국영웅을 낳은 어머니로서만 기억될 뿐이었다. 철저히 남성 중심적인 서사, 그리고 적장자에 대한 그 지독한 집착, 그건 아득한 저 백제 건국의 즈음에도 선연한 습속으로 자리 잡고 있었던 것이다.

참으로 당당했던 알영과 허황후

> 나라 이름을 서라벌(徐羅伐) 또는 서벌(徐伐)이라 했다. 더러는 사라(斯羅) 또는 사로(斯盧)라고도 하며 처음에 왕이 계정(雞井)에서 났으므로 혹은 일러서 계림국(雞林國)이라고도 하니 계룡(鷄龍)이 상서를 보여주었기 때문이다. 일설에는 탈해왕 때 김알지(金閼智)를 얻으면서 숲 속에서 닭이 울었으므로 나라 이름을 계림으로 고쳤다고도 한다. 후세에 와서는 드디어 신라라고 이름을 정했다.
>
> — 『삼국유사』 권1, 「기이」, 〈신라 시조 혁거세왕〉

위의 글은 신라의 옛날 이름들에 대한 설명이다. 신라의 최초 이름은 서라벌이었다. 그러다가 계림으로, 다시 신라로 고쳤다는 것이다. 그런데 '계림'이라는 나라 이름의 기원에 대한 일연의 설명이 흥미롭다.

서라벌을 계림으로 고친 데는 두 가지 설이 있었다. 하나는 박혁거세의 아내 알영이 계정에서 태어났기 때문이라는 설, 다른 하나는 김씨의 시조인 김알지가 닭이 우는 숲[계림]에서 태어났기 때문이라는 설이다. 김알지의 탄생 설화에서 계림이라는 이름을 썼다는 두 번째 설은 김부식의 견해를 가리키는 것이다. 김부식은 『삼국사기』에서 이렇게 밝힌 바 있다.

> 9년 봄 3월 밤에 탈해왕이 금성 서쪽의 시림(始林) 나무 사이에서 닭이 우는 소리를 들었다. 날이 밝자 호공(瓠公)을 보내 살펴보니 금색의 작은 궤짝이 나뭇가지에 걸려 있고 흰 닭이 그 아래에서 울고 있었다. 호공이 돌아와 고하니, 왕은 사람을 시켜 궤짝을 가져와 열게 했다. 작은 남자아이가 그 안에 있었는데, 자태가 뛰어나게 훌륭했다. 왕이 기뻐하며 좌우에 일러 "이는 하늘이 내게 내려준 아들이 아니겠는가!" 하고 거두어 길렀다. 자라면서 총명하고 지략이 뛰어나 이름을 알지(閼知)라 했다. 그가 금궤짝에서 나왔기 때문에 성을 김(金)이라 했고, 시림의 이름을 계림으로 고치고 이것으로 국호를 삼았다.
>
> – 『삼국사기』 권1, 「신라본기」, 〈탈해 이사금〉

계림이라는 국호가 김알지의 탄생에서 비롯됐음을 분명하게 밝히고 있다. 김알지가 누구던가? 박씨, 석씨로 번갈아 이어지던 신라의 왕위에 김알지의 6대손 미추왕이 김씨로는 첫 번째로 올랐다. 이후 신라는 김씨의 왕국이 됐던 것이다. 그런 점에서 김알지는 신라의 '진정한' 시조라 말할 수 있다. 그러니 김부식의 판단에도 일리가 있다. 하지만 지금의 우리로서는 계림이라는 국호의 두 가지 기원 가운데 어느 것이 맞는지 확인할 길이 없다. 다만 일연은 신라의 국모(國母) 알영의 탄생에서 그 기원을 찾으려 했던 데 반해, 김부식은 신라의 국부(國父) 김알지의 탄생에서 그 기원을 찾으려 했다. 김부식은 알영에 대한 기원설은 아예 언급도 하지 않은 채, 다만 "금궤짝에서 나왔기 때문에 성을 김이라 했고, 시림의 이름을 계림으로 고치고 이것을 국호로 삼았다"고 밝히고 있을 뿐이다. 우리는 이런 사소한 차이에서도 삼국의 역사를 남성 중심으로 쓰고 싶었던 김부식의 서술 시각을 감지할 수 있다.

그렇다면 일연은 삼국의 역사를 여성 중심적 시각에서 쓰려고 했던가? 일연의 『삼국유사』에 그려진 여성의 모습을 보면, 『삼국사기』에 비해 다채롭고 활달한 것만큼은 사실이다. 물론 일연이 여성주의적 시각을 가진 '남성'이었다고 속단하기는 어렵다. 다만 일연은 남성적 시각에 의한 손질이 가해지기 이전의 기록들을 버리지 않고, 종종 중심 내용으로 활용했던 것만큼은 인정할 수 있다. 『삼국유사』에는 여성의 형상과 역할이 김부식이 채택하고 윤색한 기록보다 활달하고 비중 있게 그려져 있는 것이다. 박혁거세 신화에 등장하는 여성의 면면 또한 다르지 않다. 앞서 살펴본 고구려와 백제의 신화와 비교해 읽어보자.

이날 사량리(沙梁里) 알영정(閼英井)에서 계룡이 나타나서 왼쪽 옆구리에서 동녀(童女)를 낳으니 자색이 뛰어나게 고왔다. 그러나 입술이 닭의 부리 같은지라 월성(月城) 북천(北川)에 가서 목욕을 시켰더니 그 부리가 퉁겨져 떨어졌으므로 그 천의 이름도 따라서 발천(撥川)이라 했다. 궁실(宮室)을 남산 서쪽 기슭에 짓고는 두 명의 신성한 아이를 모셔 길렀다. 사내아이는 알에서 나왔는 데다 그 알이 박과 같이 생겼고, 향인(鄕人)들이 박(瓠)을 박(朴)이라 하므로 따라서 성을 박(朴)이라 했다. 계집아이는 그가 나온 우물 이름으로써 이름을 지었다. 두 성인(聖人)의 나이 열세 살이 되자 오봉(五鳳) 원년 갑자(甲子, 기원전 57)에 남자는 위에 올라 왕이 되고 이어 여자를 왕후로 삼았다.

- 『삼국유사』 권1, 「기이」, 〈신라 시조 혁거세왕〉

한날한시에 태어나 평생을 해로한 뒤, 함께 죽은 박혁거세와 알영 두 사람. 신라의 국모 알영이 걸은 삶의 행로는 웅녀의 그것과 다르고, 유화와도 다르다. 웅녀와 유화는 남자의 사랑을 애절하게 '갈구'하거나 남성에게 억지로 '강간' 당한 여자였다. 그러고는 곧바로 환웅과 해모수에게 버림받았다. 그들은 어린 자식을 혼자 길러야 했지만, 결국 장성한 자식에게도 버림받아야 했던 기구한 일생을 살았다. 하지만 신라의 알영은 사랑을 갈구하지도 않고, 억지로 성관계를 강요당하지도 않는다. 알영은 박혁거세와 동등한 두 명의 성스러운 아이(聖兒)였고, 두 명의 성스러운 성인(聖人)으로 일컬어졌다. 알영은 죽어서만이 아니라 살아생전에도, 남편은 물론 온 나라 사람들에게 국모로 추앙을 받는 여인이었던 것이다. 그런 사실은 김부식도 『삼국사기』에서 어느 정도 인정하고 있는 바다. 김부식은 알영의 행적을 다음과 같이 기록하고 있다.

〔박혁거세 5년〕 자라면서 덕스러운 모습을 지녔다. 시조가 이를 듣고서 맞이하여 비로 삼았다. 행실이 어질고 안으로 잘 보필하여 당시 사람들이 이들을 두 성인이라 불렀다.

〔박혁거세 17년〕 왕이 6부를 돌며 위로했는데, 왕비인 알영도 동행했다. 농사와 누에치기를 권하고 독려하여 땅의 이로움을 모두 얻도록 했다.

〔박혁거세 38년〕 호공은 대답하기를, "우리나라에 두 성인이 일어난 뒤 인사(人事)가 잘 닦이고 천시(天時)가 순조로워 창고가 가득 차고 인민은 공경과 겸양을 알게 됐습니다."

— 『삼국사기』 권1, 「신라본기」, 〈시조 혁거세 거사간〉

김부식은 '내조, 운운' 하며 알영에게 정숙한 아내로의 이미지를 덧칠하고 있음에도 불구하고, 그녀가 신라 사람들에게 성인으로 추앙받고 있는 사실만큼은 지울 수 없었다. 그만큼 알영은 신라 건국 과정에서 당당한 역할을 한 주인공이었던 것이다. 그런 사실은 박혁거세가 독자적인 탄생신화를 갖고 있는 것처럼, 알영도 독자적인 탄생신화를 갖고 있다는 데서 극명하게 드러난다. 계룡의 옆구리를 찢고 신이하게 태어났고, 박혁거세의 아내로서 남편 못지않은 탁월한 국가 경영 능력을 보여주었을 만큼 그녀의 출생과 업적은 강렬했던 것이다. 아마도 그런 모습을 보다 극명하게 보여준 건국신화의 여성은 가락국의 국모 허황옥(許黃玉)일 것이다. 그녀가 김수로왕을 처음 대할 때의 태도를 보자.

왕이 무척 기뻐하여 이내 아홉 간(九干) 등을 찾아 보내어 목련(木蓮)으로 만든 키를 바로 잡고 계수나무로 만든 노를 저어 그들을 맞이하게 했다. 곧 모시고 대궐로 들어가려 하자 왕후가 이에 말하기를, "나는 너희들과 본디 모르는데 어찌 감히 경솔하게 서로 따라가겠는가"라고 했다. 유천간 등이 돌아가서 왕후의 말을 전달하니 왕은 그렇다고 여겨 유사(有司: 사무를 맡아보는 직무)를 이끌고 행차하여 대궐 아래에서 서남쪽으로 60보쯤 되는 곳의 산 주변에 장막을 쳐서 임시 궁전을 설치하고 기다렸다. (……) 왕후가 왕이 있는 곳에 가까이 오니 왕은 나와서 그녀를 맞이하여 함께 유궁(帷宮)으로 들어왔다.

- 『삼국유사』 권2, 「기이」, 〈가락국기〉

가락국의 왕 김수로를 대하는 인도 아유타국(阿踰陀國)의 공주 허황후의 태도는 참으로 흥미롭다. 여기서는 웅녀라든가 유화에게서 보이는, 애걸이라든가 겁탈의 삽화가 들어설 자리가 없다. 오히려 궁궐로 데려오라는 김수로왕의 무례함을 호되게 꾸짖는, 그리하여 예를 갖추어 정중하게 맞이할 것을 요구하는 그녀의 모습은 당당하기 그지없다. 김수로왕은 하는 수 없이 궁궐에서 직접 나와 행궁을 설치하는 예를 갖추고서야 맞이할 수 있었다. 그뿐만이 아니다. 일연은 〈가락국기〉에서 그녀의 살아생전 모습과 죽음의 순간을 장엄하게 기록하고 있다. 가락국 건국 과정의 진정한 주역은 여느 고대 국가의 건국신화와는 달리 남성인 김수로왕이 아니라 그의 아내인 허황후로 보아야 할 정도로 인상 깊게 그려지고 있다. 그 모습을 직접 확인해보자.

왕이 왕후와 함께 사는 것은 마치 하늘에게 땅이 있고, 해에게 달이 있고,

양(陽)에 대하여 음(陰)이 있는 것과 같았고, 그 공은 도산(塗山)이 하(夏)를 돕고, 당원(唐媛)이 교씨(嬌氏)를 일으킨 것과 같았다. 그해에 왕후는 곰의 대몽을 꾸고 태자 거등공(居登公)을 낳았다. 후한(後漢)의 영제(靈帝) 중평(中平) 6년 기사년(己巳年, 189) 3월 1일에 왕후가 죽으니 나이는 157세였다. 온 나라 사람들은 땅이 꺼진 듯이 슬퍼하고, 구지봉 동북쪽 언덕에 장사지냈다. 드디어 왕후가 백성들을 자식처럼 사랑하던 은혜를 잊지 않고자 처음 와서 닻줄을 내린 도두촌(渡頭村)을 주포촌(主浦村)이라 하고, 비단바지를 벗은 높은 언덕을 능현(綾峴)이라 하고, 붉은 깃발이 들어온 바닷가를 기출변(旗出邊)이라고 했다.

– 『삼국유사』 권2, 「기이」, 〈가락국기〉

물론 허황후의 모습에서도 가부장적 가족사회에서의 정숙한 아내 이미지가 발견된다. 가부장적 가족제도의 기원은 그토록 오랜 내력을 갖고 있다. 하지만 그녀의 신성성과 독립성, 그로 말미암은 국모로서의 위엄만큼은 한 치의 흔들림 없이 지켜내고 있다. 그녀가 죽자 온 나라 사람들이 마치 땅이 무너진 것처럼 슬퍼하며 애도했던 것도 그런 까닭이다. 뒷사람들은 그녀의 발자취가 스민 곳마다 그녀를 기리는 이름을 붙여 지금껏 기억하고 있는 것이다. 바다를 건너 처음 들어선 바닷가 기출변, 닻을 내리고 첫발을 내디딘 나루터 주포촌, 지아비를 처음으로 맞이했던 산등성이 능현 등.

신성과 인고의 어름에서 그녀는, 이처럼 자기 본연의 모습을 다른 어떤 건국신화에서보다 뚜렷하게 보여주고 있었다. 그건 고대 국가 건국 과정에서 여성의 역할과 모습이 본래 이러했음을 보여주는 하나의 상징일 수 있다. 남성 김부식에 의해 심각하게 훼손되고 지워진 주몽의 어머니이자 해모수의 여자였던 유화의 사례와 비교해본다면, 그런 추정은 충분히 납득할 만하다. 실제로 신화에서 여성의 역할이 축소되고 남성의 역할이 점점 강화되어가는 과정은 어렵지 않게 확인된다. 산신령이 백발의 수염을 휘날리는 할아버지가 아니라 본래는 늙은 할미였다는 것이 대표적인 사례이다. 한라산, 지리산, 그리고 부산의 금정산 주인은 본디 여신이었던 것이다. 늙은 할미란 뜻의 노고단(老姑壇), 고당봉(姑堂峰)이라는 이름으로만 그날의 흔적을 남기고 있지만.

신화가 끝난 뒤의 쓸쓸함

건국 과정에서 알영이나 허황후가 유독 돋보이는 것은 그녀의 활약이 남달랐고, 뒷사람들에게 국모로 추앙받았다는 사실 자체에 있는 것만은 아니다. 그녀들은 자신의 탄생과 성장 신화를 갖고 있다는 점에 좀 더 주목해야 한다. 알영이 그랬던 것처럼, 허황후도 먼 이역인 인도의 아유타국에서 건너와서 황후에 오르게 된 신이한 내력이 자세하게 그려져 있다. 그들 모두는 건국주 박혁거세나 김수로왕과 동등한 비중을 가진 독립된 신화의 주인공이자 건국의 동반자였던 것이다. 지금도 양천(陽川) 허씨는 자신의 시조가 김수로왕의 둘째 아들로, 허황후의 성을 이어받은 것이라 믿고 있다. 요즘에야 비로소 어머니 성을 쓸 수 있게 됐는데, 허황후는 이보다 훨씬 오래전에 자신의 성을 자식에게 내려줄 만큼 뚜렷하고도 독립적인 존재였다. 그 점 잊어서는 안 된다.

하지만 그녀의 삶에서 잊지 말아야 할 것은 그것만이 아니다. 그녀는 살아서든 죽어서든 영화로운 삶을 살았다. 하지만 인도에서 가락국에 이르는 멀고 험한 바닷길을 죽음을 무릅쓰고 건너오면서 품었을 마음도 잊어서는 안 된다. 그녀가 바다 멀리, 하늘 멀리 가락국을 찾아온 까닭은 배필을 만나기 위해서였다. 그리고 그건, 자신의 뜻이 아니라 부모의 뜻이었다. 그녀는 부모의 명을 거스를 수 없어 죽을 고비를 넘겨가며, 낯선 땅의 낯선 남자를 만나러 이곳까지 왔던 것이다. 그런 힘든 여정의 배 안에서 그녀는 무슨 생각을 했을까? 두렵기도 했을 것이다. 되돌아가고 싶기도 했을 것이다. 바닷길이 무서워서가 아니다. 과연 어떤 기구한 운명이 펼쳐질까 하는 두려움 때문이다. 신화의 여주인공이라고 해서, 생면부지의 남자를 만나기 위해 먼 나라를 찾아온 이국의 여성이 품었을 두려움을 느끼지 않을 수는 없었을 것이다. 어디 그뿐인가? 부모에게 내몰려 낯선 이국땅에 와서 지냈던 그녀는 자신의 고향과 부모가 얼마나 그리웠을까? 정말 그러했다. 〈가락국기〉에는 그녀와 함께 왔던 신하들의 뒷이야기가 다음과 같이 전해지고 있다.

왕후를 따라왔던 신하 천부경(泉府卿) 신보와 종정감(宗正監) 조광 등은 나라에 온 지 30년 후에 각각 두 딸을 낳았는데 부부는 한두 해가 지나 모두 죽었다. 그 밖의 노비들도 이 나라에 온 지 7, 8년 사이에 자식을 낳지 못하고 오직 고향을 그리워하는 슬픔을 품고 고향을 생각하다가 모두 죽어서 거처하던 빈관(賓館)은 텅 비고 아무도 없게 됐다.

― 『삼국유사』 권2, 「기이」, 〈가락국기〉

굳이 이런 후일담을 덧붙일 필요가 있을까 싶기도 한데, 어쨌든 여기에 적힌 그들의 사연은 쓸쓸하기 그지없다. 고향을 향한 그리움에 사무쳤던 그들은 고향을 그리워하다 하나하나 죽어갔다. 허황후라고 그런 마음이 어찌 없었겠는가? 그녀의 영화로운 삶의 뒤편에 드리워진 그리움의 깊이는 감히 헤아리기 어렵다. 낯선 풍습, 낯선 외모를 하고 있던 이국인인 그녀 또한 그런 외로움에 시달렸을 게 분명하다. 함께 온 사람들이 모두 죽고 난 뒤, 텅 빈 빈관처럼 쓸쓸하게 지냈을 것이다. 빈관, 말 그대로 그들은 낯선 '손님[賓]'일 뿐이었다.

주몽 신화

『삼국사기』 권13, 「고구려본기」, 〈시조 동명성왕〉

해부루와 금와, 그리고 해모수의 등장

시조 동명성왕은 성이 고씨이고 이름은 주몽이다. 이에 앞서 부여 왕 해부루가 늙도록 아들이 없자 산천에 제사를 지내어 대를 이을 자식을 찾았다. 그가 탄 말이 곤연에 이르러서 큰 돌을 보고 마주 대하여 눈물을 흘렸다. 왕이 이를 괴상히 여겨 사람을 시켜 그 돌을 옮기니 어린아이가 있었는데 금색 개구리 모양이었다. 왕이 기뻐하며 말하기를, "이는 바로 하늘이 나에게 자식을 준 것이다" 하고 거두어 기르고, 이름을 금와(金蛙)라 했다. 그가 장성함에 책립하여 태자로 삼았다.

후에 재상 아란불(阿蘭弗)이 말하기를, "일전에 하늘이 제게 내려와 말하기를 '장차 내 자손으로 하여금 이곳에 나라를 세우게 할 것이다. 너희는 그곳을 피하라. 동해의 물가에 땅이 있는데 이름이 가섭원(迦葉原)이라 하고 토양이 기름지고 오곡이 자라기 알맞으니 도읍할 만하다'고 했습니다"라고 했다. 아란불이 마침내 왕에게 권하여 그곳으로 도읍을 옮기고 나라 이름을 동부여라 했다. 옛 도읍지에는 어떤 사람이 있어 어디서 왔는지 알 수 없으나 스스로 천제의 아들 해모수라고 칭하며 와서 도읍했다.

해모수와 유화, 그리고 주몽의 탄생

해부루가 죽자, 금와가 자리를 계승했다. 이때 태백산 남쪽 우발수에서 여자를 만났다. "저는 하백의 딸이고 이름은 유화입니다. 여러 동생들과 더불어 나가 노는데 그때 한 남자가 말하기를 천제의 아들 해모수라 하고 저를 웅심산 아래로 유인하여 압록강 변의 방 안에서 사랑을 하고 곧바로 가서는 돌아오지 않았습니다. 부모는 제가 중매도 없이 다른 사람을 따라갔다고 꾸짖어 마침내 벌로 우발수에서 살게 됐습니다."

금와가 이를 이상하게 여겨서 방 안에 가두었는데 햇빛이 비추어 몸을 끌어당겨 햇빛을 피했으나 햇빛이 또 따라와 비췄다. 이로 인하여 아이를 임신하여 알 하나를 낳았는데 크기가 5승(升=되)쯤 됐다. 왕이 알을 버려 개와 돼지에게 주었으나 모두 먹지 않았다. 또 길 가운데에 버렸으나 소나 말이 피했다. 나중에는 들판에 버렸더니 새가 날개로 덮어주었다. 왕이 이를 가르려고 했으나 깨뜨릴 수가 없어 마침내 그 어머니에게 돌려주었다. 그 어머니가 물건으로 알을 싸서 따뜻한 곳에 두었더니, 한 남자아이가 껍질을 부수고 나왔는데 골격과 외모가 영특하고 호걸다웠다. 일곱 살에 영리하고 예사롭지 않아서 스스로 활과 화살을 만들어 쏘았는데 백발백중이었다. 부여의 속어에 활을 잘 쏘는 것을 '주몽(朱蒙)'이라 하는 까닭에 이것으로 이름을 지었다.

주몽과 대소, 주몽의 동부여 탈출

금와에게는 일곱 아들이 있어서 늘 주몽과 놀았으나 그 재주와 능력이 모두 주몽에 미치지 못했다. 맏아들 대소가 왕에게 말하기를, "주몽은 사람이 낳은 자가 아니어서 사람됨이 또한 용감합니다. 만약 일찍 도모하지 않으면 후환이 있을까 두려우니 그를 제거할 것을 청하옵니다"라고 했다.

왕이 듣지 않고 그에게 말을 기르도록 했다. 주몽이 날랜 말을 알아보고 적게 먹여 마르게 하고, 둔한 말은 잘 먹여 살찌게 했다. 왕은 살찐 말은 자신이 타고, 마른 말을 주몽에게 주었다. 후에 들판에서 사냥을 하는데 주몽이 활을 잘 쏘아 화살을 적게 주었으나, 주몽이 잡은 짐승은 매우 많았다. 왕자와 여러 신하들이 또 그를 죽이려고 모의했다. 주몽의 어머니가 몰래 이를 알아차리고 알려주며 말하기를, "나라 사람들이 너를 해치려 한다. 너의 재주와 지략으로 어찌 가지 못하겠는가? 지체하여 머물다가 욕을 당하는 것은 멀리 가서 뜻을 이루는 것보다 못하다"고 했다.

주몽이 이에 오이·마리·협보 등 세 사람과 친구가 되어 가다가 엄사수(淹㴲水)에 이르러 건너려고 하는데 다리가 없었다. 추격해오는 병사들이 닥칠까봐 두려워 물에게 알려 말하기를, "나는 천제의 아들이요, 하백의 외손이다. 오늘 도망하여 달아나는데 추격자들이 쫓으니 어찌하면 좋은가?" 했다. 이에 물고기와 자라가 떠올라 다리를 만들었으므로 주몽이 건널 수 있었다. 물고기와 자라가 곧 흩어지니 추격해오던 기병은 건널 수 없었다.

주몽과 송양, 그리고 주몽의 고구려 건국

주몽이 가다가 모둔곡에 이르러 세 사람을 만났다. 그중 한 사람은 마의(麻衣: 삼베 옷), 한 사람은 납의(衲衣: 면화로 만든 옷), 한 사람은 수조의(水藻衣: 바닷가의 마름으로 만든 옷)를 입고 있었다. 주몽이 "너희들은 어디 사람인가? 성은 무엇이고 이름은 무엇인가?" 하고 물었다. 마의를 입은 사람은

"이름은 재사입니다" 하고, 납의를 입은 사람은 "이름은 무골입니다" 하고, 수조의를 입은 사람은 "이름은 묵거입니다"라고 했으나 성은 말하지 않았다. 주몽이 재사에게는 극씨 성을, 무골에게는 중실씨 성을, 묵거에게는 소실씨 성을 주고 무리에게 일러 말하기를 "내가 바야흐로 하늘의 크나큰 명령을 받아 나라의 기틀을 열려고 하는데 마침 이 3명의 현명한 사람을 만났으니 어찌 하늘이 주신 것이 아니겠는가?" 했다.

마침내 그 능력을 살펴 각기 일을 맡기고 그들과 함께 졸본천에 이르렀다. 그 토양이 기름지고 아름다우며, 산과 물이 험하고 단단한 것을 보고 드디어 도읍하려고 했으나 궁실(宮室)을 지을 겨를이 없어 단지 비류수 가에 오두막을 짓고 살았다. 나라 이름을 고구려라 했는데 이로 인하여 고(高)로 씨(氏)를 삼았다. 이때 주몽의 나이가 22세로 한(漢) 효원제(孝元帝) 건소(建昭) 2년 신라 시조 혁거세 21년 갑신년(甲申年, 기원전 37)이었다. 사방에서 듣고 와서 복종하는 자가 많았다. 그 땅이 말갈 부락에 잇닿아 있어 그들이 침입하여 훔쳐 피해를 입을까 두려워해 마침내 그들을 물리치니, 말갈이 두려워 복종하고 감히 침범하지 못했다.

왕이 비류수 가운데로 나뭇잎이 떠내려 오는 것을 보고 다른 사람이 상류에 있는 것을 알고, 사냥하며 찾아가서 비류국에 도착했다. 그 나라 왕 송양(松讓)이 나와서 보고 말하기를 "과인(寡人)이 바다의 깊숙한 곳에 치우쳐 있어서 일찍이 군자를 보지 못했는데 오늘 서로 만나니 또한 다행이 아닌가? 그러나 그대가 어디서 왔는지 알지 못하겠다"고 했다. 답하기를 "나는 천제의 아들이고 아무 데에 와서 도읍했다"고 했다. 송양이 말하기를 "우리는 여러 대에 걸쳐 왕 노릇을 했다. 땅이 작아 두 주인을 받아들이기에는 부족하다. 그대는 도읍을 세운 지 얼마 되지 않았으니 나에게 딸려 붙는 것이 어떠한가?" 했다. 왕이 그 말을 분하게 여겨 그와 더불어 말다툼을 하고 또한 서로 활을 쏘아 재주를 겨루었는데, 송양이 대항할 수 없었다.

아버지를 찾아온 유리왕

처음에 주몽이 부여에 있을 때 예씨의 딸에게 장가들어 아이를 배었는데 주몽이 떠나온 뒤에 아이를 낳았다. 이 아이가 유리가 됐는데 어릴 때 길에 나가 놀며 참새를 쏘다가 잘못하여 물 긷는 부인의 항아리를 깨뜨렸다. 부인이 욕하기를 "이 아이는 아비가 없는 까닭에 이 같이 재주가 없다"라고 했다. 유리가 부끄러워 돌아와서 어머니에게 "나의 아버지는 어떤 사람입니까? 지금 어디에 계십니까?"라고 물었다. 어머니가 대답하기를 "너의 아버지는 평범한 사람이 아니다. 나라에 받아들여지지 않아 남쪽 땅으로 달아나서 나라를 열고 왕이 됐다. 갈 때 나에게 말하기를 '당신이 아들을 낳으면 내가 물건을 남겨두었는데 일곱 모가 난 돌 위의 소나무 아래에 감추어두었다고 말하시오. 만약 이것을 찾을 수 있다면 곧 나의 아들이오'라고 하셨다"고 했다.

유리가 이 말을 듣고 산골짜기로 가서 그것을 찾았으나 찾지 못하고 피곤하여 돌아왔다. 하루는 아침에 마루 위에 있는데 기둥과 초석 사이에서 소리가 나는 것처럼 들렸다. 곧바로 가서 보니 초석이 일곱 모를 하고 있었다. 이에 기둥 아래를 뒤져서 부러진 칼 한 조각을 찾아냈다. 마침내 그것을 가지고 옥지(屋智)·구추(句鄒)·도조(都祖) 등 세 사람과 함께 졸본으로 가서 부왕을 뵙고 부러진 칼을 바쳤다. 왕이 자기가 가지고 있던 부러진 칼을 꺼내어 이를 합치니 이어져 하나의 칼이 됐다. 왕이 이를 기뻐하고 그를 태자로 삼았고 왕위를 계승하게 했다.

박혁거세 신화

『삼국유사』 권1, 「기이」, 〈신라 시조 혁거세왕〉

흰 말이 울고 간 우물가에서 태어난 박혁거세

전한(前漢) 지절(地節) 원년 임자(壬子, 기원전 69) 3월 초하룻날, 6부의 조상들이 각각 자제들을 데리고 다함께 알천 언덕 위에 모여 의논하기를 "우리들이 위로 백성들을 다스릴 만한 임금이 없어 백성들이 방종하여 제멋대로 놀고 있으니 어찌 덕이 있는 사람을 찾아내어 그를 임금으로 삼아 나라를 창건하고 도읍을 정하지 않을 것이랴" 했다. 이때 모두 높은 데 올라가 남쪽을 바라보니 양산 아래 나정(蘿井) 곁에 이상한 기운이 번개처럼 땅에 드리우더니 웬 흰 말 한 마리가 무릎을 꿇고 절하는 시늉을 하고 있었다. 잠시 뒤 그곳을 살펴보니 보랏빛 알 한 개가 있고 말은 사람을 보자 울음소리를 길게 뽑으면서 하늘로 올라갔다. 그 알을 쪼개보니 형용이 단정하고 아름다운 사내아이가 있었다. 놀랍고도 이상하여 아이를 동천(東泉)에서 목욕을 시키매 몸에는 광채가 나고 새와 짐승들이 모조리 춤을 추며 천지가 진동하고 해와 달이 밝게 빛났다. 따라서 이름을 혁거세라 하니 당시 사람들이 다투어 축하하여 말하기를 "이제 천자가 이미 이 땅에 내려왔으니 마땅히 덕이 있는 여군(女君)을 찾아서 배필을 정해야 하겠다"고 했다.

계룡의 옆구리에서 태어난 알영

이날 사량리(沙梁里) 알영정(閼英井)에서 계룡이 나타나서 왼쪽 옆구리에서 동녀(童女)를 낳으니 자색이 뛰어나게 고왔다. 그러나 입술이 닭의 부리 같은지라 월성(月城) 북천(北川)에 가서 목욕을 시켰더니 그 부리가 퉁겨져 떨어졌으므로 그 천의 이름도 따라서 발천(撥川)이라 했다. 궁실(宮室)을 남산 서쪽 기슭에 짓고는 두 명의 신성한 아이를 모셔 길렀다. 사내아이는 알에서 나왔는 데다 그 알은 박과 같이 생겼고 향인(鄕人)들이 박[瓠]을 박(朴)이라 하므로 따라서 성을 박(朴)이라 했다. 계집아이는 그가 나온 우물 이름으로 이름을 지었다. 두 성인(聖人)의 나이가 열세 살이 되자 오봉(五鳳) 원년 갑자(甲子. 기원전 57)에 남자는 위에 올라 왕이 되고 이어 여자를 왕후로 삼았다.

나라 이름을 서라벌(徐羅伐) 또는 서벌(徐伐)이라 했다. 더러는 사라(斯羅) 또는 사로(斯盧)라고도 하며 처음에 왕이 계정(雞井)에서 태어났으므로 혹은 일러서 계림국(雞林國)이라고도 하니 계룡(鷄龍)이 상서를 보여주었기 때문이다. 일설에는 탈해왕 때 김알지를 얻으면서 숲 속에서 닭이 울었으므로 나라 이름을 계림(雞林)으로 고쳤다고도 한다. 후세에 와서는 드디어 신라라고 이름을 정했다.

나라를 다스린 지 61년 만에 왕이 하늘로 올라갔는데, 7일 뒤에 몸뚱이가 땅에 흩어져 떨어졌으며 왕후도 역시 죽었다고 한다. 나라 사람이 합장을 하려고 했더니 큰 뱀이 나와서 내쫓아 못하게 하므로 5체(五體: 머리와 사지)를 각각 장사지내어 5릉(五陵)을 만들었다. 사릉(蛇陵)이라고도 불렀는데, 담엄사 북릉(北陵)이 바로 이것이다. 태자 남해왕이 왕위를 계승했다.

김수로왕 신화

『삼국유사』 권2, 「기이」, 〈가락국기〉

임금을 갈구하던 소망, 김수로왕의 탄생

천지가 개벽한 이후로 이곳에는 아직 나라의 이름이 없었고, 또한 군신(君臣)의 칭호도 없었다. 이때 아도간(我刀干)·여도간(汝刀干)·피도간(彼刀干)·오도간(五刀干)·유수간(留水干)·유천간(留天干)·신천간(神天干)·오천간(五天干)·신귀간(神鬼干) 등 아홉 간(干)이라는 자가 있었는데 이는 추장(酋長)으로 백성들을 통솔했으니 모두 1백 호, 7만 5천 명이었다. 대부분은 산과 들에 스스로 모여 우물을 파서 물을 마시고 밭을 갈아 곡식을 먹었다.

후한(後漢)의 세조(世祖) 광무제(光武帝) 건무(建武) 18년 임인(壬寅, 42) 3월 계욕일(禊浴日)에 북쪽 구지(龜旨)에서 이상한 소리가 들렸다. 백성 2백~3백 명이 모였는데, 소리의 정체는 모습을 드러내지 않고 사람 소리로 말했다. "여기에 사람이 있느냐?" 아홉 간이 말했다. "우리들이 있습니다." 또 말했다. "내가 있는 곳이 어디인가?" 대답하여 말했다. "구지입니다." 또 말했다. "황천(皇天)이 나에게 명하기를 이곳에 가서 나라를 새로 세우고 임금이 되라고 하여 여기에 내려왔으니, 너희들은 모름지기 산봉우리 꼭대기의 흙을 파면서 노래를 부르기를 '거북아 거북아, 머리를 내밀어라. 만일 내밀지 않으면 구워 먹으리'라고 하고, 뛰면서 춤을 추어라. 그러면 곧 대왕을 맞이하여 기뻐 뛰게 될 것이다."

　아홉 간은 이 말을 따라 모두 기뻐하면서 노래하고 춤을 추었다. 얼마 지나지 않아 우러러 쳐다보니 다만 자줏빛 줄이 하늘에서 드리워져서 땅에 닿았다. 그 줄의 끝을 찾아보니 붉은 보자기에 금으로 만든 상자가 싸여 있어서 열어보니 해처럼 둥근 황금 알 여섯 개가 있었다. 여러 사람들은 모두 놀라고 기뻐하여 함께 백 번 절하고 얼마 있다가 다시 싸서 안고 아도간의 집으로 돌아와 책상 위에 놓아두고 각기 흩어졌다. 12시간이 지나 그 이튿날 아침에 무리들이 다시 서로 모여 그 상자를 열어보니 여섯 알은 화해서 어린아이가 되어 있었는데 용모가 매우 훤칠했다. 이에 이들을 평상 위에 앉히고 여러 사람들이 절하고 하례(賀禮)하면서 극진히 공경했다. 이들은 나날이 자라서 10여 일이 지나니 키는 9척으로 곧 은(殷)나라 천을(天乙)과 같고 얼굴은 용과 같아 곧 한나라 고조(高祖)와 같았다. 눈썹이 팔자(八字)로 채색이 나는 것은 곧 당(唐)나라 고조(高祖)와 같고, 눈동자가 겹으로 된 것은 곧 우(虞)나라 순(舜)과 같았다. 그달 보름에 왕위에 올랐다. 세상에 처음 나타났다고 해서 이름을 수로(首露) 혹은 수릉(首陵)이라고도 한다. 나라 이름을 대가락(大駕洛)이라 하고 가야국(伽耶國)이라고도 하니, 곧 여섯 가야(伽耶) 중의 하나다.

당당했던 여성, 허황후와의 만남

건무(建武) 24년 무신(戊申, 48) 7월 27일에 아홉 간이 조회할 때 아뢰기를, "대왕이 강령하신 이래로 아직 좋은 배필을 얻지 못하셨으니 청컨대 신들의 집에 있는 처녀 중에서 가장 예쁜 사람을 골라서 궁중에 들여보내어 항려가 되게 하겠습니다"라고 했다. 왕이 말하기를 "짐이 여기에 내려온 것은 하늘의 명령을 따른 것이고 짐에게 짝을 지어 왕후를 삼게 하는 것도 역시 하늘의 명령일 것이니 경들은 염려 말라"라고 하고, 드디어 유천간에게 명하여 경주(輕舟: 가볍고 빠르고 작은 배)를 이끌고 준마를 끌어 망산도(望山島)에 가서 기다리게 하고, 신귀간에게 명하여 승점(乘岾)으로 가게 했다.

갑자기 바다의 서남쪽에서 붉은색의 돛을 단 배가 붉은 기를 매달고 북쪽을 향해 오고 있었다. 유천간 등은 먼저 망산도 위에서 횃불을 올리니 곧 사람들이 다투어 육지로 뛰어왔다. 신귀간은 이것을 보고 대궐로 달려와서 아뢰었다. 왕이 그 말을 듣고 무척 기뻐하여 이내 아홉 간 등을 찾아보내어 목련(木蓮)으로 만든 키를 바로 잡고 계수나무로 만든 노를 저어 그들을 맞이하게 했다. 곧 모시고 대궐로 들어가려 하자 왕후가 이에 말하기를, "나는 너희들과 본래 모르는데 어찌 감히 경솔하게 서로 따라가겠는가?"라고 했다. 유천간 등이 돌아가서 왕후의 말을 전달하니 왕은 그렇다고 여겨 유사(有司: 사무를 맡아보는 직무)를 이끌고 행차하여 대궐 아래에서 서남쪽으로 60보쯤 되는 곳의 산 주변에 장막을 쳐서 임시 궁전을 설치하고 기다렸다. 왕후는 산 밖의 별포(別浦) 나루에 배를 대고 땅으로 올라와 높은 언덕에서 쉬고, 입고 있는 비단 바지를 벗어 폐백으로 삼아 산신령에게 바쳤다. 그밖에 시종한 잉신(媵臣) 두 사람의 이름은 신보(申輔)·조광(趙匡)이고, 그들의 아내 두 사람의 이름은 모정(慕貞)·모량(慕良)이라고 했으며, 노비까지 합해서 20여 명이었다. 가지고 온 금수능라(錦繡綾羅)와 의상필단(衣裳疋緞)·금은주옥(金銀珠玉)과 구슬로 된 장신구들은 이루 기록할 수 없을 만큼 많았다. 왕후가 왕이 있는 곳에 가까이 오니 왕은 나와서 그녀를 맞이하여 함께 유궁(帷宮)으로 들어왔다. 잉신 이하 여러 사람들은 섬돌 아래에 나아가 뵙고 곧 물러갔다. 왕은 유사에게 명하여 잉신 내외들을 인도하게 하고 말했다. "사람마다 방 하나씩을 주어 편안히 머무르게 하고 그 이하 노비들은 한 방에 5, 6명씩 두어 편안히 있게 하라." 난초로 만든 음료와 혜초(蕙草)로 만든 술을 주고, 무늬와 채색이 있는 자리에서 자게 하고, 옷과 비단과 보화도 주었고, 군인들을 많이 모아서 그들을 보호하게 했다.

아유타국의 공주 허황후와의 결혼

왕이 왕후와 함께 침전(寢殿)에 있는데, 왕후가 조용히 말했다. "저는 아유타국(阿踰陀國)의 공주로 성은 허(許)이고 이름은 황옥(黃玉)이며 나이는 열여섯 살입니다. 본국에 있을 때 금년 5월에 부왕(父王)과 모후(母后)께서 저에게 말씀하시기를, '우리가 어젯밤 꿈에 함께 황천(皇天)을 뵈었는데, 황천은 가락국의 왕 수로라는 자는 하늘이 내려보내서 왕위에 오르게 했으니 곧 신령스럽고 성스러운 것이 이 사람이다. 또 나라를 새로 다스림에 있어 아직 배필을 정하지 못했으니 경들은 공주를 보내어 그 배필을 삼게 하라 하고, 말을 마치자 하늘로 올라갔다. 꿈에서 깬 뒤에도 황천의 말이 아직도 귓가에 그대로 남아 있으니, 너는 이 자리에서 곧 부모를 작별하고 그곳을 향해 떠나라'라고 하셨습니다. 저는 배를 타고 증조(蒸棗: 신선이 먹는 약)를 찾고, 하늘로 가서 반도(蟠桃: 3천 년마다 열매를 맺는 복숭아나무)를 찾아 이제 아름다운 모습으로 용안(龍顔)을 가까이하게 됐습니다." 왕이 대답하기를 "나는 나면서부터 자못 성스러워서 공주가 멀리서 올 것을 미리 알고 있어서 신하들이 왕비를 맞으라는 청을 했으나 따르지 않았다. 이제 현숙한 공주가 스스로 왔으니 이 사람에게는 매우 다행한 일이다"라고 말했다. 드디어 그와 혼인해서 함께 이틀 밤을 지내고 또 하루 낮을 지냈다. 이에 그들이 타고 온 배를 돌려보내는데 뱃사공이 모두 15명이니 이들에게 각각 쌀 10석과 베 30필씩을 주어 본국으로 돌아가게 했다.

8월 1일에 왕은 대궐로 돌아오는데 왕후와 한 수레를 타고, 잉신 내외도 역시 나란히 수레를 함께 탔으며, 중국의 여러 가지 물건도 모두 수레에 싣고 천천히 대궐로 들어오니 이때 시간이 오정(午正)에 가까웠다. 왕후는 이에 중궁(中宮)에 거처하고 잉신 내외와 그들의 사속(私屬)들은 비어 있는 두 집을 주어 나누어 들어가게 했고, 나머지 따라온 자들도 20여 칸 되는 빈관(賓館) 한 채를 주어서 사람 수에 맞추어 구별해서 편안히 있게 했다. 그리고 날마다 지급하는 것은 풍부하게 하고, 그들이 싣고 온 진귀한 물건들은 내고(內庫)에 두고 왕후의 사시(四時) 비용으로 쓰게 했다.

가락국의 면모를 일신시킨 왕과 왕후

어느 날 왕이 신하에게 말했다. "아홉 간들은 모두 여러 관리의 으뜸인데, 그 직위와 명칭이 모두 소인(小人)·농부들의 칭호이고 고관 직위의 칭호가 아니다. 만약 외국에 전해진다면 반드시 웃음거리가 될 것이다." 마침내 아도(我刀)를 고쳐서 아궁(我躬)이라 하고, 여도(汝刀)를 고쳐서 여해(汝諧), 피도(彼刀)를 피장(彼藏), 오도(五刀)를 오상(五常)이라 하고, 유수(留水)와 유천(留天)의 이름은 윗글자는 그대로 두고 아랫글자만 고쳐서 유공(留功)과 유덕(留德)이라 하고 신천(神天)은 신도(神道), 오천(五天)은 오능(五能)이라 했고, 신귀(神鬼)의 음(音)은 바꾸지 않고 그 훈(訓)을 고쳐 신귀(臣貴)로 고쳤다.

계림의 직제를 채해서 각간(角干)·아질간(阿叱干)·급간(級干)의 차례를 두고, 그 아래의 관료는 주나라의 법과 한나라 제도를 가지고 나누어 정하니 이것은 이른바 옛것을 고쳐서 새것을 취하여 관직을 나누어 설치한 방법이었다. 이에 나라를 다스리고 집을 정돈하며, 백성들을 자식처럼 사랑하니 그 교화는 엄숙하지 않아도 위엄이 있고, 그 정치는 엄하지 않아도 다스려졌다. 더욱이 왕후와 함께 사는 것은 마치 하늘에게 땅이 있고, 해에게 달이 있고, 양(陽)에 대하여 음(陰)이 있는 것과도 같았고, 그 공은 도산(塗山)이 하(夏)를 돕고 당원(唐媛)이 교씨(嬌氏)를 일으킨 것과 같았다. 그해 왕후는 곰의 태몽을 꾸고 태자 거등공(居登公)을 낳았다.

왕후와 그를 따르던 사람들의 최후

후한의 영제(靈帝) 중평(中平) 6년 기사년(己巳年, 189) 3월 1일에 왕후가 죽으니 나이는 157세였다. 온 나라 사람들은 땅이 꺼진 듯이 슬퍼하고, 구지봉 동북쪽 언덕에 장사지냈다. 드디어 왕후가 백성들을 자식처럼 사랑하던 은혜를 잊지 않고자, 처음 와서 닻줄을 내린 도두촌(渡頭村)을 주포촌(主浦村)이라 하고, 비단바지를 벗은 높은 언덕을 능현(綾峴)이라 하고, 붉은 깃발이 들어온 바닷가를 기출변(旗出邊)이라고 했다.

왕후를 따라왔던 천부경(泉府卿) 신보(申輔)와 종정감(宗正監) 조광(趙匡) 등은 나라에 온 지 30년 후에 각각 두 딸을 낳았는데 부부는 한두 해가 지나 모두 죽었다. 그 밖의 노비들도 이 나라에 온 지 7, 8년 사이에 자식을 낳지 못하고 오직 고향을 그리워하는 슬픔을 품고 고향을 생각하다가 모두 죽어서 거처하던 빈관(賓館)은 텅 비고 아무도 없게 됐다.

왕은 이에 매양 외로운 베개를 의지하여 몹시 슬퍼하다가 10년을 지내고 헌제(獻帝) 입안(立安) 4년 기묘년(己卯年, 199) 3월 23일에 죽으니, 나이는 158세였다. 나라 사람들은 부모를 잃은 것처럼 슬퍼하는 것이 왕후가 죽은 날보다 더했다. 마침내 대궐 동북쪽 평지에 빈궁(殯宮)을 세웠는데 높이가 1장이고 둘레가 3백 보였으며, 거기에 장사지내고 수릉왕 묘(首陵王廟)라고 했다.

  그의 아들 거등왕(居登王)으로부터 9대손 구형왕(仇衡王)까지 이 묘(廟)에 배향(配享)하고, 매년 정월 3일과 7일, 5월 5일, 8월 5일과 15일을 기다려 풍성하고 깨끗한 제물을 차려 제사를 지냈는데, 대대로 끊이지 않았다.

2. 공주는 왜 미천한 사내를 만났을까

평강공주와 선화공주

비슷하면서도 다른 두 편의 로맨스

『삼국사기』에 실려 있는 '온달과 평강공주', 그리고 『삼국유사』에 실려 있는 '서동과 선화공주'의 로맨스는 서로 견주어 읽어볼 만한 주제이다. 이들 두 쌍의 남녀가 엮어내는 연애담은 참으로 눈부시다. 예나 지금이나 사랑은, 어디로든 훨훨 날아가고 싶은데 그럴 수 없는 얄궂은 운명에 가로막힌 우리네의 삶과 비교해보면 어찌 그러하지 않겠는가? 예전에는 신분 때문에, 요즘에는 빈부격차 때문에 파탄 나고 마는 사랑 이야기를 우리는 지겹도록 보고 들었다. 그런데 평강공주와 선화공주는 가장 존귀한 지위에 있었음에도 불구하고 너무나도 미천한 사내와의 사랑을 거뜬하게 일구어내는 것이다. 정말 그런 일이 있을 수 있었는지는 캐묻지 말자. 꿈꿀 자유는 언제든, 누구에게든 허락되어 있으니까.

실제로 이런 기적 같은 연애 성공담은 참으로 많은 사람들에게, 오랫동안 되풀이되고 있는 꿈이어서 진부할 정도가 됐다. 아득히 먼 시대에 만들어진 신화나 민담에서는 물론이고 조선 후기 야담이라든가 고전 소설에서도 빈번하게 만날 수 있고, 요즘이라고 사정이 바뀐 것도 아니다. 사랑을 소재로 한 텔레비전 드라마도 이게 없으면 도통 재미가 없다. 백마 탄 왕자가 나타나주길 바라는 게 많은 여성들의 가슴 설레는 꿈이듯, 어여쁜 공주가 나타나 미천한 자신을 일으켜 세워주길 바라는 것 또한 모든 남성들의 은밀한 꿈이겠다.

그래서 평강공주와 선화공주는 남성이 결코 거절할 수 없는 꿈의 연인이다. 오죽하면 '온달 콤플렉스'라는 신조어가 생겼겠는가? '평강공주 콤플렉스'도 마찬가지다. 그렇지만 두 편의 로맨스를 뜯어보면, 비슷하면서도 다른 점 또한 적지 않다. 미천한 사내를 당당한 장부로 일으켜 세우는 평강공주와 선화공주의 역할에서조차 그런 차이를 읽어낼 수 있다. 공주 두 사람은 온달과 서동을 다음과 같은 방법을 통해 새로운 인물로 만들고 있었다.

[평강공주] 공주는 팔찌를 모두 팔아 농지와 집, 노비, 소와 말, 기물 등 필요한 살림살이를 모두 갖추었다. 처음에 말을 사려고 할 때, 온달에게 간곡히 당부를 했다. "절대로 장사꾼의 말은 사지 마세요. 대신 국마(國馬)로 병들고 여위어서 내버린 것을 잘 가려서 사오세요." 온달은 그 말대로 했다.

— 『삼국사기』 권45, 「열전」, 〈온달〉

[선화공주] 서동과 공주는 함께 백제로 왔다. 공주가 어머니가 준 금으로 생

계를 도모하려 하자 서동이 크게 웃으며 물었다. "이게 다 무엇이오?" 공주가 말하기를 "이것은 황금입니다. 이 정도면 한평생의 부를 이룰 만합니다" 하자 서동이 말하기를 "나는 어릴 때부터 마를 캐던 곳에 이런 황금을 흙처럼 많이 쌓아두었소"라고 했다. 공주는 이 말을 듣고 크게 놀라면서 말했다. "그것은 천하의 진귀한 보물입니다."

– 『삼국유사』 권2, 「기이」, 〈무왕〉

 예나 지금이나 부를 상징하는 황금의 위력이란 대단하다. 미천한 사내를 일거에 일으켜 세워주니 말이다. 하지만 궁극적인 성공 비결은 서로 달랐다. 평강공주는 온달에게 좋은 말을 구하는 방도를 가르쳐주고, 그 말로 혁혁한 전공을 세워 장수로서 이름을 날릴 수 있도록 만들어주었다. 하지만 선화공주는 다르다. 아무것도 모르는 바보 서동에게 황금의 가치를 깨우쳐주고, 그 금으로 장인 진평왕의 환심을 사서 지존의 왕위에 오를 수 있도록 만들어주었던 것이다. 미천한 사내를 역사에 이름을 남길 만한 장부로 만들어준다는 점에서는 유사하다. 하지만 '말'이 광활한 만주 벌판을 내달리던 고구려의 토양에서 성장한 활달한 여인상을 상징한다면, '황금'은 화려하게 꾸며진 궁궐 안에서 부모에게 곱게 길러진 신라의 유순한 여인상을 상징한다는 점에서 다르다. 실제로 평강공주는 자신의 운명을 스스로 개척해가는 적극적인 여성인 반면, 선화공주는 자신의 운명을 타인에게 의존하는 소극적인 여성처럼 보인다. 비슷하면서도 다른 두 편의 로맨스를 엮어 읽어보면서 김부식과 일연의 서술 태도를 살펴보자.

왜 하필 온달을 선택했을까

온달과 평강공주의 로맨스는 너무나도 유명해서 굳이 소개할 필요가 없을 정도다. 어려서부터 잘 울던 평강공주가 바보 온달에게 시집가서 그를 당당한 장수로 키워낸, 그러나 지아비가 마침내 전쟁터에서 전사함으로써 애절하게 마감된 이들의 결연과 이별! 그런데 사소하지만 짚고 넘어가야 할 우리의 통념이 하나 있다. 우리는 '온달과 평강공주'라고 적었지만, 이렇게 일컫는 것은 왠지 어색하다. '서동과 선화공주'는 그렇지 않은데, '온달과 평강공주'는 왠지 낯선 것이다. 그렇다. 이렇게 읽어야 자연스럽다. '바보 온달과 평강공주', 아니 '평강공주와 바보 온달'이라고! 우리는 이들의 로맨스에서 존귀한 평강공주가 미천한 온달을 어떻게 만났는지, 그리고 평강공주의 적극적이고도 주도면밀함이 바보 온달을 어떻게 어엿한 대장부로 키워냈는지에 관심을 가졌던 것이다.

 그렇다면 김부식도 그런 눈부신 연애담, 또는 평강공주의 당찬 모습에 반해서 『삼국사기』라는 역사서에 '평강공주와 바보 온달'의 사연을 기록했던 것일까? 단언컨대, 그럴 리 없다. 김부식과 같은 근엄한 유학자·역사가가 아니더라도 시시껄렁한 사랑 이야기에 정신이 팔려 이를 정사(正史)에 올릴 사람은 없을 것이기 때문이다. 그러면 김부식은 그들에게서 무엇을 보았던 것일까? 우리는 그에 대한 답변을 그 이야기를 담고 있는 곳에서 찾을 수 있다. 김부식은 그들의 사연을 『삼국사기』의 「열전」에 거두면서, 제목을 〈온달〉로 달고 있다. 지금의 우리와 달리 서사의 주인공을 평강공주가 아닌 온달로 보았다는 증거다. 온달은 다음과 같은 인물들과 동급이었던 것이다.

을파소, 김후직, 녹진, 밀우, 유유, 명림답부, 석우로, 박제상, 귀산, 온달

온달과 함께 「열전」 권5에 실려 있는 인물들의 전체 명단이다. 이들 각각에 대한 꼼꼼한 감상은 다른 자리로 미룰 수밖에 없지만, 모두 역사의 전범이 될 만한 재상과 장수들만 모아 놓은 자리에 온달을 두었던 것은 주목해야 한다. 그러니 김부식은 평강공주가 아니라 온달을 통해서 그 무언가를 보여주려 했던 게 분명하다. 무엇이었을까? 이쯤 되면, 물음에 답하는 것이 그리 어렵지 않게 됐다. 목숨을 걸고 전쟁터에 나갔다가 장렬하게 전사하는 온달의 최후가 너무나도 생생하기 때문이다.

왕이 허락하자 온달은 출정하기에 앞서 맹세하기를 "계립현(鷄立峴)·죽령(竹嶺)의 서쪽 지역을 되찾아오지 못한다면 돌아오지 않겠다"고 했다. 드디어 전쟁터로 나가 아단성(阿旦城) 아래에서 신라군과 싸웠는데, 온달은 적군의 화살에 맞아 중로에서 죽었다. 장사를 지내고자 했으나, 관이 움직이지 않았다. 공주가 와서 관을 어루만지며 "죽음과 삶이 결정됐습니다. 돌아가시지요"라고 하자 드디어 관을 들어 묻을 수 있었다. 대왕이 이를 듣고 비통해했다.

— 『삼국사기』 권45, 「열전」, 〈온달〉

참으로 감동적인 결말이다. 그런 까닭에 구한말 최고의 문장가였던

창강(滄江) 김택영(金澤榮, 1850~1927)은 "『삼국사기』의 문장은 질박하고 예스럽고, 넉넉하고 소탕하여 살아 움직이는 기세가 있다. 특히 〈온달〉은 『전국책(戰國策)』이나 『사기』 가운데 끼워두더라도 거의 가려내지 못할 정도다"라고 극찬했던 것이리라. 사랑하는 평강공주를 두고 전쟁터에 나섰다가 안타깝게 전사하고 마는 온달, 그리고 흐느끼는 평강공주의 위로를 듣고서야 겨우 이승을 떠날 수 있었던 온달! 이런 장면에서 저승으로 떠나는 최후까지 평강공주에게 얹혀살던 온달의 바보 같은 모습을 읽어내려는 사람들도 있을지 모르지만, 그래서야 사연을 온전하게 이해했다 하기 어렵다. 그렇다면 우리는 무엇을 읽어야만 하는가? 국가를 위해 목숨마저 기꺼이 바친 온달의 충성, 그리고 그런 과정에서 겪게 되는 사랑하는 남녀의 애절한 삶과 죽음의 갈림길이 바로 우리가 이 작품에서 읽어내야 할 것이고, 김부식도 대략 그런 마음으로 그들의 사연을 읽었을 법하다. 정말 그럴까?

어쨌든 〈온달〉은 이렇듯 온달과 평강공주의 유별난 만남과 애틋한 이별을 기본 뼈대로 삼아 펼쳐진 한 편의 충절담으로 정리될 수 있겠는데, 그럼에도 불구하고 서사 전편을 읽다 보면 납득하기 어려운 대목들이 많다. 우선, 온달의 실체에 대해서다. 온달과 함께 「열전」 권5에 실려 있는 을파소, 김후직, 녹진 등 9명의 전기(傳記)는 모두 「본기」에 실제로 등장하는 역사적 인물의 삶을 토대로 기록된 것이다. 하지만 온달은 다르다. 「고구려본기」를 비롯한 그 어느 곳에서도 온달이라는 이름은 물론 관련된 사건조차 발견할 수 없다. 후주(後周)의 무제(武帝)가 요동을 침공했을 때 이를 물리쳤다는 온달의 혁혁한 전공은 물론이고, 후주의 침공 사실조차 기록에 없는 것이다. 심지어 기초적인 사실조차 엉망이다. 〈온달〉에서는 평강왕(平岡王)의 뒤를 이어 양강왕(陽岡王)이 왕위에 오르고, 온달은 양강왕 때 전사한 것으로 되어 있다. 하지만 평강왕은 양강왕의 아들이었다. 그런데도 〈온달〉은 죽은 아비가 아들을 계승하여 왕위에 올랐다는 어처구니없는 오류를 범하고 있는 것이다.

사정이 이렇다면 온달이라는 인물의 실존 여부는 말할 것도 없고, 평강공주와의 눈부신 로맨스도 한낱 꾸며낸 허구일 가능성이 높다. 김부식은 허구에 기반을 둔 설화적 내용을 역사서에 올림으로써, 허구적 서사를 역사적 사실로 탈바꿈시킨 것이다. 그 과정에서 바보 온달과 평강공주가 역사적 인물로 굳어지게 됐음은 말할 나위도 없다. '허구적 서사'와 '역사적 사실'이 뒤섞이는 이런 현상은, '사실에 근거해 있는 그대로 기록한다〔擧事直筆〕'는 유가적 역사 서술의 기본원칙을 위반하는 것으로 『삼국사기』를 실제 역사로 믿어 의심치 않는 우리를 곤혹스럽게 만든다. 그 점은 자리를 달리하여 상세하게 짚어보아야 할 국면이니, 〈온달〉을 문학작품으로 음미해보려는 여기서는 더 이상 문제 삼지 않기로 한다.

그렇지만 아무리 꾸며낸 이야기라는 점을 감안하고 읽는다고 해도 쉬 납득이 가지 않는 대목이 있다. 온달과 같은 미천한 사내와 평강공주와 같은 고귀한 여인의 결합이 엄격한 신분사회였던 고구려 시대에 말도 안 된다는 점은 아예 눈감아주기로 하자. 하지만 다음 두 가지만은 설명을 들어야겠다. 첫째, 평강공주는 부친이 농담으로 한 말을 왜 굳이 가슴에 새겨두었다가 끝내 바보 온달에게 시집갔던 것일까? 둘째, 온달은 전쟁터에서 죽은 뒤 왜 관이 꼼짝도 하지 않는 기이한 일을 보였던 것일까? 두 번째 물음의 답은 앞서 지적했듯 사랑하는 평강공주를 두고 떠나기 어려운 애끓는 심사 때문이었을 터다. 그리고 첫 번째 물음에 대한 답은 조금 어려운데, 많은 사람들은 바보 온달의 진면목을 알아차린 평강공주의 지감(知鑑)으로 설명하곤 한다. 여러 말들 가운데 준마(駿馬)를 가려내는 능력을 지닌 인물이었음을 염두에 둔다면, 바보 같은 온달에게 감추어진 잠재력을 알아볼 수도 있었겠다. 또 어떤 사람은 온달이 진짜 미천한 신분의 인물이 아니라 몰락한 귀족이 자신의 신분을 감추기 위해 거짓으로 바보 행세를 했던 것으로 추론하기도 한다.

하지만 이런 답변은 그야말로 막연한 추론일 뿐이다. 작품을 꼼꼼하게 읽어보면, 이런 대답들이 적실하지 않음을 금방 깨닫게 된다. 온달과 평강공주는 우리들이 납득하지 못하는 대목에 대해, 그 까닭을 자신의 입으로 분명하게 밝혀 놓고 있기 때문이다.

〔평강공주〕 "대왕께서는 항상 말씀하시기를 '너는 반드시 바보 온달의 아내가 되어야 한다'고 하셨습니다. 그런데 지금 어찌 그 말씀을 고치려 하십니까? 평범한 사내도 말을 반복하지 않는데 하물며 임금께서는 어떻겠습니까? '임금은 희롱하는 말을 하지 않는다'고 했습니다. 그러므로 지금 대왕의 명령은 잘못됐습니다. 저는 감히 명령을 받들 수 없습니다."

〔온달〕 양강왕(陽岡王)이 즉위하자, 온달이 왕께 아뢰었다. "생각건대 신라가 우리 한북의 지역을 빼앗아 군현으로 삼으니, 백성은 몹시 가슴 아파하며 지금껏 부모의 나라를 잊지 않고 있습니다. 대왕께서 저를 어리석다고 생각하지 않고 군대를 주신다면, 한번 가서 반드시 우리의 땅을 되찾아오겠

습니다." 왕이 허락했다.

— 『삼국사기』 권45, 「열전」, 〈온달〉

평강공주가 귀족 신분인 고씨(高氏) 집안으로 시집가라는 부왕의 명령을 거역하며 바보로 놀림 받던 온달에게 시집간 까닭은, 한 번 했던 말은 아무리 사소한 농담이라도 반드시 지켜야 한다는 점을 보여주기 위해서였다. 지금도 귓전에 쟁쟁할 정도로 "임금은 희롱하는 말을 하지 않는다[王者無戲言]"는 경구를 강한 어조로 인용하고 있는 이유도 그 때문이다. 이것이 첫 번째 질문에 대한 올바른 답이다. 두 번째 질문에 대한 대답도 마찬가지다. 온달의 시체가 꼼짝도 하지 않은 까닭은, 빼앗긴 땅을 되찾지 못하면 돌아오지 않겠다던 자신의 맹세를 죽어서도 지키기 위해서였다. 우리가 흔히 생각하는 것처럼 사랑하는 평강공주에 대한 연연한 마음 때문이 아니었던 것이다.

그리고 보면, 온달과 평강공주를 통해 김부식이 말하고자 했던 진정은 "자신의 말에는 반드시 책임을 져야 한다"는 것이었다. 임금은 실없는 농담을 해서는 안 되고, 신하는 죽어서라도 자신의 말을 지켜야 한다는 교훈 말이다. 실제로 김부식은 『삼국사기』 곳곳에서 임금이든 신하든 일반 백성이든 누구나 지켜야 할 가장 중요한 덕목으로 신의(信義)를 꼽고 있다. 「열전」 권5에 온달과 함께 실려 있는 다른 9명의 전기에서도 그러하다. 이들은 훌륭한 재상이거나 뛰어난 장수라는 당연한 이유에서 「열전」에 이름을 올린 것이 아니다. 그보다는 자신의 말에 대한 책임을 끝까지 지켰다는, 또는 지키지 못했다는 이유로 이름을 올린 것이다. 그런 사실을 가장 선명하게 확인시켜주는 인물은 아마도 온달과 함께 묶여 있는 석우로(昔于老)일 듯하다. 김부식은 「열전」 권5에 실린 인물 가운데 유독 석우로의 행적 아래에 다음과 같은 자신의 평가를 덧붙이고 있다.

> 논하여 말한다. 석우로가 당시 대신으로 군무와 국정을 맡아, 싸우면 반드시 이기고 비록 이기지 못하더라도 패하지는 않았다. 그런즉, 그 계책은 반드시 다른 사람보다 월등했다. 그러나 한 마디 말의 어그러짐으로 스스로 죽음을 취했고, 또 두 나라로 하여금 서로 싸우게 했다.
> ─『삼국사기』 권45, 「열전」, 〈석우로 사평〉

 석우로는 생소한 인물이니 약간의 설명을 덧붙여야 위의 사평을 이해할 수 있을 것이다. 석우로는 내해이사금(奈解尼師今)의 아들이자 흘해이사금(訖解尼師今)의 아버지다. 당당한 석씨 왕족으로 왕위에 오를 수도 있었던 인물이다. 더욱이 여러 전투에서 승리하여 신라의 영토를 비약적으로 넓히기도 했다. 고귀한 혈통에다 혁혁한 공적이 있었기에 자만에 빠졌던 걸까? 석우로는 그만 왜국 사신에게 "머지않아 너의 국왕을 소금 굽는 종으로 만들고 왕비는 밥 짓는 여자로 만들겠다"는 말을 하고 말았다. 농담처럼 던진 이 말이 빌미가 되어 왜국에서는 군대를 이끌고 신라를 침공했고, 석우로는 자신의 말로 전쟁이 일어났다며 왜적에게 사과하러 갔다가 도리어 불태워져 죽고 만다.
 여기서 우리는 말을 잘못해서 작게는 자신의 목숨을 잃고, 크게는 국가 간에 전쟁을 일으키게 했다는 김부식의 비판적 평가에 주목한다. 석우로의 삶을 총체적으로 평가하면서, 혁혁했던 공업조차 물거품으로 만들 정도로 말이라는 것은 중요하다는 인식을 선명하게 표방하고 있기 때문이다. 석우로에게만 그런 것이 아니다. 김부식은 말에 대한 책임, 곧 신의라는 덕목을 표창하기 위해 10명의 인물을 「열전」 권5에 집중적으로 배치했던 것이다. 그런데 신의를 강조하려는 김부식의 목적의식은 너무나도 강렬했다. 온달과 평강공주가 펼쳐 보인 한 편의 소설 같은 로맨스마저 사실 여부를 깊이 따지지 않고 역사적 사실로 간주해버린 것이다. 마침내 신의를 굳게 지킨 역사적 인물로 이들의 이름을 「열전」에 올려놓기에 이르렀다. 허구적 서사가 역사적 사실로 전환되는 어처구니없는 순간이다. 아니, 목적의식에 너무 집착하면 사태의 진실을 제대로 보지 못한다는 교훈의 순간이기도 하다.

서동과 <서동요>의 영험함

『삼국사기』에 실려 있는 '온달과 평강공주' 이야기와 견줄 만한 『삼국유사』의 파트너로는 단연 '서동과 선화공주' 이야기를 꼽아야 한다. 서동과 선화공주 역시 신분은 물론 국적마저 뛰어넘는 기적 같은 사랑을 일구어내고 있기 때문이다. 하지만 진평왕의 셋째 딸 선화공주와 마를 캐며 생계를 꾸려가던 과부의 아들 서동이 결혼한다는 설정도, <온달>에서 그러했던 것처럼 환상적인 꿈이 아니고서는 불가능하다. 그렇다면 세속의 인연에 초탈해야 할 승려 일연은 과연 무엇에 주목해서 이런 꿈같은 로맨스를 『삼국유사』에 실은 것일까? 그걸 알아보기 위해 줄거리를 간단히 확인할 필요가 있다. '서동과 선화공주'의 사연은 '온달과 평강공주의 사연에 비해 조금 복잡하기 때문이다.

〔가〕 어느 과부가 연못의 용과 관계하여 낳은 서동은 신라의 선화공주가 아름답다는 말을 듣고 찾아가 〈서동요〉를 불러 결혼을 하기에 이른다.
〔나〕 선화공주는 서동이 쌓아 놓은 황금을 지명법사의 도술에 힘입어 신라 궁중으로 보낸 덕에 왕위에 오르게 한다.
〔다〕 무왕이 된 서동은 연못을 메워 절을 지어달라는 선화공주의 부탁을 받고 지명법사의 도술에 힘입어 미륵사를 짓는다.

우리들은 대체로 서동이 향가 〈서동요〉를 아이들에게 부르게 하여 선화공주를 아내로 맞이할 수 있었다는 〔가〕까지만 알고 있다. 하지만 위에서 보듯, 『삼국유사』에는 〔나〕와 〔다〕 같은 사연이 계속 이어지고 있다. 이들은 분량도 〔가〕보다 많을 뿐만 아니라 다루고 있는 내용도 범상치 않다. 더욱이 서동과 선화공주의 사연을 『삼국유사』에 거둔 일연의 의도가 무엇이었는가를 알아보고자 한다면, 우리의 독법은 보다 조심스러워야 한다. 미천한 서동과 존귀한 선화공주의 결연담(結緣談)이었을까, 아니면 지명법사의 도술에 힘입어 왕위에 오른 뒤 미륵사를 짓게 된 사찰창건담(寺刹創建談)이었을까? 일연이 승려라는 점을 감안한다면, 아무래도 일연의 관심은 불교와 관련된 후자에 있었던 것처럼 보인다. 하지만 정확한 판단을 위해서 〈온달〉을 봤던 것처럼 서동과 선화공주의 사연이 놓인 위치를 눈여겨보아야 한다.

우리가 지금 살피려고 하는 서동과 선화공주의 사연, 곧 〈무왕〉은 『삼국유사』 가운데 「기이」에 실려 있다. 「기이」는 말 그대로 '신이한 일

[異]'을 '기록한다[紀]'는 뜻이다. 그런 점에서 〈무왕〉이 「기이」에 실려 있다는 점은, 일연의 수록 의도를 파악하는 데 무척 중요하다. '서동과 선화공주'의 사연에서 일연이 주목했던 대목은 미륵사 창건과 관련된 내력일 것이라고 추측하는 경우가 많지만, 이런 추론이 잘못됐음을 말해주기 때문이다. 만약 일연이 미륵사 창건에 관심을 두었다면, 「탑상」과 같이 불교사의 영험을 기록한 부분에 실었을 것이 분명하다. 그렇지 않고 「기이」에 실었다는 것은, 용과 사통하여 낳은 백제의 미천한 사내 서동이 신라의 고귀한 선화공주를 배필로 맞이해 왕위에 오르게 된 신이한 행적 때문에 거두었음을 반증한다. 특히 불가능한 만남을 가능한 만남으로 만들어준 〈서동요〉의 영험에 주목했던 듯한데, 일연은 그 점을 이렇게 밝혀 놓고 있다.

선화공주가 귀양지에 도착하려는데 서동이 도중에 나와 절하면서 모시고 가겠다고 했다. 공주는 비록 그가 어디서 왔는지는 알지 못했지만 믿고 좋아했다. 이로 말미암아 서동을 따라가면서 몰래 정을 통했다. 그런 뒤에야 서동의 이름을 알았고, 동요의 영험을 믿었다.

- 『삼국유사』 권2, 「기이」, 〈무왕〉

그러고 보면, 『삼국유사』에는 노래를 통해 간절한 염원을 이룬다는 이야기가 적지 않게 실려 있다. 가락국 사람들이 자신을 다스려줄 임금을 구하기 위해 간절히 부르던 〈구지가〉를 듣고 내려온 김수로왕도 그렇고, 신라 순정공이 동해 용에게 납치된 아내를 구하기 위해 간절히 부르던 〈해가〉를 듣고 돌아온 수로부인도 그러했다. 일연을 비롯한 옛사람들은 노래에는 인간과 하늘을 이어주는 신이한 능력이 담겨 있다고 믿었던 것이다. 그래서 일연은 월명사가 부른 〈도솔가〉와 〈제망매가〉를 칭송하는 자리에서 "신라 사람들은 향가를 오래전부터 숭상했는데, 이런 노래가 천지귀신을 자주 감동시켰다[往往能動天地鬼神]"고 증언한 것이며, 순정공에게 노래를 불러 납치당한 아내를 찾는 방도를 가르쳐준 노인은 "여러 사람이 한 목소리를 내면 쇠도 녹일 수 있다[衆口鑠金]"라고 일러주었던 것이다. 〈서동요〉도 그런 맥락에서 현격한 신분 차이와 적대적인 국경을 뛰어넘는 신이한 영험을 보였던 것이다.

정말, 그런 것 같다. 초등학생 때 마음에 드는 여자아이가 있으면 화장실 벽이든 어디든 그런 사실을 남몰래 적어서 소문을 퍼뜨리고는 했다. 그리하여 아이들이 "얼레리꼴레리(알나리깔나리), 누구누구는 누구를 좋아한대요"라는 노래가 온 학교에 퍼지게 된다. 그 뒤는 어찌 됐는가? 그 여자아이하고 정말 짝꿍이 되든지, 그 여자아이에게 따귀를 맞든지! 그렇게 볼 때, 서동이 〈서동요〉를 지어 퍼뜨린 것은, 남녀가 짝을 구하는 방식의 원초적 기원으로 짐작된다.

그러고 보면, 〈무왕〉이라는 작품 안에는 이밖에도 흥미로우면서도 원초적인 색채의 삽화들이 많다. 연못의 용[池龍]과 관계하여 낳았다는 서동의 '출생담'이 그러하고, 미천한 사내가 황금의 가치를 알게 됨으로써 벼락부자가 됐다는 서동의 '출세담'도 그러하다. 후백제를 세운 견훤도 밤마다 찾아온 지렁이[大蚯蚓]와 관계해 낳았다는 〈야래자전설(夜來者傳說)〉이라는 출생담을 갖고 있다. 그런데 지렁이는 지룡자(地龍子)라고도 쓰듯, 예전 사람들은 지렁이를 신령스러운 용이 세력을 잃어버린 존재로 인식하기도 했다. 견훤이 용의 자식이 아니라 지렁이의 자식으로 이야기되는 것은, 실패한 영웅이었기 때문이리라. 어쨌든 서동의 출생담은 견훤과 같은 후대 영웅의 출생담과 연관을 맺고 있는 원초적 신화소(神話素)였던 것이다. 게다가 배필로 맞이한 여인 덕에 뭔지도 모르고 쌓아둔 것이 값진 황금이라는 걸 알게 되어 벼락부자가 됐다는 서동의 출세담은, 전국적으로 유포되어 있는 〈숯구이 총각의 생금장〉이라든가 〈내 복에 산다〉와 같은 전래 민담에서 어렵지 않게 보게 된다.

  이렇게 볼 때 [가], [나] 두 단락은 용과 관계하여 낳았다는 신화적 출생담, 노래를 통해 남녀가 짝을 찾던 원시적 결연담, 그리고 황금의 존재를 깨닫게 되어 벼락부자가 됐다는 민담적 출세담으로 이루어졌던 것이다. 우리가 서동과 선화공주의 사연을 읽을 때 유별나게 소박하다는 느낌을 갖게 되는 까닭도 이처럼 아득한 원초적 삽화로 구성되어 있기 때문이다.

일연이 오독한 서동의 정체

서동과 선화공주의 로맨스를 읽을 때, 아주 오랜 이야기에서나 맛볼 수 있는 원초적인 느낌을 받는 것도 역시 그 때문이다. 그렇다고 서동과 선화공주가 아득한 신화시대의 인물인 것은 아니다. 무왕은 백제 마지막 임금인 의자왕의 아버지로 제30대 임금이다. 신화시대를 마감하고 역사시대로 진입한 지 한참 지난 시대의 인물인 것이다. 그런데 어째서 그리도 풋풋한 원초적 느낌을 자아내는 이야기들로 읽혀지는 것일까? 그 점을 확인해보기 위해 작품으로 돌아가보자.

> 〔가〕 제30대 무왕(武王)의 이름은 장(璋)이다. 그 어머니가 과부가 되어 서울 남쪽 못가에 집을 짓고 살고 있었는데 못의 용과 관계하여 장을 낳고 어릴 때 이름을 서동(薯童)이라고 했다. 재기(才器)와 도량(度量)이 커서 헤아리기 어려웠다. 항상 마(薯)를 캐어 팔아서 생업을 삼았으므로 나라 사람들이 그 때문에 서동이라고 이름했다.
>
> — 『삼국유사』 권2, 「기이」, 〈무왕〉

> 〔나〕 제30대 무왕 혹은 무강(武康) 또는 헌병(獻丙)이라 하며, 어릴 적의 이름은 일기사덕(一耆篩德)이라 한다. 경신년에 즉위하여 41년간 다스렸다.
>
> — 『삼국유사』 권1, 「왕력」

〔가〕와 〔나〕는 동일한 『삼국유사』의 기록임에도 불구하고 앞의 「왕력」에서 소개한 내용과 뒤의 「기이」에서 소개한 내용이 다르다. 일연은 심각한 오류를 범하고 있는 셈이다. 이런 오류가 종종 발견되기 때문에 어떤 연구자는 『삼국유사』에 묶여 있는 「왕력」은 일연이 아닌 다른 사람이 편찬한 것으로 보기도 한다. 무왕의 어릴 때 이름은 '서동(薯童)'이 맞는가, '일기사덕(一耆篩德)'이 맞는가? 일연 자신도 서동을 어린 시절의 무왕이라고 확신하지 못했다. 그래서 서동과 선화공주의 사연을 모두 서술하고 난 뒤, 서동의 출신에 대해 자신의 의문을 이렇게 달아두었던 것이다.

『삼국사기』에는 이를 법왕(法王)의 아들이라고 했는데, 여기에서는 과부의 아들이라 했으니 어느 것이 옳은지 자세히 알 수 없다.

- 『삼국유사』 권2, 「기이」, 〈무왕〉

김부식의 『삼국사기』에는 무왕을 법왕의 아들이라 했는데, 일연이 본 문헌에는 과부가 연못의 용과 사통하여 낳은 자식이라 되어 있으니 어느 것이 옳은지 모르겠다는 말이다. 엇갈리는 두 기록 사이에서 고민하지 않을 수 없었던 것이다. 그럼에도 불구하고 일연은 왜 과부의 자식인 서동을 무왕이라 생각했던 것일까? 근거는 참으로 어처구니없는, 아니 납득할 수 없는 이유에서였다. 서동을 무왕으로 본 까닭을, 일연은 첫머리 제목 아래에 주석을 달아 이렇게 밝혀두었다.

무왕(武王)을 고본(古本)에는 무강(武康)이라 했으나 이는 잘못이다. 백제에는 무강(武康)이 없다.

일연은 『삼국유사』를 편찬할 때, 우리가 흔히 생각하듯 여기저기서 들은 이야기를 문자로 기록한 것이 아니다. 그런 부분도 없지는 않았겠지만, 대부분은 전해오던 문헌을 직접 수집·정리하여 옮겨 적은 것이다. 서동과 선화공주의 로맨스도 마찬가지였다. 그런데 일연이 봤던 기록, 곧 '고본(古本)'에는 서동이 '무왕'의 어릴 때 이름이 아니라 '무강왕'의 어릴 때 이름으로 되어 있었다. 하지만 일연은 그걸 잘못된 것이라 여겼다. 백제에는 무강왕이라는 임금이 없었기 때문이다. 그래서 무강을 무왕의 오기(誤記)로 파악했던 것이다. 그럴 수도 있겠다. 존재하지도 않는 임금을 가지고 그의 어릴 때 이야기를 들먹이는 것은 말이 안 되기 때문이다. 그런데 만약 무강왕이라는 임금이 있었다면 어쩔 것인가?

〔가〕 익산군은 본래 마한국(馬韓國)이었는데〔후조선(後朝鮮) 왕 기준(箕準)이 위만의 난리를 피하여 바다로 해서 서쪽으로 내려와 한(韓)의 땅에 나라를 세우고 마한이라 했다.〕(……) 후조선 무강왕(武康王)과 왕비의 쌍릉(雙陵)〔군의 서북쪽 5리쯤에 있는데, 민간에서 부르기를 '무강왕은 말통대왕(末通大王)이라 한다.〕(……)

- 『세종실록지리지』,〈익산군〉

〔나〕『동국여지승람』에서 조선 무강왕(武康王)이라 한 것은 곧 기준(箕準)이다. 대체로 조선이 기준에 이르러 비로소 왕이라 일컫기 시작했고, 위만(衛滿)을 피하여 마한(馬韓)에 이르러 개국했다. 뒤에 백제 시조 온조(溫祚)에게 병합됐다.

- 이수광(李睟光),『지봉유설』

옛날 문헌 가운데서 두 개만 뽑아본 것이다. 이렇듯 무강왕과 관련된 기사는 곳곳에 있다. 무강왕은 백제의 시조 온조왕에게 병합되어 사라진, 곧 전라도 익산 지역에 존재했던 마한국의 건국주였던 것이다. 지봉 이수광은 아예 무강왕을 기자조선의 마지막 임금이었던 준왕(準王)이라 밝히기도 했다. 사실 여부는 신뢰하기 어렵지만, 그런 구비전승과 문헌 기록이 오래전부터 이어져오고 있었다는 것이다.

이런 정황으로 미루어 볼 때, 일연이 보았던 '고본'의 서동 이야기는 백제의 제30대 임금인 무왕의 어린 시절 이야기가 아니라 마한국을 세운 무강왕의 어린 시절 이야기였을 가능성이 높다. 그렇다면 무강왕의 어린 시절을 무왕의 어린 시절로 뒤바꾸어 놓은 일연의 잘못은 너무나 크다. 그로부터 야기된 문제가 심각함은 말할 것도 없고, 백제의 제30대 임금 무왕과 관련된 일화는 모두 삭제해버려야 하기 때문이다. 미륵사를 창건한 설화도 지워내야 하고, 무왕과 연대기를 맞춘 선화공주의 부친 진평왕도 지워내야 한다. 『화랑세기』를 보면 진평왕은 천명공주와 선덕공주, 두 딸만 둔 것으로 되어 있다. 셋째는 없었다. 선화공주가 진평왕의 셋째 딸이라는 것은 뒷사람에 의해 꾸며진 것으로 보아야 할 것이다. 실제로 지난 2009년, 국보 11호로 지정된 미륵사지석탑을 보수하기 위해 해체하던 중 석탑 안에서 금판에 적은 봉안문이 발견됐다. 뜻밖에도 거기에는 신라 진평왕의 딸인 선화공주의 청으로 미륵사를 창건했다는 『삼국유사』의 기록과 달리 백제 좌평 사택적덕의 딸 출신인 왕후가 발원한 것으로 되어 있다. 무왕의 부인은 진평왕의 딸 선화공주가 아니었던 것이다. 일연의 전언을 근본적으로 의심할 수밖에 없는 이유이다.

사정이 이러하다면, 우리는 마한국의 무강왕과 관련된 역사적 사실을 토대로 고본의 기록을 추론해보는 게 도리이겠다. 『신증동국여지승람』, 『지봉유설』 등을 보면 기자조선의 마지막 임금 준(準)이 위만에게 쫓겨 남쪽으로 내려와 세운 나라가 마한국으로 되어 있다. 기자의 후예 준이 마한의 시조 무강이었다는 것이다. 기자조선의 후예들이 남하하여 익산 지역의 토착 세력과 결합해 새로운 국가 마한을 세운 역사적 사실이 설화로 전승된 것으로 보인다. 흥미로운 것은 그런 고대 국가의 건국 패턴이 주몽에게서도 발견된다는 점이다. 앞선 건국신화에서 읽어보았듯이 혈혈단신 동부여를 탈출한 주몽은 졸본부여의 여인 소서노를 배필로 맞이하고, 그녀의 내조에 힘입어 고구려라는 새로운 국가를 건설할 수 있었다. 마찬가지로 무왕, 아니 정확히 말해 무강왕과 선화공주의 로맨스도 본래 이런 고대 국가 건설과 관련된 비사(秘史)를 신화처럼 이야기하고 있었을 가능성이 높다. 서동의 신이한 출생담, 서동과 선화공주의 결연담은 신성한 신화가 설화의 형태로 전승됐던 것이다. 우리가 서동 이야기에서 매우 원시적인 소박함을 느낄 수 있었던 것도 그런 까닭이 아니었을까?

온달과 서동, 그들은 행복했을까

서동의 로맨스가 정말 마한국 무강왕의 일이었다면, 신라 진평왕의 딸로서 배필이 된 선화공주의 간청에 의해 미륵사가 창건됐다는 후반부는 마땅히 잘못이다. 백제의 진짜 무왕 때 일이 마한국 무강왕의 사연에 잘못 덧붙은 것이기 때문이다. 그럼에도 일연이 한 편의 서사로 엮어 놓은 서동의 사연을 다른 각도에서 음미해볼 필요는 있다. 그곳에 서술된 미륵사의 창건 내력은 다음과 같다.

> 어느 날 무왕이 부인과 함께 사자사에 가려고 용화산 밑의 큰 연못가에 이르니 미륵삼존(彌勒三尊)이 연못 가운데서 나타나므로 수레를 멈추고 절을 올렸다. 부인이 왕에게 말하기를 "모름지기 이곳에 큰 절을 지어주십시오.

그것이 저의 소원입니다"라고 했다. 왕은 그것을 허락했다. 지명법사에게 가서 연못을 메울 일을 물으니 신비스러운 힘으로 하룻밤 사이에 산을 무너뜨려 못을 메우고 평지를 만들었다. 이에 미륵삼존의 상을 모방해 만들고, 전(殿)과 탑과 낭무(廊廡)를 각각 세 곳에 세우고 절 이름을 미륵사(彌勒寺)라 했다. 진평왕이 여러 공인(工人)들을 보내서 이를 도왔는데 그 절은 지금도 남아 있다.

- 『삼국유사』 권2, 「기이」, 〈무왕〉

임금에 오른 서동이 왕후가 된 선화공주의 소원을 이루어주기 위해 큰 연못을 메워 미륵사를 창건했다는 것이다. 이와 비슷한 방식, 곧 연못을 메워 절을 세웠다는 전지(塡池) 모티프는 사찰창건설화에서 종종 발견된다. 가장 대표적인 것이 경남 양산의 통도사(通度寺) 창건설화인데 사연은 이러하다. 문수보살이 나타나 자장법사에게 취서산 아래에 있는, 신룡(神龍)이 사는 연못을 메워 절을 지으라고 분부한다. 그리하여 자장법사는 연못에 살고 있는 용 아홉 마리 가운데 그 터를 수호하겠다고 애걸하는 한 마리를 제외한 나머지 여덟 마리를 내쫓고 구룡연(九龍淵)을 메워 통도사를 창건한다. 약간의 차이는 있지만, 미륵사 창건설화든 통도사 창건설화든 용을 섬겨오던 기존의 토속신앙을 축출하고 불교가 그 자리에 대신 들어서던 시기의 흔적을 보여주고 있다는 점에서는 동일하다.

시대의 변화에 따라 토착신앙이 새로운 사상으로 전환되는 것이야 어쩔 수 없다 하더라도 스러져가는 것에 대한 아쉬움까지 없을 수는 없다. 그건 참을 수 있다. 하지만 위의 삽화를 서동의 입장에서 음미한다면 결코 참을 수 없다. 서동이 자기 손으로 연못을 메워 절을 세운다는 것은, 자신의 존재 근거를 깡그리 부숴버리는 참혹한 행위였기 때문이다. 지룡(池龍)의 자식인 서동에게 그곳 연못은 바로 자신의 고향이 아니었던가.

그러면 또 다른 행운아 온달은 행복했을까? 아리따운 평강공주를 아내로 맞이했으니 한 시절 행복했겠다. 물론 그런 아내를 남겨두고 전쟁터에서 홀로 죽었으니 진정 행복했다고는 말하기 어렵겠지만 온달이 안쓰럽게 여겨지는 것은 비극적인 최후 때문만은 아니다. 그보다는 장인 평강왕이 했던 말이 귀에 쟁쟁하기 때문이다.

"이는 내 사위다!"

후주의 무제가 쳐들어왔을 때 온달이 선봉에 서서 큰 전공을 세우자 평강왕이 했던 말이다. 언제는 사위가 아니었던가? 그러했다. 자신의 딸이 남편으로 섬기고 있었건만, 그리고 당당한 장부가 되어 뛰어난 사냥 솜씨를 보였건만, 평강왕은 온달을 사위로 인정하지 않았다. 그러다가 국가의 위기를 구한 공업을 세우고 나서야 자신의 사위라고 비로소 인정한 것이다.

위의 짧은 구절에서 부모에게 인정받지 못한 설움에 무시로 눈물 흘렸을 평강공주의 아픔과 그런 아내를 지켜보아야만 했던 순박한 온달의 가슴앓이를 짐작할 수 있다. 실제로 그랬을 게 분명하다. 얼마나 혹독한 훈련을 견뎌냈으면 한낱 바보가 당당한 장수로 변신할 수 있었을까? 그러나, 그런 뒤에도 온달은 자신의 미천한 출신 때문에 항시 초조했을 것이다. 그렇다면 혹여 늘 목말라 했던 인정 욕구로 말미암아 빼앗긴 옛 땅을 찾아오겠다는 호기를 부리다가 끝내 전사한 것은 아니었을까? 눈먼 모친을 모시며 순박하게 살던 더벅머리 산골 총각이 피비린내 나는 전쟁터에서, 더욱이 자기와는 아무런 상관도 없었던 고토 회복이라는 한을 품고 죽어갔으니, 그 누구의 잘못이었던가?

평강공주와 바보 온달

『삼국사기』 권45, 「열전」, 〈온달〉

온달에게 시집가려는 울보 평강공주

온달(溫達)은 고구려 평강왕(平岡王) 때의 사람이다. 얼굴은 못생겨서 우스울 정도였지만, 마음속은 환하고 똑똑했다. 집이 매우 가난하여 항상 음식을 구걸해서 어머니를 봉양했다. 너덜너덜한 옷을 입고, 해진 신발을 신은 채로 사람들이 모여 사는 곳을 왔다갔다 했으니 당시 사람들이 그를 '바보 온달(愚溫達)'이라고 했다.

평강왕의 어린딸은 잘 울었다. 왕이 놀리며, "너는 항상 울어서 내 귀를 시끄럽게 하는구나. 어른이 되면 사대부의 아내가 되기는 어렵겠다. 마땅히 바보 온달에게 시집가야겠구나"라고 했다. 왕은 늘 이처럼 말했다.

딸이 16세가 되자, [왕은 그녀를] 상부(上部)의 고씨(高氏)에게 시집보내려고 하니, 공주가 대답했다. "대왕께서는 항상 말씀하시기를 '너는 반드시 바보 온달의 아내가 되어야 한다'고 하셨습니다. 그런데 지금 어찌 그 말씀을 고치려 하십니까? 평범한 사내도 말을 반복하지 않는데 하물며 임금께서는 어떻겠습니까? '임금은 희롱하는 말을 하지 않는다'고 했습니다. 그러므로 지금 대왕의 명령은 잘못됐습니다. 저는 감히 명령을 받들 수 없습니다."

왕이 화를 내며, "네가 내 명령을 따르지 않는다고 한다면, 진실로 나의 딸일 수 없다. 어찌 같이 살 수 있겠는가. 마땅히 갈 곳으로 가거라" 했다. 이에 공주는 값비싼 팔찌 수십 개를 갖고서 궁을 나와 홀로 갔다.

온달 모자(母子)를 설득해 혼인하다

길에서 한 사람을 만나 온달의 집을 물었다. 이에 온달의 집에 도착할 수 있었다. 온달의 눈먼 늙은 어머니를 보고 가까이 다가가 절을 하고, 그 아들이 있는 곳을 물었다. 노모가 대답했다. "내 아들은 가난하고 또한 누추합니다. 귀한 분께서 가까이 할 사람이 되지 못합니다. 지금 당신의 냄새를 맡으니 향기로운 것이 범상하지가 않고, 그대의 손을 만져보니 부드러운 것이 마치 솜과 같습니다. 반드시 천하의 귀한 분일 겁니다. 누구의 속임수에 빠져서 여기까지 오셨습니까? 아마도 내 자식은 굶주림을 참지 못하고 산속으로 느릅나무 껍질을 가지러 간 듯한데, 오래도록 돌아오지 않고 있습니다."

공주는 집에서 나와 산 아래로 갔다. 느릅나무 껍질을 메고 오는 온달을 보고, 공주는 그에게 자신이 품은 생각을 이야기했다. 온달은 얼굴빛을 바꾸며, "이는 어린 여자가 마땅히 할 행동이 아니니, 분명히 사람이 아니고 여우 귀신일 것이다. 나에게 다가오지 말라"고 말하고, 뒤도 돌아보지 않고 갔다.

공주는 홀로 돌아와 사립문 아래에서 묵었다. 아침이 밝자, 다시 집 안으로 들어가 온달과 그 어머니에게 자세히 말했다. 온달이 우물쭈물 결정을 내리지 못하자 그 어머니가 말했다. "제 자식은 매우 누추해서 귀한 분의 배우자가 되기에 부족하고, 저희 집은 지극히 가난하여 진실로 귀한 분이 계실 곳이 되지 못합니다." 공주가 대답했다. "옛사람들의 말에 '한 말의 곡식이라도 찧을 수 있고, 한 척의 베라도 꿰맬 수 있다'고 했습니다. 진실로 마음을 같이할 수 있다면, 어찌 반드시 부귀해진 다음에야 함께할 수 있겠습니까?" 이에 금팔찌를 팔아 농지와 집, 노비, 소와 말, 기물 등 필요한 살림살이를 모두 갖추었다.

왕의 사위로 인정받은 바보 온달

처음에 말을 사려고 할 때, 온달에게 간곡히 당부를 했다. "절대로 장사꾼의 말은 사지 마세요. 대신 국마(國馬)로 병들고 여위어서 내버린 것을 잘 가려서 사오세요." 온달은 그 말대로 했다. 공주가 매우 열심히 기르니 말은 날마다 살찌고 건장해졌다.

고구려에서는 매년 봄 3월 3일에 사람들이 낙랑의 언덕에 모여 사냥을 했는데, 잡은 돼지와 사슴으로 하늘과 산천에 제사를 지냈다. 그날이 되자 왕이 사냥을 나갔고, 여러 신료와 5부의 병사가 모두 왕을 따랐다. 이때 온달도 그동안 기른 말을 가지고 따라갔다. 온달은 말을 타고 달리는데 항상 앞에 있었고, 사냥으로 잡은 동물 또한 많아서 참석자 중 비견할 만한 사람이 없었다. 왕이 불러서 이름을 묻고는 놀라며 이상스럽게 생각했다.

이때 후주(後周) 무제(武帝)가 군사를 내어 고구려를 정벌하고자 했다. 왕은 군사를 거느리고 이산의 벌판에서 맞아 싸웠다. 온달은 선봉에 섰는데 힘을 다해 싸워서 참수한 것이 수십 급이었다. 여러 군사들이 이 틈을 타서 맹렬히 공격해 크게 이겼다.

전공을 평가하게 되자, 온달을 첫 번째로 삼지 않는 이가 없었다. 왕이 기뻐하며 "이는 내 사위다"라고 말하고, 예의를 갖추어 온달을 맞이했으며, 관작(官爵)을 주어 대형(大兄)으로 삼았다. 이로부터 〔온달은〕 왕의 총애를 받아 부귀영화가 날로 더해갔고, 위엄과 권세가 매일처럼 높아졌다.

목숨을 걸고 한 굳은 맹세

양강왕(陽岡王)이 즉위하자, 온달이 왕께 아뢰었다. "생각건대 신라가 우리 한북의 지역을 빼앗아 군현으로 삼으니, 백성은 몹시 가슴 아파하며 지금껏 부모의 나라를 잊지 않고 있습니다. 대왕께서 저를 어리석다고 생각하지 않고 군대를 주신다면, 한번 가서 반드시 우리의 땅을 되찾아오겠습니다." 왕이 허락했다.

왕이 허락하자 온달은 출정하기에 앞서 맹세하기를 "계립현(鷄立峴)·죽령(竹嶺)의 서쪽 지역을 되찾아오지 못한다면 돌아오지 않겠다"고 했다. 드디어 전쟁터로 나가 아단성(阿旦城) 아래에서 신라군과 싸웠는데, 온달은 적군의 화살에 맞아 중로에서 죽었다. 장사를 지내고자 했으나, 관이 움직이지 않았다. 공주가 와서 관을 어루만지며 "죽음과 삶이 결정됐습니다. 돌아가시지요"라고 하자 드디어 관을 들어 묻을 수 있었다. 대왕이 이를 듣고 비통해했다.

선화공주와 서동

『삼국유사』 권2, 「기이」, 〈무왕〉

신라의 공주를 아내로 맞이한 백제의 서동

제30대 무왕(武王)의 이름은 장(璋)이다. 그 어머니가 과부가 되어 서울 남쪽 못가에 집을 짓고 살고 있었는데 못의 용과 관계하여 장을 낳고 어릴 때 이름을 서동(薯童)이라고 했다. 재기(才器)와 도량(度量)이 커서 헤아리기 어려웠다. 항상 마(薯)를 캐어 팔아 생업을 삼았으므로 나라 사람들이 그 때문에 서동이라고 이름했다.

　신라 진평왕(眞平王)의 셋째 공주 선화가 아름답기 짝이 없다는 말을 듣고 머리를 깎고 [신라의] 서울로 갔다. 마을 동네 아이들에게 먹이니 아이들이 친해져 그를 따르게 됐다. 이에 노래를 지어 아이들을 꾀어서 부르게 하니 그것은 이러하다.

선화공주님은
남몰래 사귀어두고
서동 도련님을
밤에 몰래 안고 간다.

동요가 서울에 가득 퍼져서 대궐 안에까지 들리자 백관(百官)들이 임금에게 극력 간하여 공주를 먼 곳으로 귀양보내게 했다. 장차 떠나려 하는데 왕후(王后)는 순금 한 말을 주어 노자로 쓰게 했다. 공주가 장차 귀양지에 도착하려는데 서동이 도중에 나와 절하면서 모시고 가겠다고 했다. 공주는 비록 그가 어디서 왔는지는 알지 못했지만 믿고 좋아했다. 이로 말미암아 서동을 따라가면서 몰래 정을 통했다. 그런 뒤에야 서동의 이름을 알았고, 동요의 영험을 믿었다.

황금의 힘으로 임금의 자리로

서동과 공주는 함께 백제로 왔다. 공주가 어머니가 준 금으로 생계를 도모하려 하자 서동이 크게 웃으며 물었다. "이게 다 무엇이오?" 공주가 말하기를, "이것은 황금입니다. 이 정도면 한평생의 부를 이룰 만합니다" 하자 서동이 말하기를, "나는 어릴 때부터 마를 캐던 곳에 황금을 흙처럼 많이 쌓아두었소"라고 했다. 공주는 이 말을 듣고 크게 놀라면서 말했다. "그것은 천하의 지극한 보물입니다. 그대가 지금 그 금이 있는 곳을 아시면 부모님이 계신 궁전으로 보내는 것이 어떻겠습니까?" 서동은 좋다고 말했다. 이에 금을 모아 언덕과 같이 쌓아 놓고, 용화산(龍華山) 사자사(師子寺)의 지명법사(知命法師)에게 가서 금을 실어 보낼 방법을 물으니 법사가 말하기를 "내가 신통한 힘으로 보낼 터이니 금을 이리로 가져오시오"라고 했다. 공주는 편지를 써서 금과 함께 사자사 앞에 가져다 놓았다. 법사는 신통한 힘으로 하룻밤 사이에 신라 궁중으로 보내어두었다. 진평왕은 그 신비스러운 변화를 이상히 여겨 더욱 서동을 존경해서 항상 편지를 보내어 안부를 물었다. 서동은 이로부터 인심을 얻어 왕위에 올랐다.

연못에 미륵사를 짓게 된 서동

어느 날 무왕이 부인과 함께 사자사에 가려고 용화산 밑의 큰 연못가에 이르니 미륵삼존(彌勒三尊)이 연못 가운데서 나타나므로 수레를 멈추고 절을 올렸다. 부인이 왕에게 말하기를 "모름지기 이곳에 큰 절을 지어주십시오. 그것이 저의 소원입니다"라고 했다. 왕은 그것을 허락했다. 지명법사에게 가서 연못을 메울 일을 물으니 신비스러운 힘으로 하룻밤 사이에 산을 무너뜨려 못을 메우고 평지를 만들었다. 이에 미륵삼존의 상을 모방해 만들고, 전(殿)과 탑과 낭무(廊廡)를 각각 세 곳에 세우고 절 이름을 미륵사(彌勒寺)라 했다. 진평왕이 여러 공인(工人)들을 보내서 이를 도왔는데 그 절은 지금도 남아 있다.

3. 여자는 나라를 다스리지 못한다?

선덕·진덕·진성여왕

여자로 지존의 자리에 오른다는 것

천년 고도의 땅 경주에는 계림, 반월성, 안압지, 불국사, 석굴암 등 수많은 유적지가 밀집해 있다. 그중 월명사가 머물렀다고 전해지는 사천왕사에는 선덕여왕의 능이 있는데 이곳은 선덕여왕이 도리천(忉利天)으로 지목하며 묻어달라고 부탁했던 곳이다. 신라에는 여자의 몸으로 왕위에 오른 인물이 선덕여왕 말고도 두 명 더 있다. 진덕, 진성여왕이 그들인데 김부식과 일연은 여자의 몸으로 왕위에 오른 여왕들을 어떻게 보았는지, 그 시대 남성들의 시선은 또 얼마나 따가운 것이었는지를 살펴보자.

　김부식은 『삼국사기』의 「신라본기」에서 선덕여왕의 재위 마지막 해인 647년을 간단히 기록하고 있다. 즉 봄 정월, 비담과 염종이 "여왕이 나라를 잘 다스리지 못한다(女主, 不能善理)"며 반란을 일으켰다가 실패

했다는 것. 그달 8일, 선덕여왕이 세상을 떠났다는 것. 그리하여 시호를 선덕이라 하고 낭산(狼山)에 장사지냈다는 것으로 기사는 짧다. 하지만 다루고 있는 사연은 결코 간단하지 않다. 그때의 일은 『삼국사기』, 「열전」, 〈김유신〉에 보다 상세하게 전한다. 선덕여왕은 여자가 왕노릇을 제대로 못한다는 것을 구실로 반란을 일으킨 비담의 난을 진압하지 못한 채 죽었다. 그러다가 진덕여왕 원년 정월 17일, 월성에 포위되어 열흘 넘게 혈전을 벌이던 김유신이 허수아비에 불을 붙여 연에 실어 날리는 계교로 군사를 독려하고서야 비로소 비담과 그의 구족(九族)을 멸할 수 있었다. 선덕여왕이 죽고 진덕여왕이 즉위하던 즈음의 치열한 광경이 생생하게 그려지고 있는 것이다.

그런데 반란을 일으킨 장본인인 비담은 누구였던가? 그는 선덕여왕에 의해 바로 한 달 전, 그러니까 즉위 15년 11월 상대등에 임명됐던 신하로 남자였다. 권력을 잡은 지 한 달 만에 반란을 일으킨 것을 보면, 여자가 지존의 자리에 있는 것을 얼마나 못마땅하게 여겼는지 짐작하고도 남는다. 선덕여왕 하나도 용납하기 어려운 판에 다시 진덕여왕이 연거푸 왕위를 이어간다는 것을 도저히 묵과할 수 없었던 것이다. 이런 국면을 역사의 기록으로 남겨야 했던 남성 유학자 김부식은 그때 무슨 생각을 하고 있었을까? 선덕여왕에 대한 마지막 기사를 간략히 마무리하고 난 뒤, 참지 못하고 자신의 심경을 끝내 토로하고야 만다.

신이 듣기에 옛날에 여와씨(女媧氏)가 있었는데 이는 바로 천자(天子)가 아니라 복희(伏羲)를 도와 아홉 주(九州)를 다스렸을 뿐이다. (……) 하늘의 이치로 말하면 양(陽)은 굳세고 음(陰)은 부드러우며, 사람으로 말하면 남자는 존귀하고 여자는 비천한데, 어찌 늙은 할멈이 안방에서 나와 나라의 정사를 처리할 수 있겠는가? 신라는 여자를 세워서 왕위에 있게 했으니 진실로 어지러운 세상의 일이다. 나라가 망하지 않은 것이 다행이라 하겠다. 『서경』에서 "암탉이 새벽을 알린다"고 했고, 『역경』에서 "파리한 돼지가 껑충껑충 뛰려 한다"라 했으니 그것은 경계할 일이 아니겠는가.

- 『삼국사기』 권5, 「신라본기」, 〈선덕왕〉

여자가 지존의 자리에 오른 것을 너무나도 불편하게, 아니 참으로 잘못된 처사라고 여겼던 김부식의 태도가 극명하다. 여자가 왕위에 있었는데도 망하지 않은 게 다행이라고? 암탉이 새벽에 울면 집안이 망한다고? 이런 말을 거침없이 내뱉는 그도 어쩔 수 없는 남자임에 틀림없다. 아마도 "여자는 나라를 잘 다스리지 못한다"는 명분을 내걸고 반란을 일으킨 비담의 행위를 내심 그럴 만한 일이라고 여겼을 터다. 김부식의 이런 태도는 신라의 세 번째 여왕인 진성여왕의 행적을 기록할 때 더욱 분명하게 드러난다. 김부식은 진성여왕의 치세를 다음과 같이 기록한다.

왕이 평소 각간 위홍(魏弘)과 더불어 간통하더니 이때에 이르러서는 항시 안으로 들이고 일을 맡겼다. 이내 대구화상(大矩和尙)과 더불어 향가(鄕歌)를 모아 수집하라 명하고 이를 『삼대목(三代目)』이라 했다. 위홍이 죽자 시호를 추존해 혜성대왕(惠成大王)이라 했다. 이후부터는 몰래 아름답게 생긴 소년 두세 사람을 끌어들여 음란한 행위를 했고, 그 사람들을 중요한 직책에 앉히고 나라의 정책을 위임했다. 이로 인하여 아첨하는 무리가 방자하게 뜻을 펴고 뇌물이 공공연하게 행해졌다. 상과 벌이 공평하지 않았고, 기강이 무너지고 해이해졌다.

-『삼국사기』 권11, 「신라본기」, 〈진성왕〉

진성여왕의 음란한 행실, 총애 받는 젊은 신하들의 전횡, 만연한 뇌물과 불공정한 상벌, 이로 말미암은 국가 기강의 붕괴! 진성여왕이 천년 왕국 신라를 결정적으로 멸망하도록 만들었다는 우리들의 통념은 김부식이 남긴 위의 기록에 철저하게 근거하고 있다. 조선 전기에 편찬된 『동국통감(東國通鑑)』에서는 "진성왕이 황음(荒淫: 함부로 음탕한 짓을 함)하니 하늘이 더러움을 미워하여 멸망하도록 했다"라고 하여, 진성여왕의 음란함을 신라 멸망 첫 번째 원인으로 꼽았을 정도였다. 봉건국가에서 왕이 정치를 잘못했다면 비판받아 마땅하고, 총애하는 측근에게 정사를 맡겨 기강을 무너뜨렸다면 그 또한 비판받아 마땅하다. 그럼에도 우리는 진성여왕에게 퍼부은 비난, 곧 "음탕하다"느니 "난잡스럽다"느니 하는 말투에서 역사적 사실 이상의 남성적 적의(敵意)를 읽을 수 있다. 위홍을 비롯한 미남자들과의 부정(不貞)한 행실로부터 진성여왕에 대한 비판을 시작하고 있는데, '부정한 행실'이야말로 여자를 궁지로 몰아넣을 때 남성들이 자주 써먹던 단골 메뉴였던 것이다. 여기서 우리는 '영웅(英雄)은 호색(好色)'이라는 미사여구로 남성의 끝없는 여색을 도리어 칭송하는 태도와 견주어봐도 좋겠다.

사실 어떤 사람은 간통 상대자인 위홍이 진성여왕의 삼촌이었음을 상기시키며 그녀의 음탕함을 부풀리기도 한다. 하지만 풍속이란 시대에 따라, 나라에 따라 다른 법이다. 신라시대에는 동성(同姓) 사이의 결혼은 말할 것도 없고, 형제의 딸자식이라든가 고종 또는 이종 사이에 결혼하는 것도 예사로 여겼다. 왕족의 순수 혈통을 유지하기 위한 족내혼(族內婚)이 자연스럽게 행해졌던 것이다. 비록 김부식이 신라 내물왕이 조카딸과 결혼한 것을 두고 중국의 예법으로 볼 때 잘못된 일이라며 나무랄 수밖에 없었던 근엄한 유학자였다지만, 신라의 풍속이란 본디 그러했다는 점을 인정했으면서 유독 진성여왕의 경우만 삼촌 위홍과 '놀아난' 것을 탓하는 것은 부당하다. 더욱이 일연이 『삼국유사』, 「왕력」에서 밝히고 있듯, 위홍은 진성여왕의 남편이기도 했던바 부부 사이에 친근히 지낸 것을 꾸짖는 것이 어찌 부당한 일이 아니겠는가?

여왕을 바라보는 남성의 따가운 시선

김부식이 진성여왕에게 개인적 적대감을 가지고 있었다고 의심하는 까닭은, 그녀의 행실에 대한 비판을 지나치게 서두르고 있기 때문이다. 앞에 소개한 진성여왕의 실정(失政) 사례는 상당히 긴 시간 동안 누적되어온 결과처럼 읽히지만, 실제로는 진성여왕이 즉위한 지 6개월밖에 되지 않았을 때의 일들이다. 즉위 이듬해 봄 2월의 기사인 것이다. 진성여왕은 즉위하던 해, 죄수를 사면하고 지방 고을의 1년간 조세를 면제해주는 것으로 정치를 시작했다. 무너져 내리던 신라를 일으켜보고자 했던 의례적인, 그러나 나름대로 선정을 펴보려는 새로운 다짐이었겠다. 그런데 곧바로 이런 기사가 뒤따른 것이다. 불과 몇 달 만이라면 진성여왕이 나라를 망칠 만한 시간적 여유도 없었을 텐데 말이다. 진성여왕으로서는 참으로 억울하다고 여겼을 법하다.

그 점은 일연도 김부식과 다르지 않다. 일연도 같은 맥락에서 진성여왕의 실정을 지적하고 있는데, 그 점을 왕거인(王巨仁)의 일화를 통해보다 실감나게 보여준다. 진성여왕과 그녀가 총애하던 근신·유모 등을 비판하는 다라니(陀羅尼) 은어를 지어 퍼뜨린 장본인으로 지목된 왕거인은 옥에 갇힌다. 그러자 왕거인이 억울하게 갇힌 사연을 알게 된 하늘에서 벼락을 내려 풀어주는 기적 같은 변괴가 일어난다. 왕거인의 정당함과 진성여왕의 실정을 확고부동하게 만들어 놓았던 것이다. 우리는 왕거인이 진짜 진성여왕을 비판하는 은어를 만들어 퍼뜨렸는지, 또는 비판이 얼마나 정당한 것이었는지 정확히 알지 못한다. 다만, 왕거인처럼 벼슬을 얻지 못한 남성들이 진성여왕의 음란과 실정을 퍼뜨리고 다녔던 것만큼은 여자에 대한 편견 또는 정치적 음모와 내밀하게 연계되어 있던 사례로 판단해도 좋겠다.

사실, 진성여왕 때는 견훤과 궁예가 지방에서 궐기하여 후백제와 후고구려를 세우는 등 혼란이 극에 달했던 시기였다. 하지만 동시에 진성여왕은 나름대로 뭔가 해보려고 안간힘을 쓰던 시기이기도 했다. 중국에서 돌아온 신지식인 최치원을 아찬 벼슬에 임명해 그가 건의한 〈시무십여조(時務十餘條)〉를 실천에 옮겨보려 했던 임금도 바로 진성여왕이었다. 물론 진성여왕이 끌어들여 난잡한 관계를 맺었다는, 그리하여 중요한 관직을 맡게 됐다는 '젊은 미남자(少年美丈夫)'들 가운데 최치원 같은 인물은 '결코' 없었을 것이다. 그렇지만 진성여왕을 측근에서 도운 새로운 정치세력에 최치원 같은 신진 부류를 포함시키는 것은 결코 무리가 아니다. 『삼국사기』의 〈진성왕〉 서두에서 길게 인용되고 있듯, 최치원은 〈사추증표(謝追贈表)〉라든가 〈납정절표(納旌節表)〉를 지어 당나라에 보내는 등 그야말로 지근 거리에서 진성여왕을 보좌하고 있었다. 진성여왕 8년, 개혁적인 방안을 담고 있었을 최치원의 시무책(時務策)들을 정책에 반영하려 했던 것이야말로 이들의 동반자적 정치 관계를 입증하는 사례일 것이다.

하지만 진성여왕의 노력에도 불구하고 즉위 3년에는 원종(元宗)과 애노(哀奴)가 사벌주에서 반란을 일으키고, 5년에는 도적 양길이 궁예를 보내 북원과 명주를 습격하고, 6년에는 견훤이 완산주에서 후백제를 세우고, 9년에는 궁예가 북쪽의 성들을 빼앗고, 10년에는 붉은 바지를 입은 적고적(赤袴賊)이 나라의 서남쪽에서 크게 일어났다. 진성여왕이 재위에 있던 10년 동안 한 해도 거르지 않고 반란과 도적의 습격이 일어났던 것이다. 마침내 진성여왕은 즉위 11년 되던 해, 다음과 같은 분부를 내리기에 이른다.

> 11년(897) 여름 6월에 왕이 좌우 신하들에게 이르기를 "근년 이래 백성이 곤궁하고 도적이 벌 떼처럼 일어나니, 이는 나의 부덕한 탓이다. 어진 이에게 왕위를 넘겨주기로 나의 뜻은 결정됐다"고 하고, 태자 요(嶢)에게 왕위를 넘겨주었다.
>
> ─ 『삼국사기』 권11, 「신라본기」, 〈진성왕〉

왕위를 남자 조카에게 물려주던 해 12월, 진성여왕은 죽는다. 6개월 만이다. 길지 않은 진성여왕 재위 시절의 이런 기록들을 읽고 있노라면, 그녀의 부정과 무능을 탓하고 싶은 마음보다는 마음 고생이 얼마나 심했을까 하는 생각이 든다. 또한 선덕여왕 때 반란을 일으킨 비담이 내세웠던 말, 곧 "여자는 나라를 잘 다스리지 못한다"라는 선동구호가 귓가에서 윙윙거린다. 진성여왕 때 반란을 일으킨 저 많은 신하들, 또는 굶주림을 참지 못해 일어난 저 전국의 도적들도 하나같이 이런 구호로 무리를 규합했음에 틀림없으리라. 그들 모두 남자였고, 남자의 습속은 대개 그러하니 말이다. 요즘만 그런 게 아니라, 여자가 지존의 자리에 오를 수 있었다는 신라 때도 예외는 아니었던 것이다. 이런 추론을 사실로 뒷받침하는 유력한 증인을 우리는 확보해두고 있다. 바로 당 태종이다.

> 그대의 나라는 부인을 임금으로 삼아 이웃 나라에게 업신여김을 당하고 있고, 임금을 잃어 도적을 맞아들이고 있으니 편안할 때가 없다. 그러니 우리가 종친 한 사람을 보내 그대 나라의 임금을 만들어주겠다. 다만 혼자 보내서는 왕 노릇을 할 수 없겠기에 군사를 함께 보내어 보호하다가 나라가 편안해지면 너희들 스스로 다스리도록 맡기겠다.
>
> ―『삼국사기』 권5, 「신라본기」, 〈선덕왕〉

백제와 고구려의 협공을 견디다 못한 신라 선덕여왕이 당나라에 구원을 요청하자 당 태종이 내놓은 방안 가운데 하나다. 이걸 읽고 있노라면, 우리들은 분노를 금할 길 없다. 여자가 임금이라 이웃 나라와 백성들에게 업신여김을 당하고 있다, 종실 한 명을 보내줄 테니 그를 왕으로 섬겨라, 그러면 고구려와 백제가 침공을 못해와 나라가 편안해질 것이다. 그런 뒤에 너희들 스스로 다스리도록 군사를 물리겠다, 운운. 대국의 오만과 야욕은 예나 지금이나 이토록 변함이 없었던 것이다. 하지만 보다 분통 터질 일은, 여자를 왕으로 세웠기 때문에 이웃 나라가 업신여기고 도적들이 끊이지 않는다는 '근거 없는' 소문이 중국 땅 천자에게까지 퍼져 있었다는 사실이다. 신라에서 사신으로 갔던 자들, 또는 그런 글을 써서 바친 자들이 아니라면 당 태종이 어찌 알았겠는가?

그러고 보면, 중국의 당 태종이든, 반란을 일으켰다가 죽은 비담이든, 유언비어를 퍼뜨린 왕거인이든, 후삼국의 시대를 열었던 견훤이나 궁예든, 이름을 확인할 수 없는 숱한 도둑 떼든, 아니 이들을 역사서에 기록했던 김부식이나 일연이든 모두 남자였다. 이들 모두는 여자가 지존의 자리에 오른다는 것은 정상적인 것이 아니라고 생각했다는 점에서 같은 편이었다. 그런데 그토록 따가운 시선으로 바라보던 그 남성들의 정치판에서 이들 여자가 어떻게 지존의 자리에까지 오를 수 있었다는 말인가? 그건, 참으로 대단한 일이 아닐 수 없다.

성차별과 혈연적 집착 속에서

많은 남성들이 고까운 시선으로 보았든, 참기 힘든 불만을 품고 있었든 신라시대에 세 명의 여성이 왕위에 올랐다는 건 엄연한 사실이다. 그 뒤에는 그런 일이 다시는 일어나지 않았으니 대단하다. 신라가 성리학적 이념으로 물든 조선에 비해 여성의 지위 또는 권한을 상대적으로 넉넉하게 보장해주었다는 하나의 사례로 읽힐 법하다. 하지만 『삼국사기』의 다음 기록을 고려할 때 그리 낙관적으로만 볼 수는 없다.

> 선덕왕이 왕위에 올랐다. 이름은 덕만(德曼)이고 진평왕의 맏딸이다. 어머니는 김씨로 마야부인(摩耶夫人)이다. 덕만은 성품이 너그럽고도 어질며 총명하고 민첩했다. 왕이 죽고 아들이 없자 나라 사람[國人]들이 덕만을 왕으로 세우고 성조황고(聖祖皇姑)의 칭호를 올렸다.
> — 『삼국사기』 권9, 「신라본기」, 〈선덕왕〉

선덕여왕은 어릴 때부터 너그럽고, 어질고, 총명하고, 민첩한 아이였다고 한다. 그러기에 여자로서 왕위에 오를 수 있었던 것이다. 하지만 그것이 전부는 아니다. 뒤에서 밝혀두고 있듯, 그녀가 왕위에 오른 것은 이런 능력을 갖추고 있었기 때문이 아니라 결정적으로는 부왕 진평왕에게 아들이 없었기 때문이다. "아들이 없어 왕이 될 수 있었다", 이것이 정답이다. 일연은 『삼국유사』에서 "성골의 남자가 없었다(聖骨男盡)"는 것을 이유로 들고 있지만, 왕위에 오를 만한 자격을 갖춘 남자가 없어 선덕이 왕위에 오를 수 있었다는 맥락과 다르지 않다. 이해의 편의를 위해, 당시의 왕위 계승도를 그려보기로 한다.

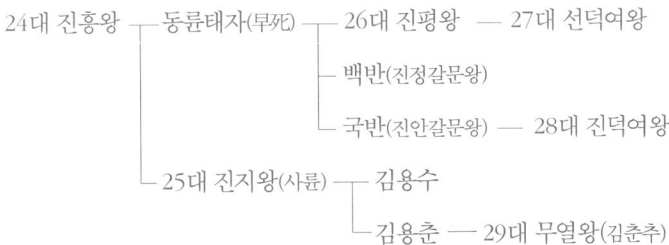

진흥왕의 태자 동륜이 일찍 죽음으로서 둘째 사륜이 왕위에 올랐다. 하지만 사륜, 곧 진지왕은 즉위 4년 만에 죽었다고도 하고 황음하여 나라 사람에 의해 폐위됐다고도 한다. 『삼국사기』와 『삼국유사』의 기록이 엇갈리는데, 일연의 기록처럼 폐위된 것으로 보아야 할 듯하다. 여기에 대해서는 '도화녀와 비형랑'을 다루면서 다시 살피겠지만, 폐위됐기 때문에 왕위가 사륜의 아들 김용수·김용춘이 아니라 동륜태자의 맏아들 진평에게 넘어갔을 것이다. 그런 복잡한 과정을 거쳐 어렵게 왕위에 오른 진평왕은 54년이란 세월 동안 재위에 있었다. 하지만 문제는 딸 하나만 두었을 뿐 아들을 두지 못했다. 진평왕은 하는 수 없이 왕위를 딸 선덕에게 물려주게 된다. 여기에서 '하는 수 없이'라고 표현한 것은, 진평왕이 얼마나 남자로 후사를 잇고 싶어 했는지 전해주는 다음의 기록 때문이다.

> 선덕공주가 점점 자라 용봉(龍鳳)의 자태와 태양의 위용을 갖추니 왕위를 이을 만했다. (……) 진평왕은 김용춘에게 공주의 뜻을 받들도록 했다. 선덕은 총명하고 지혜로우며 감정이 풍부했다. 김용춘이 감당하지 못할 것을 알고 사양했으나 어쩔 수 없어 받들게 됐다. 과연 자식이 없자 물러날 것을 청했다. 진평왕은 김용수에게 다시 모시도록 했지만 그래도 자식이 없었다.
>
> ―『화랑세기』,「용춘공조」

진평왕이 자신의 사촌동생인 김용수·김용춘 형제로 하여금 자신의 딸 선덕공주를 연거푸 모시도록 했다. 이들을 오촌 조카딸과 관계 맺도록 한 까닭은 '아들(보다 정확히는 외손자)'을 얻기 위해서였다. 하지만 남편인 음갈문왕(飮葛文王)에게서 자식이 없던 선덕공주는 당숙뻘인 김용수·김용춘 형제와의 사이에서도 자식을 낳지 못했다. 당 태종이 선덕여왕의 불임을 조롱하기 위해 모란의 씨앗을 보내왔다는 『수이전』의 일화도 진평왕의 자식에 대한 집착, 그러나 그 모든 노력이 허사가 되어버린 선덕공주의 불임이 얼마나 많은 사람들의 입에 오르내렸는가를 보여주는 하나의 사례일 것이다.

자식을 낳지 못하는 여자에 대한 조롱의 극단이다. 이런 일련의 과정을 더듬어볼 때, 우리는 여자도 왕위에 오를 수 있었다는 장밋빛 환상보다 그때도 여전히 대를 이을 아들에 병적으로 집착했음은 물론 골품에 의한 차별까지 엄존했다는 사실에 주목해야만 한다. 성골 남자로 왕위를 이어야 하는데, 적합한 성골 남자가 없다면 진골 남자보다는 성골 여자가 우선이었던 것이다. 성적 차별보다 혈연적 순수성을 우위에 두고 있었던 것이니, 신라 사회의 골품제도가 얼마나 엄혹한 인간 차별의 기제로 작동하고 있었는가 짐작할 수 있다.

그뿐만 아니라 신라시대 왕위 계승의 범위도 점차 혈통(血)에서 일족(族)으로, 일족에서 다시 집안(家)으로 좁혀지게 됐다. 여기서도 그런 조짐을 발견할 수 있다. 신라 초기 박·석·김씨로 돌아가던 왕위 세습의 전통이 미추왕 때부터 김씨 일가에 의해 독점이 되더니, 그것마저 점점 자기 아들로만 왕위를 계승하려는 경향을 띠게 된다. 진평왕이 자신의 직계 자식에게 왕위를 물려주려고 했던 것은 물론이고 진성여왕이 왕위에 오를 수 있었던 것도 그와 같은 맥락이다. 진성여왕 역시 오빠 정강왕이 아들을 낳지 못해 왕위에 오를 수 있었는데, 그 사연을 다음과 같이 밝히고 있다.

신[진성여왕]의 큰 오라비인 국왕 정(晸: 헌강왕)은 지난 광계(光啓) 3년 7월 5일에 갑자기 성스러운 시대를 버렸고, 신의 사내 조카 요(嶢)는 아직 한 돌도 되지 않았으므로 신의 둘째 형 황(晃: 정강왕)이 임시로 이 변방의 나라를 다스리게 됐으나 또한 1년이 지나지 않아서 밝은 시대를 마다하고 멀리 세상을 떠났습니다.

— 최치원, 〈납정절표〉

최치원이 당나라 황제에게 올린 표문 〈납정절표〉의 한 대목이다. 헌강왕이 죽을 때 자식은 겨우 한 살밖에 되지 않았다. 그리하여 헌강왕의 동생 정강왕이 '임시로' 왕을 맡았다고 한다. 그런데 정강왕마저 채 1년도 안 되어 죽고 말았다. 왕위 계승에 비상이 걸린 것이다. 두세 살 된 어린 아이를 왕위에 올릴 수는 없는 일이었다. 이런 상황에서 헌강왕의 여동생 진성은 어린 조카가 클 때까지 한시적으로 왕위를 맡아보기로 했던 것이다. 심하게 말하면 왕위 계승을 자기 집안의 아들로 이어가기 위한 보모(保姆)로 왕위를 맡았다고 하겠다. 이런 저간의 사정을 염두에 두고 보면, 세 여왕이 즉위하자마자 시행했다는 다음의 조처들도 예사롭지 않게 읽힌다.

[선덕여왕] 원년 2월에 대신 을제(乙祭)로 하여금 나라의 정사를 총괄하게 했다.
[진덕여왕] 원년 2월에 이찬 알천(閼川)을 상대등으로 삼고, 대아찬 수승(守勝)을 우두주의 군주로 삼았다.
[진성여왕] 왕이 평소 각간 위홍(魏弘)과 더불어 간통하더니 이때에 이르러

서는 항시 안으로 들이고 일을 맡겼다.

― 『삼국사기』 권11, 「신라본기」

선덕여왕은 전권을 을제에게 맡겼고, 진덕여왕 역시 알천에게 전권을 맡겼다. 진성여왕 때의 위홍은 말할 것도 없다. 이들 세 여왕의 시대에 진정한 권력은 이들 남성으로부터 나왔다고 해도 과언이 아니다. 물론 어느 왕이든 적임자를 골라 정무를 총괄하게 하고, 이들의 보좌를 받아가며 나라를 다스리는 것은 당연한 일이다. 그럼에도 이들 남성의 얼굴이 유독 클로즈업되는 것은 당대의 기사를 읽을 때 이들의 활약상이 지존의 자리에 있던 여왕보다 훨씬 두드러지기 때문이다. 여성들이 지존의 자리에 올라 있었건만, 이들의 시대를 읽는 우리의 심정은 왠지 씁쓸하다. 다음의 일화야말로 그러하다.

왕의 시대에 알천공(閼川公)·임종공(林宗公)·술종공(述宗公)·호림공(虎林公)·염장공(廉長公)·유신공(庾信公)이 있었는데 이들은 남산(南山)에 있는 오지암(亐知巖)에 모여 나라의 일을 의논했다. 이때 큰 호랑이 한 마리가 좌중에 뛰어드니 여러 공들이 놀라 일어섰는데 알천공만은 조금도 움직이지 않고 태연히 담소하면서 호랑이 꼬리를 붙잡아 땅에 메어쳐서 죽였다. 알천공의 완력이 이와 같아서 윗자리에 앉았으나 모든 공들은 유신공의 위엄에 복종했다. 신라에 네 곳의 신령한 땅이 있어 나라의 큰일을 의논할 때 대신들이 그곳에 모여서 의논을 하면 일이 반드시 이루어졌다.

― 『삼국유사』 권1, 「기이」, 〈진덕왕〉

진덕여왕이 손수 비단을 짜서 〈태평가〉로 무늬를 놓아 당 태종에 바친 사연 뒤에 덧붙은 일화다. 일연은 여기서 무엇을 말하고 싶었던 것일까? 호랑이도 한 손으로 때려잡던 알천의 용력, 그럼에도 불구하고 모든 사람이 김유신의 위엄에 복종하고 있었다는 당대의 정치적 실상. 그것을 말하고 싶었던 것일까? 아니다. 일연이 이런 일화를 「기이」에 신고 있는 까닭은, 그런 정치적 판도가 아니라 신라시대 때는 신령스런 장소가 네 곳 있었다는 점을 밝히고 싶었기 때문이다. 동쪽의 청송산, 남쪽의 오지산, 서쪽의 피전, 그리고 북쪽의 금강산이 그곳이다. 그 신령스런 곳에서 국사를 의논하면, 모든 게 잘 이루어졌다는 것이다.

　그런데 궁금한 점이 있다. 그런 신령한 장소가 있음을 하필 〈진덕왕〉에서 이야기하고 있는가 하는 점이다. 진덕여왕 때 나라의 일을 의논하는 장소로 빈번하게 사용됐기 때문이 아니었을까? 하지만 보다 궁금한 점이 있다. 범을 한 손으로 때려잡을 정도의, 아니 그보다 위엄 있는 유력자들이 모여서 나랏일을 논의하는 중요한 자리에 국가의 지존인 진덕여왕도 참여했던가? 아니다. 그녀는 그곳에 있지 않았다. 나랏일을 모의할 때마다 힘 있는 대신들은 신령한 그곳에 모였다고 했는데, 그렇다면 진덕여왕이 머물고 있는 궁궐은 무엇이란 말인가? 막강한 권력을 위임받은 상대등 알천공 이하 유력한 남성 그룹에게, 궁궐과 그곳의 주인인 진덕여왕은 '왕따'였던 것이다. 물론 그곳에서 논의했다는 나라의 큰일이 무엇인가를 헤아려보는 일은 그리 어렵지 않다. 진덕여왕의 뒤를 이은 무열왕과 관련된 사연을 『삼국사기』는 이렇게 전하고 있다.

진덕여왕이 죽자 여러 신하들이 이찬 알천에게 섭정을 요청했으나 알천이 굳이 사양하며 말하기를 "저는 늙고 이렇다 할 덕행이 없습니다. 지금 덕망이 높기는 춘추공만한 이가 없는데, 실로 세상을 다스릴 뛰어난 인물이라고 할 만합니다"라고 했다. 마침내 그를 받들어 왕으로 삼으려고 했는데, [김]춘추는 세 번 사양하다가 마지못하여 왕위에 올랐다.

- 『삼국사기』 권5, 「신라본기」, 〈태종 무열왕〉

김춘추가 제29대 무열왕에 오르게 된 과정을 전하고 있는 비화이다. 예사로 보아 넘길 수도 있지만, 김춘추가 왕위 자리에 오른 위의 사건은 단순한 개인사에 그치지 않는, 곧 신라시대에 한 획을 긋는 사건이라는 점에서 각별한 바 있다. 김부식은 이런 사건을 일컬어 "시조 박혁거세로부터 진덕왕까지 28명의 왕을 성골(聖骨)이라 하고, 무열왕부터 마지막 왕까지를 진골(眞骨)이라 한다"라고 했다. 일연도 "진덕왕 이상은 신라 중대이니 성골의 왕이고, 이하는 신라 하대이니 진골의 왕이다"라고 했다. 김춘추의 즉위는 신라시대를 중대와 하대로 나누는 분기점이었으니, 그게 얼마나 중요한 일이었는가는 쉽게 짐작할 수 있을 것이다. 그렇지만 이들의 중차대한 논의가 비단 김춘추를 왕으로 추대하는 데 그치는 것은 아니었다.

나라를 다스린 지 4년 만에 주색에 빠져 음란하고 정사가 어지러우므로 나라 사람(國人)들이 사륜왕을 폐위시켰다.

- 『삼국유사』 권1, 「기이」, 〈도화녀 비형랑〉

진평왕이 죽고 아들이 없자 나라 사람[國人]들이 덕만을 왕으로 세우고 성조황고(聖祖皇姑)의 칭호를 올렸다.

— 『삼국사기』 권9, 「신라본기」, 〈선덕왕〉

나라 사람[國人]으로 표현된 유력한 남성들은 어떤 사람을 왕으로 만들 수도 있고, 왕으로 있던 사람을 끌어내릴 수도 있었다. 사륜왕은 왕위에서 쫓겨났고, 선덕여왕은 왕위에 올랐다. 신령스런 그곳에 모여 논의하면 반드시 이루어졌다는 말은, 모인 그들의 실질적인 힘을 입증하는 것인 동시에 그때 그곳에서 결정된 사항은 신의 이름으로 관철됐음을 반증하는 것이다. 그렇다면, 그토록 중요한 일을 논의하는 중간에 느닷없이 뛰어들었다가 알천에 의해 내동댕이쳐진 범의 정체가 궁금하다. 실제 호랑이일 가능성이 높지만, 상징일 수도 있겠다. 만약 상징이라면, 무엇을 상징하는지 짐작하기는 어렵지 않다. 아마도 이들의 은밀한 논의에 이의를 제기하고 싶던 사람, 또는 훼방을 놓고 싶던 사람일 것이다. 그렇다면 그건, 그들이 보기에 종이호랑이에 지나지 않던 진덕여왕을 상징하는 것일 가능성이 높다. 잘못된 추측이길 바라지만, 왠지 맞을지 모른다는 우울한 생각을 지울 수 없다. 알천은 진덕여왕이 즉위하자마자 상대등에 오른, 그리하여 진덕여왕이 죽자 뒤이어 왕위에 오를 뻔했던 막강한 남성이라는 사실이 자꾸 떠오르기 때문이다.

비범함으로 채색된 선덕여왕의 일화들

우리는 여성이 지존의 자리에 오르게 된 과정, 그리고 오른 뒤의 실상을 통해 신라 사회가 여자도 왕위에 오를 만큼 여성의 지위가 높았다는 희망적 환상보다 그때도 남성 중심적인 사회일 뿐만 아니라 골품이라는 신분제에 의한 인간 차별이 엄격했던 시대였다는 점을 확인할 수 있었다. 하지만 비록 자신의 자식으로 대를 이어야 한다는 혈연 중심의 폐쇄성 때문에 여자라도 내세운 것이지만, 여자를 왕위에 올리는 전례 없는 일을 감행한 '진평왕'과 그것을 추대 형식으로 승인했던 '나라 사람[國人]'이 지니고 있던 여권 존중의 의미까지 간과해서는 안 된다. 당대의 상황을 되돌아보면, 아들이 없던 진평왕은 후사 문제로 깊은 고민에 빠졌을 게 분명하다. 그때 일본에서 여성 천황 스이코[推古]가 등극한 사실을 전해 듣고서 진평왕 자신도 딸을 왕위에 올리겠다는 마음을 먹을 수 있었을지 모른다. 게다가 선덕공주는 참으로 총명한 여인이라 하지 않았던가? 그녀와 관련된 일화 가운데 '향기 없는 모란 꽃 그림'이 그런 면모를 보여준다.

"꽃은 그렸으나 나비가 없는 까닭에 향기 없는 꽃임을 알았습니다. 무릇 여자가 뛰어나게 아름다우면 남자들이 따르고, 꽃에 향기가 있으면 벌과 나비가 따르기 마련입니다. 이 꽃은 무척 아름다운데 그림에 벌과 나비가 없으니 이는 향기가 없는 꽃임에 틀림이 없습니다"라고 했다. 그것을 심으니 과연 말한 바와 같았는데, '미리 알아보는 능력[先識]'이 이와 같았다.

― 『삼국사기』 권5, 「신라본기」, 〈선덕왕〉

『삼국사기』에 실려 있는 내용인데, 선덕이 공주 시절에 부친 진평왕과 주고받은 대화로 소개되어 있다. 왕위에 오를 만한 뛰어난 자질을 갖추고 있었음을 보여주는 사례다. 하지만 『삼국유사』에서는 다르다. 여기서는 선덕여왕 재위 시절, 신하들에게 자신의 총명함을 보여준 일화로 소개되어 있다. 뛰어난 자질을 갖추고 있어 여자임에도 왕위에 오를 수 있었던 것이든, 여자로서 왕위에 있으면서 뛰어난 능력으로 신하를 굴복시킬 수 있었던 것이든 본질적인 측면에서 큰 차이는 없다. 그런 비범한 능력을 지니고 있었기 때문에 성골 남성만이 가능했던 왕위 계승의 전통을 깨뜨리고 여자로서 지존의 자리까지 올랐다는 점에서는 동일하기 때문이다. 물론 왕위에 오르기 전이냐 후냐는 문제 되지 않지만, 정말 그런 일이 있었느냐를 묻는다면 그건 대답하기 곤란하다. 선덕여왕의 비범한 능력을 강화하는, 믿기 어려운 일들이 자꾸 만들어지면서 덧붙여졌다고 판단되기 때문이다. 현재 그런 혐의를 확인할 수 있는, 가장 대표적인 일화는 지귀라는 미천한 사내와 얽힌 사연을 그리고 있는 〈심화요탑〉이다.

미천한 사내, 지귀가 여왕에게 연정을 품었다가 불귀신이 됐다는 결말의 이야기다. 많은 사람들은 이 이야기가 사실이 아닐 것이라 의심한다. 선덕여왕이 아무리 인자한 품성을 지니고 있었다고 해도 미천한 말몰이꾼의 사랑을 과연 이처럼 너그럽게 용납할 수 있었겠는가 하면서 말이다. 사실, 상상에서나 가능할 법하다. 아니, 선덕여왕이 왕위에 오를 때 이미 오십이 넘었으니 그런 늙은 할머니에게 불같은 연정을 품었다는 지귀의 사연은 사람들이 꾸며낸 한 편의 허구임이 분명하다. 그렇지만 추측을 넘어서는 명확한 근거가 있다. 그건, 이 이야기가 본래 선덕여왕의 이야기가 아니었다는 사실이다. 조금 길지만 본래의 이야기를 간추려 인용해본다.

> 인도의 어느 국왕에게 구모두(拘牟頭)라는 딸이 있었다. 그 나라에 술파가(術波加)라는 어부가 살고 있었는데, 창문에 비친 왕녀(王女)를 본 뒤 사랑하게 됐다. 날이 갈수록 근심이 쌓여 식음을 전폐하기에 이르렀다. 어머니는 단념하라고 달랬지만, 술파가는 자기 뜻이 이루어지지 않으면 죽을 것이라 했다. 어머니는 하는 수 없어 맛있는 생선과 새고기를 항상 왕녀에게 바치고 값을 받지 않았다. 이상하게 여긴 왕녀가 그 까닭을 묻자, 어머니는 자기 아들이 상사병으로 죽게 됐으니 도와달라고 애원했다. 왕녀는 천사(天祠)에 있는 천상(天像) 뒤에서 만나주겠다고 약속했다. 술파가는 목욕을 하고 천상 뒤에 가서 기다렸다. 약속한 날이 되자 왕녀는 행차를 차려 천사로 갔다. 이때, 천신(天神)은 왕의 딸이 미천한 사내에게 욕을 보이게 할 수 없다고 생각하여, 어부를 깊은 잠에 빠뜨렸다. 왕녀가 아무리 흔들어 깨워도 술파가는 일어나지 않았다. 왕녀는 하는 수 없이 구슬 목걸이를 술파가의 가슴에 벗어두고 나왔다. 잠에서 깬 어부는 왕녀가 왔다 간 사실을 알게 됐다. 이에 만나보지 못한 것이 한스러워 번뇌하던 어부는 마음속에서 불이나 타 죽고 말았다.
>
> - 용수(龍樹), 『대지도론(大智度論)』 권14

용수의 『대지도론』이 기원전 200~기원전 150년경에 편찬된 것으로 추측되니, 이야기의 연원은 참으로 깊었던 것이다. 또한 선덕여왕에게 지귀와의 로맨스가 정말 있었는가를 따지는 것도 부질없는 일이 되어버렸다. 이제 우리의 관심은 그토록 오래전, 머나먼 인도에서 만들어진 이야기가 어떻게 해서 동아시아의 가장 구석 신라에까지 전해져 선덕여왕이 겪은 일처럼 회자되었는지 그 연유를 헤아려보는 데 있다. 그 점을 따져보기 위해, 우선 『삼국유사』의 「기이」, 〈선덕왕(宣德王) 지기삼사(知幾三事)〉를 꼼꼼하게 읽어볼 필요가 있다. 일연은 선덕여왕의 비범한 예지력을 보여주는 세 가지 일화를 소개하고 있다. 하나는 앞서 인용한 '향기 없는 모란꽃 그림'이고 나머지 둘은 '옥문지(玉門池)에 숨어 있는 적을 알아낸 것'과 '죽으면서 자기를 묻을 수미산 도리천의 위치를 알려준 것'이다. 이들을 이해하기 쉽게 간략히 정리하면 다음과 같다.

〔가〕 당 태종이 보낸 모란꽃 그림을 보고 향기가 없음을 앎 → 직접, 알게 된 이유를 밝혀줌
〔나〕 옥문지에서 우는 개구리를 보고 적의 침입을 알아 격퇴함 → 직접, 알게 된 이유를 밝혀줌
〔다〕 자신이 죽을 날을 알아 낭산 남쪽에 묻어달라고 함 → 뒷날, 그곳이 도리천임을 알게 됨

선덕여왕의 예지력이 얼마나 놀라웠는가를 밝혀주는 일화들이다. 그런데 위의 일화를 꼼꼼하게 분석해보면, 좀 이상한 부분을 발견할 수 있다. 〔가〕와 〔나〕, 그리고 〔다〕의 구성 방식이 각기 다른 것이다. 〔가〕와 〔나〕는 선덕여왕이 예지력을 발휘하는 사건이 제시된 뒤, 그에 대한 궁금증을 품은 신하들에게 선덕여왕 자신이 의문을 '직접' 풀어준

다. 하지만 [다]는 이들과 달리 하나의 과정으로 바로 이어져 있다. 또한 선덕여왕이 낭산 남쪽을 왜 도리천이라 생각했는지를 밝혀주는 방식이 아니라 훗날 사람들이 그렇게 생각하게 됐다는 점에서 [가], [나]와 다르다. 설명으로 밝히기 어려우니 일화별로 정리하지 않고,『삼국유사』에 실려 있는 순서 그대로 제시하여 일화 구성의 다른 점을 직접 확인해보기로 하자.

> [가] 선덕여왕은 당 태종이 보낸 모란꽃 그림을 보고, 그 꽃은 향기가 없다는 것을 알았다.
> [나] 선덕여왕은 옥문지에서 개구리가 우는 것을 보고 여근곡에 백제군이 매복해 있음을 알았다.
> [다] 선덕여왕은 도리천인 낭산에 묻어달라고 했는데, 뒷날 사천왕사를 그 아래 짓게 되면서 그곳이 도리천임을 알고는 그녀의 영성(靈聖)을 알게 됐다.
> [라] 신하들이 모란꽃이 향기 없다는 사실과 여근곡에 백제군이 매복하고 있는 것을 어찌 알았는가를 묻자 거기에 답해 신하들이 그 성지(聖智)에 감탄했다.

위에서 보듯 낭산을 수미산으로 지목했다는 [다]는 선덕여왕의 예지력을 보여주는 방식이 다른 일화들과 다르다. 그뿐만 아니라 서사구조상 [가], [나]와 [라] 사이에 추가해 넣은 것임을 확인할 수 있다. 실제로 『삼국사기』, 「신라본기」의 〈선덕왕〉에는 [가], [나]의 일화만 있을 뿐 [다]의 일화는 없다. [다]의 일화가 불교적 내용이라 유학자 김부식이 뺀 것일 수도 있지만, 그보다는 일연이 별도로 떠돌아다니던 선덕여왕의 많은 일화 가운데 하나를 추가해 넣은 것으로 보인다. 하지만 문제는 〔다〕의 일화가 선덕여왕의 예지력을 알려주는 일화로 보기 어렵다는 점이다.『삼국유사』에서는 다음과 같은 식으로 선덕여왕의 비범함을 칭송하고 있다.

> 왕은 아무런 병도 없는데 여러 신하에게 말하기를 "짐은 모년 모월일에 죽을 것인즉, 나를 도리천에 장사를 지내도록 하여라" 했다. 군신들이 그곳의 위치를 몰라 "어느 곳입니까?" 하니 왕이 말하기를 "낭산(狼山) 남쪽이다" 했다. 모월일에 이르러 과연 왕이 승하하시므로 신하들이 낭산의 양지바른 곳에 장사지냈다. 그후 10여 년이 지난 뒤 문호대왕(文虎大王)이 사천왕사(四天王寺)를 왕의 무덤 아래에 창건했다. 불경에 이르기를 사천왕천(四天王天) 위에 도리천이 있다고 했으니, 그제야 대왕의 신령하고 성스러움을 알 수 있었다.
>
> ―『삼국유사』 권1,「기이」,〈선덕왕 지기삼사〉

신라 사람들은 선덕여왕이 10년 뒤에 자신의 무덤 아래 사천왕사가 지어질 것을 예견했고, 그를 통해 자신이 묻힐 곳이 도리천임을 입증했던 것이라 믿어 감탄하고 있었다. 일연도 그러했다. 하지만 실상은 거꾸로 음미해야 옳다. 사천왕사가 지어지게 된 내력을 보면, 그 점을 쉽게 확인할 수 있다. 당나라는 신라와 연합하여 백제와 고구려를 멸망시킨 뒤, 동맹국이었던 신라까지 삼켜버리려 했다. 세계제국이던 당나라의 영토 확장욕은 이토록 끝이 없었던 것이다. 당나라가 대군을 이끌고 쳐들어오리라는 제보를, 당시 당나라에 유학 중이던 명랑법사로부터 전해 들은 신라는 당황하여 어찌할 줄 몰랐다. 그때 해법으로 제시된 것이 사천왕사를 지어 불력(佛力)으로 대처하는 방안이었다. 사천왕이 수미산을 지키는 수문장이라는 데서 착안한 것이었다. 신라를 불국토라고 생각하던 신라인으로서는 어찌 보면 당연한 귀결이었다.

하지만 사천왕사를 어디에 짓는 게 좋을지가 문제였다. 그때 문무대왕은 선덕여왕을 모신 낭산 기슭을 '곧바로' 생각해냈다. 선덕여왕이 죽으면서 낭산을 수미산으로 지목한 적이 있었기 때문이다. 수미산을 수호하는 사천왕사를 짓는 데 그곳이 아닌 다른 곳은 생각할 수 없었던 것이다. 이런 과정을 냉정하게 되짚어보면 선덕여왕은 뒷날 사천왕사가 지어질 것을 예견한 것이 아니라 뒷사람들이 선덕여왕의 말을 근거로 삼아 사천왕사를 지어 놓고는, 오히려 그것을 선덕여왕이 비범한 능력을 보인 일화라고 신비화했던 것이다.

그렇다면 선덕여왕이 낭산 남쪽을 수미산 도리천으로 지목해 그곳에 묻어달라고 유언한 뜻은 무엇이었던가? 그건 가섭불(迦葉佛) 시대에 어떤 여인이 부처님께 귀의하여 수도를 하다가 열반에 든 뒤, 도리천주(忉利天主)가 됐다는 불교 설화와 관련을 맺고 있다. 교시가(憍尸迦: Kausika)라는 여인은 친구 서른두 명과 함께 부처님께 귀의하여 불도를 닦고 불탑을 쌓아 공덕을 찬탄했는데, 뒤에 여인은 도리천주가 되고 나머지는 도리천주를 보좌하는 삼십이천(三十二天)에 좌정했다고 전해진다. 선덕여왕이 자신을 도리천에 묻어달라고 유언을 남긴 것은 바로 이런 내력에 근거한 것이었다. 선덕여왕은 살아생전 영묘사, 첨성대

등 수많은 사찰과 석물을 조성하며 불법 수호에 열심이었던 임금이다. 아마도 자신이 가섭불 시대에 도리천주가 된 바로 그 여인이 신라 땅에 환생한 것이라고 자처했던 듯하다. 그렇다면 도리천에 묻어 달라는 선덕여왕의 유언은 본래 신라를 불국토로 여겼던 신라인의 깊은 불심이 만들어낸 이야기였던 것으로 짐작된다. 그러다가 뒷날 선덕여왕 능 아래 사천왕사를 짓게 되면서 선덕여왕의 예지를 입증하는 이야기로 초점이 바뀌었던 것이다.

신라의 여왕을 기억하는 오늘의 의미

선덕여왕의 신이한 능력을 보여주는 신화의 내면을 곱씹어보면 적지 않은 문제가 발견된다. 모란꽃 일화는 왕위 즉위 전후로 발화 시기가 엇갈리고, 지귀와의 사랑은 인도의 불전 설화를 빌려 선덕여왕의 일처럼 꾸민 것이고, 도리천의 위치를 미리 알아낸 유언도 실상과 어긋나는 것이다. 그뿐만 아니라 '모란꽃 일화'가 아이를 낳지 못하는 선덕여왕에 대한 당 태종의 조롱이었다는 『수이전』 편자의 해석도 문제적이다. 김부식과 일연은 선덕여왕의 탁월한 지감을 보여주는 방향으로 이 일화를 읽었지만, 그 뒷면에는 남성의 조롱이 끝없이 작동하고 있었던 것이다. 그렇다면 여근곡 일화도 선덕여왕을 높이는 것과 전혀 다른 방식으로 읽을 수 있다. 남성의 생식기가 여성의 생식기에 들어오면 맥을 못 춘다는 것에서 거들먹거리던 남성들에 대한 선덕여왕의 야유를 읽을 수도 있겠지만, 여성이 왕위에 있다는 데 대한 은밀한 야유이기도 했던 것이다. 여성의 생식기처럼 생긴 여근곡을 보면서, 그때 그들은 으레 선덕여왕을 상기했던 것이다. 그리고 그들은 킬킬거리며 그런 이야기를 만들어 사실처럼 퍼뜨렸을지 모른다. 유치한 남성들은 그처럼 추어주는 방식으로 여성을 종종 비하하고는 한다.

그렇다고 그런 일화들이 의미 없다는 것은 아니다. 더욱이 선덕여왕이 신이한 능력을 지닌 여왕이었음을 말해주는 신화가 그토록 많았던 것은 의미심장하다. 그것은 여자로서 왕위에 오른 충격적이고도 경이로운 사건을 지켜보았던 사람들에 의해 만들어지거나 부풀려진 신화로 이해해야 할 터이다. 어느 때는 여자임에도 불구하고 지존의 자리에 추대하기 위해 그녀 측근에서 조작하기도 했겠고, 어느 때는 여자임에도 당당하게 왕위에 군림하던 모습을 보고 주변 사람이 과장하기도 했겠고, 어느 때는 여왕이 있었던 시절을 추억하면서 새롭게 만들어내기도 했겠다. 여성도 남성과 동등한 기회를 갖는 평등한 사회를 꿈꾸면서든, 혹은 고귀한 자도 미천한 자의 상처를 어루만져주는 평등한 사회를 꿈꾸면서든.

이쯤 되면 선덕여왕의 신화가 말해주듯, 그런 경이롭고 아름다운 기적이 정말 신라시대에 있었는지 없었는지는 중요하지 않다. 중요한 것은 그런 기적을 굳게 믿고 있는, 그리하여 선덕여왕의 행적을 기리던 뒷사람들의 간절한 마음가짐이다. 진성여왕의 오빠였던 정강왕은 여동생 진성에게 왕위를 물려주는 게 부당하다는 많은 남성 신하들의 반대를 이런 말로 단호히 물리쳤다. "예전의 선덕과 진덕도 여자였다!"라고. 그리하여 진성이 여자임에도 지존의 자리에 오를 명분을 마련했던 것이다. 그렇다면 신라시대에 세 명의 여왕이 있었다는 사실을 잊지 않는 것은 모든 인간이 평등하게 사는 사회를 갈망하는 지금의 우리에게도 여전히 소중한 기억이겠다.

신라 최초의 여왕, 선덕

『삼국유사』 권1, 「기이」, 〈선덕왕 지기삼사〉

선덕왕이 미리 안 세 가지 일

제27대 덕만(德曼)의 시호는 선덕여대왕(善德女大王)으로 성은 김씨이며 아버지는 진평왕(眞平王)이다. 정관(貞觀) 6년 임진(壬辰)에 즉위하여 나라를 다스리는 16년 동안에 미리 안 일이 세 가지 있었다. 첫째는, 당 태종이 홍색·자색·백색의 세 가지 색으로 그린 모란꽃 그림과 그 씨 석 되를 보내왔는데, 왕이 그림의 꽃을 보고 말하기를 "이 꽃은 향기가 없을 것이다" 하며 이에 씨를 정원에 심도록 명했다. 꽃이 피었다가 떨어질 때까지 과연 왕의 말과 같았다. 둘째는, 영묘사(靈廟寺) 옥문지(玉門池)에 겨울임에도 많은 개구리가 모여 3, 4일 동안이나 울었다. 나라 사람들이 그것을 괴이하게 여겨 왕에게 물은즉, 왕은 급히 각간(角干) 알천(閼川)·필탄(弼呑) 등에게 명하여 정병 2천 명을 뽑아 "속히 서쪽 교외로 나가 여근곡(女根谷)을 수색하면 필히 적병이 있을 것이니 엄습하여 그들을 죽이라" 했다. 두 각간이 명을 받들어 각각 군사 1천 명씩을 거느리고 서쪽 교외에 가서 물으니 부산(富山) 아래에 과연 여근곡이 있었다. 백제의 군사 5백 명이 그곳에 와서 숨어 있으므로 이들을 모두 죽여버렸다. 백제의 장군 우소(亐召)라는 자가 남산(南山) 고개 바위 위에 숨어 있으므로 이를 포위하여 활로 쏘아 죽이고, 이후 〔백제〕 병사 1천 2백 명이 오자 역시 쳐서 모두 죽여 한 사람도 남기지 않았다. 그리고 셋째는, 왕이 아무런 병도 없는데 여러 신하에게 말하기를 "짐은 모년 모월일에 죽을 것인즉, 나를 도리천(忉利天)에 장사를 지내도록 하여라" 했다. 군신들이 그곳의 위치를 몰라 "어느 곳입니까?" 하니 왕이 말하기를 "낭산(狼山) 남쪽이다" 했다. 모월일에 이르러 과연 왕이 승하하시므로 신하들이 낭산의 양지바른 곳에 장사지냈다. 그 후 10여 년이 지난 뒤 문호대왕(文虎大王)이 사천왕사(四天王寺)를 왕의 무덤 아래에 창건했다. 불경에 이르기를 사천왕천(四天王天) 위에 도리천이 있다고 했으므로, 그제야 대왕의 신령하고 성스러움을 알 수 있었다.

선덕여왕의 비범함

당시에 여러 신하가 어떻게 알았는가 물었다. 왕이 대답하기를 "꽃을 그렸는데 나비가 없으니 향기가 없는 것이고, 이는 바로 당제(唐帝)가 나의 짝이 없음을 희롱한 것이다. 개구리가 노한 형상은 병사의 형상이며 옥문은 여자의 음부를 말한다. 여자는 음(陰)이고 그 빛이 백색이며, 백색은 서쪽을 뜻하므로 군사가 서쪽에 있는 것을 알았다. 남근은 여자의 음부에 들어가면 반드시 죽는다. 그러므로 그들을 쉽게 잡을 수 있었음을 알았다" 했다. 이에 군신들이 왕의 성스럽고 슬기로움에 모두 감복했다. 꽃을 삼색으로 보냄은 아마도 신라에 세 명의 여왕이 있을 것을 알았기 때문이니 선덕(善德)·진덕(眞德)·진성(眞聖)이 바로 이들이다. 당제도 헤아림의 밝음이 있었다. 선덕왕이 영묘사(靈廟寺)를 세운 일은 「양지사전(良志師傳)」에 자세히 기록되어 있다. 별기(別記)에 이르기를 이 왕대에 돌을 다듬어 첨성대(瞻星臺)를 쌓았다고 한다.

신라의 마지막 여왕, 진성

『삼국사기』권11,「신라본기」,〈진성왕〉

진성여왕의 즉위, 그리고『삼대목』의 편찬

887년 진성왕(眞聖王)이 왕위에 올랐다. 이름은 만(曼)이고 헌강왕의 누이 동생이다[최치원 문집 제2권의 〈사추증표(謝追贈表)〉에는 "신(臣) 탄(坦)은 아룁니다. 엎드려 칙지를 받자오니 죽은 아버지 신 응(凝)을 추증해 태사(太師)로 삼고, 죽은 형 정(晸)을 태부(太傅)로 삼았습니다"라고 했고, 또 〈납정절표(納旌節表)〉에는 "신의 맏형 국왕 정이 지난 광계(光啓) 3년(887) 7월 5일에 갑자기 성스런 대를 잇다 죽었습니다. 신의 조카 요(嶢)는 태어난 지 아직 돌도 되지 않았는지라, 신의 둘째 형 황(晃)이 임시로 나라를 다스리던 바, 또 1년도 넘기지 못하고 세상을 떠났습니다"라고 했다. 이로써 말하자면 경문왕의 이름은 응(凝)인데 본기에는 응렴(膺廉)이라 했고, 진성왕의 이름은 탄(坦)인데 본기에서는 만(曼)이라 했다. 또 정강왕 황(晃)은 광계 3년에 죽었는데 본기에는 2년에 죽었다고 하니, 모두 어떤 것이 옳은지 알 수 없다].

죄수를 크게 사면하고 모든 주군의 1년간 조세를 면제해주었다. 황룡사에 백고좌(百高座)를 설치하고 친히 행차해 설법(說法)을 들었다. 겨울에 눈이 내리지 않았다. 2년(888) 봄 2월에 소량리(少梁里)의 돌이 저절로 움직였다. 왕이 평소 각간 위홍(魏弘)과 너불어 간통하더니 이때에 이르러서는 항시 안으로 들이고 일을 맡겼다. 이내 대구화상(大矩和尙)과 더불어 향가(鄕歌)를 모아 수집하라 명하고 이를 『삼대목(三代目)』이라 했다. 위홍이 죽으니 시호를 추존해 혜성대왕(惠成大王)이라 했다.

이후부터는 몰래 아름답게 생긴 소년 두세 사람을 끌어들여 음란한 행위를 했고, 그 사람들을 중요한 직책에 앉히고 나라의 정책을 위임했다. 이로 인하여 아첨하는 무리가 방자하게 뜻을 펴고 뇌물이 공공연하게 행해졌다. 상과 벌이 공평하지 않았고, 기강이 무너지고 해이해졌다.

이때 이름 없는 자가 당시의 정치를 비방하는 글을 지어 조정의 길목에 내걸었다. 왕이 사람을 시켜 그자를 찾도록 했으나 잡지 못했다. 어떤 자가 왕에게 말하기를 "이는 분명 뜻을 이루지 못한 문인의 행위일 것입니다. 아마 대야주의 은자 거인(巨仁)이 아닌가 합니다"라고 했다. 왕이 거인을 잡아 도성의 감옥에 가두게 하고 장차 처형하려 했다. 거인이 분하고 원통해 감옥의 벽에 다음과 같은 시를 썼다.

우공(于公)이 통곡하자 3년 동안 가물었고,
추연(鄒衍)이 슬픔을 머금으니 5월에도 서리가 내렸도다.
지금 내 가슴속에 품은 근심은 옛날과 비슷한데
하늘은 아무 말 없이 다만 푸르기만 하구나!

그날 저녁에 갑자기 구름과 안개가 덮이고 벼락이 내리치면서 우박이 쏟아졌다. 왕이 두려워 거인을 풀어주고 돌려보냈다. 3월 초하루 무술일에 일식이 있었다. 왕이 병이 들어 편치 않자 죄수들을 살펴 사형죄 이하를 사면하고 승려 60명에게 도첩을 수여하자 왕의 병이 바로 나았다. 여름 5월에 가뭄이 들었다.

원종과 애노의 반란

3년(889) 나라 안의 모든 주군에서 공물과 부세를 보내지 않아, 창고가 텅텅 비어 나라 재정이 궁핍했다. 왕이 사신을 보내 독촉하니 곳곳에서 도적이 벌 떼처럼 일어났다. 이때 원종(元宗), 애노(哀奴) 등이 사벌주를 근거지로 반란을 일으켰다. 왕이 나마 영기(令奇)에게 명해 사로잡게 했는데 영기는 적들의 망루를 바라보고 두려워하여 나아가지 못했다. 촌주 우련(祐連)이 힘껏 싸우다가 죽었다. 왕이 칙령을 내려 영기의 목을 베고, 나이 10여 세에 불과한 우련의 아들로 하여금 아버지를 이어 촌주가 되게 했다.

4년(890) 봄 정월에 햇무리가 다섯 겹으로 생겼다. 15일 황룡사에 행차하여 연등행사를 보았다. 5년(891) 겨울 10월에 북원(北原) 도적의 장수 양길(梁吉)이 자기 막료 궁예(弓裔)를 보내 기병 1백 여 명을 거느리고 북원 동쪽 부락과 명주 관내의 주천 등 10여 군현을 습격했다. 6년(892) 완산의 도적 견훤(甄萱)이 완산(完山)에 근거지를 두고 스스로 후백제(後百濟)라 일컬으니 무주(武州) 동남쪽의 군현이 모두 항복해 붙었다. 7년(893) 병부시랑 김처회(金處誨)를 당나라에 보내 정절(旌節)을 바치게 했는데 가는 도중에 바다에 빠져 죽었다. 8년(894) 봄 2월에 최치원이 〈시무십여조(時務十餘條)〉를 올리자 왕이 좋게 여겨 받아들이고, 최치원을 아찬으로 삼았다. 겨울 10월에 궁예가 북원(北原)에서 하슬라(何瑟羅)로 들어오니 무리가 6백 명에 이르렀고, 스스로 장군(將軍)이라 일컬었다.

진성여왕의 죽음

9년(895) 가을 8월에 궁예가 저족(猪足)과 성천(狌川)의 두 군을 쳐서 빼앗았고, 또 한주 관내의 부약(夫若)과 철원(鐵圓) 등 10여 군현을 깨뜨렸다.

겨울 10월에 헌강왕의 서자 요(嶢)를 태자로 삼았다. 앞서 헌강왕이 사냥을 갔다가 지나는 길 옆에서 자태가 아름다운 한 여자를 보았다. 왕이 마음속으로 사랑하여 뒤쪽 수레에 태우게 해서 왕의 장막에 이르러 야합했는데, 곧 태기가 있어 아들을 낳았다. 그가 장성하자 몸과 용모가 뛰어났고 이름은 요(嶢)라 했다. 진성왕이 이 말을 듣고 안으로 불러들여 손으로 그 등을 어루만지며 말하기를 "나의 형제자매는 골격이 다른 사람들과는 다른데, 이 아이의 등 뒤에 두 뼈가 솟아 있으니 진실로 헌강왕의 아들이다" 하고, 즉시 담당 관리에게 명하여 예를 갖추어 받들어 태자로 봉하고 공경하게 했다.

10년(896) 도적이 나라의 서남쪽에서 일어나 붉은 바지를 입고 특이하게 행동하니 사람들이 적고적(赤袴賊)이라 했다. 주현(州縣)을 도륙하여 해를 입히고 수도의 서부인 모량리(牟梁里)까지 와서 민가를 노략질하고 갔다.

11년(897) 여름 6월에 왕이 좌우 신하에게 이르기를 "근년 이래 백성이 곤궁하고 도적이 벌 떼처럼 일어나니, 이는 나의 부덕한 탓이다. 어진 이에게 왕위를 넘겨주기로 나의 뜻은 결정됐다"고 하고, 태자 요에게 왕위를 넘겨주었다. 이에 당나라에 사신을 보내 표문으로 아뢰기를 "신이 삼가 말씀드립니다. 희중(羲仲)의 관직에 있는 것이 신의 본분이 아니고, 연릉(延陵)의 절개를 지키는 것이 신의 좋은 방책인가 합니다. 신의 조카 요(嶢)는 신의 죽은 형 정의 아들인바, 나이는 바야흐로 15세를 바라보고 그

그릇됨이 종실을 일으킬 만하기에 밖에서 구할 필요없이 안에서 천거했습니다. 근래 들어 이미 그로 하여금 번국의 일을 임시로 맡게 하여 나라의 재난을 진정시키고 있사옵니다"라고 했다. 겨울 12월 을사일(4일)에 왕이 북궁(北宮)에서 죽었다. 시호는 진성(眞聖)이고 황산(黃山)에 장사를 지냈다.

4. 그녀의 희생은 사랑이었을까

설씨녀와 호녀

강요된 희생과 자발적 선택 사이에서

오빠나 남동생을 위해 희생을 강요당하는 여인들, 혹은 시집을 가서 지아비에게 헌신할 것을 강요당하는 여인들의 모습은 역사에서 흔하게 볼 수 있는 광경이다. 여자들은 으레 기꺼운 마음으로 남자 형제의 뒷바라지, 남편 뒷바라지를 자처하기도 했다. 『삼국사기』와 『삼국유사』에도 이런 유형의 여인들이 종종 등장한다. 강요된 희생과 자발적 선택, 쉽게 분별되지 않는 이런 뒤얽힌 정서 사이에 있는 여인들의 진정은 역사서를 문학 텍스트로 다루고 있는 이곳에서는 보다 섬세하게 읽어볼 필요가 있다. 그렇다면 그네들의 진정을 김부식과 일연은 어떻게 읽고, 지금의 우리들은 또 어떻게 읽어야 하는 것일까?

『삼국사기』의 「열전」 권8에는 설씨녀(薛氏女), 곧 '설씨의 딸'이라는 제목으로 한 여성의 삶이 오롯이 실려 있다. 한 여인의 행로에 대한 간

결한 내용이다. 하지만 담고 있는 사연은 간단하지 않다. 늙은 아버지와 가녀린 딸의 곤궁한 삶, 변방으로 수자리(국경을 지키는 일) 살러 가게 된 늙고 병든 부친과 이를 대신하겠다고 나선 이웃 청년 가실(嘉實), 그에 대한 고마움에 가실과 결혼하기로 약속한 설씨녀, 3년이라는 기한을 훨씬 넘기도록 돌아오지 못하던 가실과 그 기간 동안 설씨녀가 겪었던 힘겨운 기다림, 험난한 시련을 지내고서야 살아 돌아온 가실과의 해후, 설씨녀와 가실이 겪었던 사연은 참으로 기구하다. 그렇다면 김부식은 그녀의 삶에서 어떤 국면에 주목하여 역사서에 이름을 올렸던 것일까? 늙은 부친에 대한 효성스런 마음씨, 또는 약혼자 가실을 향한 변함없는 믿음에 감동받았던 듯하다. 하지만 내용을 꼼꼼하게 읽어보면, 뭔가 석연치 않은 구석을 발견하게 된다.

> 이에 거울을 가져다 반을 나누어 각각 한 쪽씩 가졌는데, 설씨녀는 "이는 신표로 삼는 것이니 후일 그것을 합쳐봅시다"라고 했다. 가실이 말 한 필을 갖고 있었는데 설씨녀에게 "이는 천하의 좋은 말이니 후에 반드시 쓰임이 있을 것입니다. 지금 제가 떠나니 기를 사람이 없습니다. 이를 두고 쓰십시오"라고 말하고 드디어 물러나 떠났다.
>
> — 『삼국사기』 권48, 「열전」, 〈설씨녀〉

평소부터 연정을 품고 있던, 그러나 감히 말을 꺼내지 못했던 가실이 설씨녀의 부친 대신 수자리를 살러 가는 대가로 혼인을 허락받자 설씨녀에게 남긴 말이다. 흥미로운 것은 〈설씨녀〉라는 작품은 설씨녀의 기구한 사연을 무척 짧게 간추린 서사임에도 불구하고, 이별에 즈음하여 남긴 가실의 당부만큼은 앞에서처럼 빠뜨리지 않고 자세하게 소개하고 있다는 점이다. 가실이 기르던 말, 그것은 그들의 서사에서 그만큼 중요한 비중을 차지하고 있다는 반증일 터다. 천하의 드문 말로서 뒷날 반드시 쓸 데가 있을 것이라던 가실의 예언은 무슨 의미였을까? 물론 그 물음에 답하는 이야기가 뒤에 나오기는 한다.

> 설씨녀의 아버지는 늙어서 정신이 없었고, 그 딸이 장성했는데도 짝이 없었으므로 억지로 그녀를 시집 보내려고 몰래 동네 사람과 혼인을 약속했다. 정한 날이 되자 그 사람을 불러들였으나 설씨녀는 단호하게 거절했다. 몰래 도망을 치려고 했으나 뜻을 이루지 못하고, 마구간에 가서 가실이 남겨두고 간 말을 보면서 크게 탄식하며 눈물을 흘렸다.
>
> — 『삼국사기』 권48, 「열전」, 〈설씨녀〉

설씨녀의 아버지는 정해진 기한 3년을 훨씬 넘긴 6년 동안 가실이 돌아오지 않자 마을의 다른 청년에게 딸을 시집보내고자 한다. 자신은 점점 늙어가고, 딸도 점점 혼기를 넘기고 있으니 그런 마음이 드는 걸 납득할 수는 있다. 게다가 약속했던 기간을 넘겼으니 더욱 그럴 것이다. 하지만 설씨녀는 단호하게 거절한다. 자기 부친을 위해, 아니 자신과 결혼하기 위해 수자리를 대신 나간 가실과의 약속을 저버릴 수 없다는 이유 때문이었다. 그래서 아버지와 딸 사이에는 팽팽한 갈등이 빚어진다. 아버지를 따르자니 가실과 결혼하기로 했던 여자로서의 신의를 저버리게 되는 것이고, 가실과의 약속을 지켜 기다리자니 늙은 부친에 대한 자식으로서의 도리를 저버리게 되는 것이고. 어찌해야 하는가? 갈등의 순간, 설씨녀는 차라리 도망쳐버릴까 생각하기도 했다. 하지만 결국 포기하고 만다. "도망을 치려고 했으나 뜻을 이루지 못하고"라는 문장은 그런 정황을 말한다.

설씨녀는 도망 가는 것을 포기한 채 가실이 맡기고 간 말을 보고 한숨을 쉬며 흐느껴 우는 것으로 대신했다. 그런데 정말 그게 전부였을까? 설씨녀가 마구간에 가서 눈물짓는 것이 가실이 말했던 "이는 천하의 좋은 말이니, 후에 반드시 쓰임이 있을 것입니다"라는 복선의 전부였을까? 그렇지 않다고 생각한다. 김부식이 『삼국사기』를 편찬할 때 참고했던 〈설씨녀〉의 본래 모습을 우리로서는 확인할 길이 없다. 하지만 설씨녀와 가실 사이의 사연은 지금 우리가 읽을 수 있는 것보다 훨씬 파란만장하고, 약혼자 가실에 대한 신의(信義)와 부친 설씨에 대한 효심(孝心) 사이의 갈등 또한 훨씬 강도 높게 맞부딪치는 서사였을 것으로 짐작된다. 하지만 김부식은 설씨녀의 신의와 효심을 '함께' 돋보이게 하기 위해, 서사의 주요한 한 축인 아버지와의 갈등 서사를 대폭 약화시킨 것으로 보인다. 〈설씨녀〉의 후반부가 전반부에 비해 훨씬 서둘러 마무리되어 서사적 긴장감이 현저하게 떨어지는 까닭은 이런 이유 때문이다.

우리의 이런 추정을 과도하다고 생각할 수 있다. '설마 김부식이 원래의 내용을 함부로 손질했겠는가' 하고. 그렇다면 한 여인의 행로를 기록해 후세에 교훈으로 남기고 싶었던 남성 김부식, 그리고 그의 후예인 조선 전기 사대부 남성들이 각각 저본(底本)으로 삼은 내용에 어떤 손질을 가했는지 보다 집요하게 추적해보자. 만약 부동의 증거를 찾아낼 수 있다면, 김부식의 가공에 대한 우리의 추정이 터무니없지 않다는 것을 보여줄 수 있을 테니 말이다. 그런 민감한 문제를 점검하기 위해, 조금 길지만 전편을 감상할 겸 다음 인용을 읽어보자.

> 설씨녀는 율리(栗里) 백성의 딸이다. 아버지가 늙었는데도 수자리 살러 나가게 됐으므로, 설씨녀는 자신이 대신 가지 못하는 것을 한스러워했다. 가실이라는 청년이 대신 가기를 원하므로 설씨녀가 들어가 아버지에게 고했다. 아버지가 "내 딸을 아내로 맞아주게"라고 말했다. 가실은 혼인할 시기를 물었다. 설씨녀가 말하기를, "첩이 이미 마음을 허락했으므로 죽더라도 마음을 바꾸지 않을 것입니다. 교대하고 돌아와서 혼례를 치르도 늦지 않을 것입니다" 하고는 거울을 반으로 쪼개어 신표로 삼았다. 가실은 말 한 필을 머물러 두고 드디어 길을 떠났다.
>
> 가실은 6년이 지나도록 돌아오지 않았다. 아버지가 말하기를 "당초 3년으로 기약했으니, 다른 데로 시집가야 하겠다" 했다. 그러자 설씨녀가 말하기를 "전에 아버지 때문에 가실과 약속했는데, 신의를 버리고 약속을 어기면 어찌 사람의 정이라고 하겠습니까? 끝내 분부를 받들 수 없습니다" 했다. 아버지가 노망이 나서 억지로 마을 사람에게 시집보내려고 이미 정혼을 했다. 하지만 설씨녀는 단호하게 거절하고 외양간에 가서 말을 보고 눈물을 흘렸다. 그때 가실이 왔는데, 몸이 마르고 옷이 남루하여 설씨녀가 알아보지 못했다. 가실이 쪼개진 거울을 내어주니 설씨녀가 받아보고 소리 내어 울고, 드디어 다른 날을 잡아 혼례를 치렀다.
>
> ─『삼강행실도』,〈설씨분경(薛氏分鏡)〉

사대부들에 의해 편찬된 조선시대 최고의 교훈서 『삼강행실도』에 실려 있는 〈설씨분경〉의 전문이다. '신라시대, 설씨가 거울을 나눠 가지며 굳은 약속을 했다'는 뜻의 제목이다. 그들은 김부식의 〈설씨녀〉라는 글을 저본으로 삼아 설씨녀의 행위를 길이 기렸던 것이다. 『삼강행실도』는 중국과 우리나라에서 모범이 될 만한 인물 330명을 뽑아 충신편·효자편·열녀편으로 110명씩 나눈 뒤, 그림에 사연을 곁들여 전국적으로 배포한 교훈서다. 그러면 한번 물어보자. 설씨녀는 어느 편에 실렸을까? 많은 사람들은 열녀편에 실렸을 것이라 생각하지만, 사실은 효자편에 실렸다. 조선 전기 사대부들은 설씨녀를 효녀로 읽었던 것이다.

늙은 아비가 군대에 가게 된 것을 가슴 아파하던 마음, 아버지를 위해 군대에 대신 간 사내에게 결혼을 약속해준 마음에서 그런 효심을 읽을 수는 있다. 그런데 뭔가 석연치 않은 구석이 있다. 아버지의 분부를 따르지 않으려 하고, 심지어 도망가려 했던 것은 영 개운치 않았던 것이다. 그래서 미묘한 손질을 가하기로 마음먹었다. 그건 바로 우리가 앞서 문제 삼았던 두 대목, 곧 "이는 천하의 좋은 말이니 후에 반드시 쓰임이 있을 것입니다. 지금 제가 떠나니 기를 사람이 없습니다. 이를 두고 쓰십시오"라는 가실의 당부와 "몰래 도망을 치려고 했으나 뜻을 이루지 못하고"라는 설씨녀의 시도가 여기에서는 완벽하게 삭제되어버린 것이다.

이유는 분명하다. 설씨녀가 한 남자와의 신의도 지키는 동시에 불효녀로 전락하지 않도록 만들기 위해 손질을 서슴지 않았던 것이다. 다시 한번 생각해보자. 부친의 강압으로 인해 약혼자와의 약속을 어기고 다른 남자에게 시집가게 된 상황에서, 가실이 의미심장한 말과 함께 남기고 간 명마(名馬)의 용도란 무엇이겠는가? 부친으로부터의 탈주일 수밖에 없다. 하지만 그건 한 남자에 대한 신의를 지킨 행위라고 칭송할 수 있겠지만, 늙은 부친의 분부를 저버린 불효라는 비판을 면할 수는 없다. 그리하여 고려 중기의 김부식은 탈주하고 싶었지만 실행에 옮기지 못했다고 얼버무렸던 것이고, 조선 전기 사대부들은 그런 의혹의 여지조차 남겨 놓지 않았던 것이다. 거기에 더해 그들은 가실과 설씨녀의 굳은 믿음이라는 본래의 주제로부터 늙은 부친에 대한 설씨녀의 효행으로 작품을 비틀어 놓고 있다. 설씨녀를 『삼강행실도』의 '열녀편'이 아니라 '효자편'에 싣고 있는 것이 그 명확한 증거다. 신라시대 청춘 남녀의 사랑과 시련, 그리고 눈물겨운 해후의 과정은 남성 사대부들의 구미에 맞게 은밀하게 손질되기도 하고 전혀 다른 주제의 서사로 변모되기도 했다. 그건, 한 여인의 행로와 진정에 대한 참을 수 없는 훼손이기도 했다.

낭군을 향한 호녀의 눈물겨운 희생

일연의 『삼국유사』, 「감통」에 수록되어 전하는 〈김현감호〉는 본래 『수이전』에 실려 있던 것이다. 다루고 있는 내용은 인간과 동물 사이의 이루어질 수 없는 사랑이다. 젊은 사내와 여인으로 변신한 호랑이와의 만남, 하룻밤의 애틋한 사랑, 그리고 그 비극적인 파국을 착잡하게 그려내고 있는 한 편의 연가인 것이다. 일연이 옮겨 기록한 이들의 사연은 이렇게 시작한다.

신라에는 매년 중춘(仲春: 음력 2월)이면 초여드레부터 보름까지 도성의 남자와 여자들이 흥륜사(興輪寺)의 전탑(殿塔) 주위를 다투어 돌면서 복회(福會)로 삼는 풍속이 있었다. 원성왕 때 낭군(郎君) 김현(金現)이라는 자가 밤이 깊도록 홀로 쉬지 않고 탑 주위를 돌고 있는데 한 처녀가 염불하며 따라 돌았고, 둘은 서로 마음이 맞아 눈길을 보냈다. 그리고 돌기를 마치자 둘은 으슥한 곳으로 들어가 통정했다.

- 『삼국유사』 권5, 「감통」, 〈김현감호〉

신라시대의 풍속이던 흥륜사 탑돌이를 하다 만난 두 남녀가 서로의 연정에 이끌려 하룻밤을 같이하는 대목, 이것이 〈김현감호〉가 그려낸 슬픈 사랑의 발단이다. 여기에서 김현과 정을 나누게 되는 처녀는 바로 호랑이의 화신(化身)이었다. 옛말에 호랑이는 영물이라 사람 모습으로 변신할 수 있다는 이야기가 있는 것을 보면, 〈김현감호〉는 그런 설화의 전통을 이어받고 있다고 하겠다. 김현은 처녀의 정체를 까맣게 모른 채 그녀의 집으로 따라간다. 깊은 산 허름한 초가집에는 늙은 어머니, 세 명의 오라비가 함께 살고 있었다.

김현은 그곳에서 처녀의 오라비들이 호랑이인 것을 보고 그녀 역시 호랑이였음을 알게 된다. 하지만 이상스러운 점은, 자신이 만나고 있는 여자가 호랑이라는 사실을 알고도 놀라 달아난다거나 자신이 품고 있던 사랑의 감정을 거두려 하지 않는 김현의 태도다. 어찌 그럴 수 있었을까? 그리고 보면 김현이나 호랑이의 화신이었던 처녀는 모두 사랑을 갈구하던 외로운 존재였다. 작품은 그들의 깊은 속마음을 직접 말하고 있지 않지만, 그들이 밤늦게까지 탑돌이를 하면서 빌었던 소원은 자신의 외로움을 덜어줄 짝을 갈구하고 있었음에 분명하다. 그러기에 그들은 만나자마자 곧바로 운우(雲雨)의 정을 나누고, 나아가 유(類)에 구애받지 않는 사랑으로 치달을 수 있었던 것이다.

그러나 이들의 만남에 대해 "비록 좋은 일이기는 하지만 없느니만 못하다"며 걱정했던 처녀 어머니의 말처럼, 파국은 너무도 빨리 찾아온다. 처녀의 세 오라비가 살생을 너무 많이 한 죗값을 치러야 한다는 하늘의 분부를, 그녀가 대신 받겠다고 자처했기 때문이다. 나아가 처녀는 어차피 죽을 목숨, 그걸 김현의 사랑에 대한 보답으로 바치겠다고 한다. 자신이 다음날 저잣거리에 들어가 많은 사람을 해치면, 임금이 호랑이를 잡는 사람에게 높은 벼슬을 주겠다고 할 것이니 자신을 죽여 공을 세우라는 것이다. 김현이 "어찌 사랑하는 짝의 죽음을 팔아 벼슬을 구할 수 있겠느냐"며 거절했지만 처녀의 태도는 오히려 당당했다. 그렇게 하는 것이, 하늘의 뜻이자 자신의 소원이고, 낭군의 경사이자 자기 가족의 복이며, 나아가 온 나라 사람의 기쁨이라 설득했던 것이다.

마지못해 처녀의 제안을 따르기로 한 김현은 울면서 작별을 고하고 집으로 돌아온다. 과연 다음날 호랑이가 성안에 나타나서 많은 사람을 해치는 일이 일어났는데, 소식을 들은 원성왕은 호랑이를 잡는 자에게 큰 벼슬을 주겠다는 약속을 한다. 그리하여 김현이 호랑이를 잡겠다며 처녀가 일러준 도성 북쪽의 숲으로 갔다. 과연, 그녀가 그곳에서 기다리고 있었다. 눈물겨운 그곳에서의 사연은 이러하다.

김현이 칼을 쥐고 숲 속으로 들어가니, 호랑이는 변하여 낭자가 되어 반갑게 웃으면서 말했다. "어젯밤 낭군과 함께 마음속 깊이 정을 나눈 일을 부디 잊지 마십시오. 오늘 내 발톱에 상처를 입은 사람들은 모두 흥륜사의 된장을 바르고, 그 절의 나발 소리를 들으면 나을 것입니다." 낭자가 말을 마치고 김현이 찼던 칼을 뽑아 스스로 목을 찔러 쓰러지자 곧 호랑이가 됐다. 김현이 숲 속에서 나와 말하기를 "내가 방금 호랑이를 잡았다"라고 했다.

- 『삼국유사』 권5, 「감통」, 〈김현감호〉

그 이후 김현은 처녀가 시킨 대로 호랑이에게 상처 입은 사람을 고쳐주고, 높은 벼슬을 얻을 수 있었다. 김현을 위한 처녀의 희생은, 비록 유(類)가 다르지만 애정의 순간을 함께 나눈 데 대한 보은이었음은 말할 필요도 없다. 짧은 만남이었지만 한때 사랑을 나눈 낭군을 위해 목숨마저 흔쾌히 내놓았던 절절한 자기희생이 읽는 이로 하여금 눈시울을 뜨겁게 한다. 김현도 그녀에 대한 사랑과 고마움을 죽는 날까지 잊지 않고 간직한다. 그리하여 서쪽 시냇가에 호원사(虎願寺)라는 절을 지어 놓고 항상 불경을 읽으며 그녀가 극락세계로 가기를 기원했다. 또한 그녀와 맺은 기이하고도 애틋한 사연을 글로 남겨 뒷사람이 두고두고 기억하도록 했다. 그리고 우리들은 김현의 바람대로, 천 년이 훨씬 넘은 지금까지 애절한 마음으로 그가 지은 〈김현감호〉를 읽고 있다. 그런데 일연은 우리의 이런 독법과는 다른 방식으로 호녀의 진정을 읽고 있었다.

이들의 사랑을 읽던 일연의 시선

일연은 김부식에 비해 매우 다채로운 여성의 삶에 주목했다. 그 가운데 가장 빛나는 형상은 아마도 『삼국유사』의 「감통」에 등장하는 여성일 듯하다. 여기에는 모두 10편의 이야기가 실려 있는데, 신라인에게 신모로 추앙을 받던 선도산(仙桃山) 성모(聖母), 천한 계집종의 신분임에도 서방정토에 간 욱면비(郁面婢), 두 남성을 극락정토에 가도록 이끌어준 광덕(廣德)의 처, 그리고 사랑하는 낭군을 위해 자신의 목숨을 바친, 김현이 만난 호녀 등이 그들이다. 그렇다면 일연은 김현과 호랑이의 눈물겨운 사연을 무슨 생각으로 여기에 실었던 것일까? 그건 이들의 사연을 집약하고 있는 '김현감호'라는 제목에 담겨 있을 것이다. 그러나 문제는 단 네 글자뿐인 제목의 해석이 만만치 않다는 점이다. 『삼국유사』를 번역한 이들은 이를 각각 다음과 같이 해석했다.

〔이재호〕 "김현이 범을 감동시키다."(『삼국유사』 2, 솔, 1997)
〔고운기〕 "김현이 호랑이에 감동되다."(『삼국유사』, 홍익출판사, 2001)
〔조동일〕 "김현이 호랑이와 정을 통하다."(『삼국시대 설화의 뜻풀이』, 집문당, 1990)

〈김현감호〉는 흥륜사 탑돌이를 하던 호녀가 김현이라는 젊은 사내와 정을 나누고, 세 오라비의 죄를 대신 받겠다고 자원하고, 결국 사랑하는 낭군을 위해 자신의 목숨을 바친다는 이야기라 했다. 〈김현감호〉는 이재호처럼 "김현이 범을 감동시키다"로 해석하는 것이 일반적이다.

하지만 작품을 읽어본 사람이라면, 으레 "김현이 호랑이를 감동시킨 바가 무엇이 있는가?"라고 반문한다. 앞서 살펴보았듯이, 오히려 김현이 호랑이의 지고지순한 희생에 감동받는 것으로 그려지고 있기 때문이다. 그래서 고운기처럼 "김현이 호랑이에 감동되다"로 해석해보기도 하지만, 이렇게 피동으로 해석하는 것은 다른 제목의 작법(作法)에 비추어볼 때 동의하기 어렵다. 그렇다면 조동일처럼 "김현이 호랑이와 정을 통하다"라고 해석하는 것이 적절한 듯하다. 하지만 승려 일연이 사사로운 남녀 간의 사랑에 흥미를 느껴 '인간의 간절한 소망이 천지귀신을 감동시킨다'는 뜻으로 편목(篇目)을 삼은 「감통」에 수록하지는 않았을 것이다. 이처럼 혼란스런 세 가지 해석 가운데 일연의 의도는 어디에 놓였던 걸까? 이를 가늠하기 위해, 작품 내부에서 작명(作名)의 내력을 탐색할 필요가 있다.

[가] 김현과 호녀가 교감하여 눈길을 주고받다가 정을 통하다(相感而目送之, 遂畢, 引入屛處通焉).

[나] 김현이 호녀의 기이하고도 눈물겨운 행동에 감동하다(現臨卒, 深感前事之異, 乃筆成傳).

[다] 정성스럽게 탑돌이를 하여 인간[김현]을 감동시키다(祥觀事之終始, 感人於旋遶佛寺中).

[라] 대성[관음보살]이 김현의 정성스런 탑돌이에 감동해 응답하다(蓋大聖應物之多方, 感現公之能致精於旋遶).

본문에 사용된 '감(感)'의 용례를 모두 들어본 것이다. 인간과 동물의 사랑이라는 범상치 않은 연정에 주목한다면 [가]를 근거로 내세울 수 있고, 작품 전체를 총괄하는 주지(主旨)에 주목한다면 [나]를 근거로 내세울 수 있다. 하지만 일연이 주목한 대목은 [다]와 [라]였다. 호녀의 정성스런 탑돌이가 김현을 감동시키고, 김현의 정성스런 탑돌이가 관음보살을 감동시켰다는 것이다. 김현과 호녀의 간절한 발원을 담은 '흥륜사 탑돌이'와 그에 대한 '불교적 보응'이 일연이 이들 서사에서 주목한 요체였던 것이다. 다만 여기서 주의해야 할 대목은, [라]에서 말한바 대성(大聖, 관음보살)이 사물에 응하는 방법은 매우 다양하다는 인식이다. 다시 말해 김현의 정성스런 탑돌이에 대한 관음보살의 감동과 그 응답이 호랑이와의 만남이라는 독특한 방법을 통해 구현됐다는 것이다. 호랑이를 관음보살의 현신으로 본다는 것, 그것은 부처의 영험을 믿는 불제자가 아니라면 쉽게 도달하지 못할 독특한 독법임에 분명하다.

그렇다면 '김현감호'라는 제목은 '김현이 호랑이를 감동시키다'로 해석해야 옳되, 호랑이를 진짜 호랑이로 이해해서는 안 된다. 김현이 탑돌이를 통해 호녀(虎女), 곧 관음보살을 감동시켰다고 음미해야 하는 것이다. 사실 일연조차도 『수이전』에 실려 있던 '김현과 호녀의 사랑 이야기'를 『삼국유사』에 실으면서 어느 맥락에 유의하여 거둘 것인가, 그리고 어느 편목에 소속시킬 것인가에 대해 고심했던 듯하다. 김현과 호녀의 범상치 않은 사건에 대해 일연이 "이 일(김현과 호녀의 사랑)의 처음과 끝을 자세히 보면(詳觀事之終始)"이라는 단서를 달면서 호랑이를 관음보살의 현신으로 볼 것을 주장하는 데서 그의 그런 고민을 엿볼 수 있다. 여기서 '자세히 보면'이라는 말은 '속인(俗人)의 눈으로 대충 읽으면' 속뜻을 모른다는 말과 같다. 텍스트의 실상이 이러하다면 일연이 읽고 있는 방법의 정당성을 확인하기 위해서 우리는 작품 자체로 되돌아가 일연처럼 꼼꼼하게 읽어보는 수밖에 없다.

〈김현감호〉를 읽으면서 갖게 되는 궁금함 가운데 하나는, 김현과 호녀가 탑돌이를 하면서 빌었던 것이 무엇일까 하는 점이다. 문면에 드러나 있지 않기에 단정하기 어렵지만, 앞서 감상했듯 애정에 대한 목마름을 떠올림 직하다. 외로움에 떨던 청춘 남녀였기에 그들은 만나자마자 운우의 정을 나누고, 목숨을 바치는 연정으로 급진전했던 것일 게다. 하지만 이런 외로움은 생래적인 고독일 것이고, 그들 각각은 외로움을 증폭시키는 또 다른 무엇에 시달리고 있었던 것으로 보아야 옳다. 김현은 현실 세계로부터 소외된 목마름, 호녀는 인간 세계로부터 소외된 목마름에 시달렸던 것이 아닐까? 밤늦도록 탑돌이를 하면서 인간/남성인 김현은 높은 벼슬길로 나아갈 수 있기를 빌었고, 짐승/여성인 호녀는 지긋지긋한 축생의 굴레로부터 벗어날 수 있기를 빌었던 것으로 보이는 것이다.

호녀가 자신의 죽음으로 얻을 수 있다던 다섯 가지의 이익(─死而五利備)을 보면 그 점이 분명하게 드러난다. 그녀는 일찍 죽는 게 '자신의 소원'인 동시에 '낭군의 경사'라 했다. 이 말을 근거로 좀더 냉혹하게 손익을 따져본다면, 자신의 소원을 간절하게 빌며 행한 흥륜사 탑돌이를 통해 그/그녀는 모두 '벼슬길로의 진출'과 '인간으로의 환생'이라는 이익을 함께 얻을 수 있었다. 한 사람은 살아서 소원을 이루고, 또 한 사람은 죽어서야 소원을 이루었던 것이다. 이런 그들의 엇갈린 운명 때문에 그들이 엮어내는 연정은 더욱 착잡하게 읽힐 수밖에 없었다.

하지만 우리의 일연은 그렇게 읽지 않았다. 그가 읽고 내린 감상의 끝은 이러했다.

山家不耐三兄惡	산가가 세 오라비의 죄악 견디지 못할 제
蘭吐耐堪一諾芳	고운 입에 한 마디 허락의 아름다움이여!
義重數條輕萬死	의리의 중함 다섯 가지에 죽음도 가벼이 여겨
許身林下落花忙	숲 속에서 몸을 맡겼어라, 떨어지는 꽃잎처럼.

일연이 '김현과 호녀'의 이야기에서 주목하고 있는 점은 이루어질 수 없는 이류(異類)와의 사랑, 각기 다른 소원과 엇갈린 운명, 그리하여 다 다르게 된 하룻밤 연정의 파국이 아니다. 그 대신 오라비의 죄를 자기가 받겠다고 나선 희생, 하룻밤을 함께 보낸 낭군을 위한 기꺼운 죽음이다. 그리하여 호녀의 행위를, 인간 사회에서 통용되는 인(仁)과 의(義)라는 지고지순한 윤리적 이념으로 읽고 있다. "짐승으로서도 어질기가 저와 같았다(獸有爲仁如彼者)"거나 "의리의 중함 다섯 가지에 죽음도 가벼이 여겨(義重數條輕萬死)"라는 말이 그것이다.

하지만 〈김현감호〉가 독자를 감동시켰던 까닭은, 그녀가 짐승이면서도 여자로서의 간절한 욕망을 함께 지니고 있었다는 점이 아니었을까? 호녀의 자기희생적인 죽음에서 느낄 수 있는 고도의 감동과는 다른 차원에서, 곧 하룻밤이지만 진지한 사랑을 나눈 임과의 이별을 감수하고서라도 지긋지긋한 축생의 굴레에서 벗어나고 싶던 '짐승의 운명'에 보다 가슴 아파했던 것이다. 그런 점에서 그녀의 죽음은 일연이 감상하고 있듯 인이나 의라는 인간적·도덕적 윤리와는 거리가 멀다.

그녀는 오빠나 낭군을 위해 자기 목숨을 버린 '어진' 짐승이 아니라 인간 세계로부터 모멸과 천대를 받으니 차라리 죽어 사라지는 게 낫다고 생각한 '불쌍한' 짐승이었던 것이다.

우리는 그런 그녀의 죽음을 지켜보면서 일연과 달리 무한한 연민의 감정을 느끼지 않을 수 없다. 아무리 자신의 간절한 바람이었다고 해도, "짐승만도 못한 사람이 활개 치는" 팍팍한 인간 세계를 왜 그리도 갈망했는지? 인간 세계로의 환생이라는 헛된 꿈으로 가득 찬 삶을 마감하던 그때, 초라한 짐승으로 되돌아와 김현의 무릎 위에서 가쁜 숨을 몰아쉬며 무슨 생각을 했는지? 우리는 그녀의 갈망과 죽음을 지켜보면서 무한한 연민의 정을 느끼지 않을 수 없다. 그녀에 대한 그런 감정은 숭고한 자기희생을 통해 죽어갔다는 이유 때문만이 아닌 것이다. 새삼스런 말이지만, 호녀는 하룻밤의 연정을 무참하게 짓밟아버린 세계의 횡포에 속수무책일 수밖에 없던 가녀린 여성이었다. 인간 세계, 아니 남성 세계는 그녀에게 자발성으로 포장된 지고지순한 희생을 강요했던 것일지도 모른다. 가문을 대표하는 오라비를 위해, 그리고 하룻밤의 인연을 맺은 낭군을 위해…….

그럼에도 그런 사실에 눈길을 주지 않았던 일연의 태도, 그리고 그녀의 그런 행위에 무한감동하고 있는 우리들은 남성 중심적 독법에 젖어 이들의 사연을 감상하고 있었던 게 분명하다. 하지만 일연은 범상한 우리들과 달리 이런 감상의 차원에 그치지 않았다. 일연은 자신의 이런 독법을 발판으로 삼아 호녀를 관음보살의 현신으로 상승시키는 종교적 도움닫기를 시도했던 것이다. 그녀가 보여준 인의(仁義)의 행위란 예사로운 짐승이 할 수 없는 것이다. 그러니 그녀는 분명 대자대비

(大慈大悲)한 관음보살의 화신일 것이다. 하지만 정말 그러한가는 읽고 또 읽어도 범인(凡人)인 우리들에게는 여전히 의심스럽다. 일연이 범인이 품고 있었을 그런 의혹을 모를 리 없다. 자신도 자세히 읽고서야 깊은 속뜻을 헤아릴 수 있던 경험을 상기했다면 더욱 그렇다. 그래서 일연은 〈김현감호〉의 서사를 그녀의 죽음으로 끝맺지 않고 우리를 설득하려 했다.

다시 이어지는 신도징의 이야기

승려 일연은 김현이 만났던 호랑이를 관음보살의 현신으로 읽고 싶었지만, 범상한 우리로서는 그의 독법에 선뜻 동의하기 어렵다. 일연 자신도 처음에는 깨달을 수 없었다고 했다. 그래서 끌어들인 것이 『태평광기(太平廣記)』에 실려 있는 〈신도징(申屠澄)〉이다. 김현이 만난 호녀가 범상한 호랑이가 아니었음을 믿도록 하기 위해, 그와 반대되는 행동을 보여준 또 다른 호랑이를 끌어왔던 것이다. 이야기는 이렇다. 중국 당나라 때, 신도징이라는 젊은이가 변방 멀리 벼슬 살러 가는 길이었다. 지독한 눈보라와 혹독한 추위로 허름한 초가에서 하룻밤 묵게 됐는데, 그곳에서 한 여인을 만나 부부의 인연을 맺는다. 그리하여 아들딸을 낳아 행복한 삶을 보내다가 임기를 마치고 돌아오는 길, 그녀는 그동안의 인연을 저버린 채 호랑이로 변해 산림으로 달아나버린다. 그녀 역시 호랑이였던 것이다.

이 사연에서 일연이 주목한 곳은 '사람을 배반하는 시를 주고, 으르렁거리고 할퀴면서 달아난﹝贈背人詩 然後哮吼拏攫而走﹞' 그녀의 행위였다. 이런 행동이야말로 짐승 본연의 모습일 터, 그렇다면 지고지순한 인의를 실천한 김현의 호녀는 이와 구분되는 '관음보살의 화신'으로 해석할 수 있는 길이 열리기 때문이다. 하지만 이런 종교적 강박관념에 사로잡혀 이야기를 읽는 한, 누구라도 의식적이든 무의식적이든 무리를 범하기 십상이다. 일연도 그러했다.

　우리는 전대의 문헌을 가감 없이 전재(轉載)했다는, 그리하여 객관적인 서술 태도를 견지했다는 점에서 일연의 『삼국유사』 편찬 태도를 높이 평가하고는 한다. 『태평광기』에 실려 있는 원작 〈신도징〉을 원문에 충실하여 인용하는 것을 보면 정말 그래 보인다. 하지만 둘을 자세히 대조하여 읽어보면, 결코 그렇지 않다. 일연은 원작 〈신도징〉의 부분부분을 생략하고 있는데 크게 두 대목에서 그렇다. 하나는 신도징이 호녀를 처음 만나 호감을 갖게 되는 부분이고, 다른 하나는 뒷날 그녀가 신도징에게 화답시(이별시)를 주는 부분이다. 전자가 애정을 다루고 있는 전기소설의 면모를 보여주는 대목이라면, 후자는 인간과의 인연을 끝낼 수밖에 없던 호녀의 착잡한 내면 풍경을 보여주는 대목이다.

　승려로서 애정 문제를 자세하게 다루지 않은 것은 크게 나무랄 바 없겠기에 애정 관련 부분을 생략한 것은 논외로 하자. 대신, 여기서는 후자에 초점을 맞추기로 한다. 먼저, 일연이 『삼국유사』에 전재한 대목을 따라가며 호녀의 행동을 음미해보자. 그들은 3년 남짓한 세월을 함께하며, 1남 1녀를 두고 행복하게 지냈다. 신도징은 그런 행복감을 시에 담아 전해주고는 했는데, 그때 그녀는 무언가 답을 하려다 입을 다물고 만다. 행복에 겨워하는 남편의 모습을 보고, 차마 자신의 속마음을 털어놓을 수 없었던 것이다. 그러다가 신도징이 임기를 마치고 본가(本家)로 돌아가는 길, 그녀는 '돌연(忽)' 전에 하지 못한 마음을 담은 다음의 시를 건네주었다.

琴瑟情雖重	부부의 정이 더욱 무거워질수록
山林志自深	산림을 향한 뜻 속으로 깊어갔어요.
常憂時節變	늘 시절이 변하는 것 근심했으니
辜負百年心	백년해로 저버릴까 싶어서였지요.

위의 화답시는 일연이 '배반하는 시(背人詩)'라 일컬었던 것이다. 이런 시를 건네준 뒤 그녀는 자신의 옛집에 도착하고, 부모가 모두 떠나버린 빈 집에서 온종일 슬퍼하다가 문득 벽에 걸려 있는 자신의 옛 호피(虎皮)를 발견한다. 그러고는 '크게 웃더니만(大笑)' 그걸 뒤집어쓰고 범으로 변해 달아나버린다. 남편과 자식을 팽개친 채, 그것도 '으르렁거리며 할퀴면서(哮吼拏攫)' 문을 박차고 달아나버렸던 것이다.

이게 신도징이 만난 호랑이를 통해 일연이 말하고 싶었던 바다. 하지만 『태평광기』에 실려 있는 원작 〈신도징〉을 읽어보면, 아니 호녀의 입장에서 그 즈음을 음미하면 일연의 독법과는 상당히 다르게 다가온다. 행복에 겨워하는 남편 신도징을 볼 때마다 그녀는 불쑥불쑥 밀려드는 불안과 근심에 휩싸이고는 했다. 자신도 어찌할 수 없는 고향 산천과 늙은 부모를 향한 본능적 그리움 때문이다. 사랑하는 남편과 함께하는 인간 생활의 달콤함과 산림에서 뛰놀던 짐승으로서의 생래적 충동 사이에서 그녀는 늘 흔들렸던 것이다. 〈선녀와 나무꾼〉이라는 민담에서 지상에 묶여 살던 선녀가 그러했듯이. 실제로 그녀가 겪어야 했던 내면적 갈등은, 원작 〈신도징〉을 보면 보다 절실하게 묘사되고 있다.

위에 소개한 화답시를 읊게 되는 장면만 해도 그렇다. 그녀는 임기를 마친 신도징과 함께 시가[媤家, 신도징에게는 본가(本家)]로 가는 도중 고향 부근의 강 언덕에 앉아 잠시 쉰다. 3년 만에 다시 찾은 고향 산천이 주는 감회, 그리고 남편을 따라 이곳을 지나가버리게 되면 다시는 되돌아올 수 없으리라는 엄연한 현실은 이제껏 억눌러왔던 본능을 충동질하기에 충분했다. "애당초 말씀드리려 하지 않았지만, 지금 이곳의 경치를 보니 참을 수 없군요"라던 그녀의 말이 그 점을 대변한다. 그렇다면 자신의 어찌할 수 없는 심사를 토로한 뒤 읊고 있는 앞의 시를 결코 인간의 관점에서 '남편을 배반하는 시'로 매도해서는 안 된다. 남편 신도징도 그러지 않았다. 그녀가 호랑이라는 사실을 아직 눈치 채지 못하긴 했지만, 자신과 고향을 사이에 두고 갈등하던 그녀의 심사를 충분히 이해할 수 있었던 것이다. 그러기에 신도징은 이런 말로 아내를 위로했었다.

> 읊기를 마치고 한동안 슬피 눈물을 흘리니, 마치 그리움이 쌓인 듯했다. 신도징이 말하기를, "시는 곱구려. 그러나 산림은 연약한 여자가 생각할 바가 아니지요. 아마도 부모님이 생각나는가 보구려. 이제 다 왔는데 왜 슬피 우는 거요? 인연과 업으로 얽힌 인생이란 모두 전정(前定)으로 말미암는 것이겠지요." 20여 일이 지난 뒤, 다시 처의 본가에 이르렀다.
>
> – 『태평광기』 권429, 〈신도징〉

호녀에게 두고 온 부모와 자신이 뛰놀던 산림은 쉽게 치유될 수 없는 고질이었다. 원작 〈신도징〉은 그곳을 향한 그녀의 그리움을 인간세계와 인연을 맺게 된 남편과의 얽힘 속에서 절절하게 그려냈던 것이다. 문학작품을 읽을 때, 요약본·번역본이 아닌 원본·원문을 읽는 것은 그래서 중요하다. 일연은 〈신도징〉을 『삼국유사』에 『태평광기』의 〈신도징〉을 전재하면서 호녀의 그런 흔들림과 미묘한 심경의 추이를 제대로 살려내지 못했던 것이다. 아니, 살려내려 하지 않았다. 그녀를 '비정한 짐승'으로 각인시키기 위해, 좀 더 정확하게 표현한다면 김현의 호랑이를 인과 의를 갖춘 '성스런 존재'로 만들기 위해…….

그래서였을까? "문득 범으로 변하자 으르렁거리며 할퀴더니 문을 박차고 나가버렸다[卽變爲虎 哮吼拏攫 突門而出]"는 〈신도징〉의 마지막 대목을 완벽하게 오독하고 만다. 그녀는 왜 그런 난폭한 행동을 보였던가? 신도징이 미워서는 아닐 텐데 말이다. 그간 맺은 끈끈한 정을 떼기 위한 고의적인 행위였을지도 모르겠다. 하지만 포악하게 보이는 호녀의 행동이 실제로는 신도징을 향한 눈물겨운 작별의 포옹이었음을 잊어서는 안 된다. 호랑이 가죽을 뒤집어써서 육신은 이미 짐승으로 되돌아갔건만, 마음은 아직 신도징에 대한 사랑에 머물러 있던 반인반수(半人半獸)의 격한 울부짖음, 그리고 마지막으로 한 번만이라도 안아보고 싶던 애절한 포옹의 몸짓. 하지만 인간 신도징의 눈으로는 그걸 알아차리기 어려웠고, 그래서 두려움에 몸을 피할 수밖에 없었다. 따스한 연정을 품은 야수의 행동이 미녀에게는 늘 흉측하고 두렵기 짝이 없는 것으로만 보이던 〈미녀와 야수〉에서처럼!

헌신의 아이콘이 된 설씨녀와 호녀

김부식과 일연에 의해 되살아난, 그러나 기존의 역사를 새로 쓰고 싶었던 고려의 유력한 두 남성에 의해 가공된 삼국의 여성은 자신의 이런 모습을 본다면 어떤 생각이 들까? 우리의 독법이 터무니없지 않다면, 설씨녀와 호녀는 지금 우리가 읽고 있는 내용처럼 규범화된 주인공이 아니었다. 돌아올 기약 없는 약혼자를 기다리던 설씨녀의 신의는 부친의 엄명으로 심각한 갈등을 견뎌내야 했고, 이루어질 수 없는 이류 간의 사랑과 인간으로의 환생이라는 어긋난 비원(悲願)을 지녔던 호녀는 비극적으로 삶을 마감할 수밖에 없었다. 그럼에도 김부식과 일연은 그들의 삶을, 단지 '용모단정하고 행실이 바른(顏色端正, 志行修整)' 설씨의 딸, 그리고 '어질기가 이와같고, 의리를 목숨보다 중히 여기는(爲仁如此, 義重數條輕萬死)' 호녀로 규정하고 만다. 그들이 의도하던 유교적 규범의 수립과 불교적 영험의 증명을 위해…….

  역사는 인간의 삶을 진실하게 기록해야 하고, 문학은 인간의 내면을 섬세하게 그려내야 한다는 데 누구나 동의할 것이다. 그리고 역사적 텍스트이자 문학적 텍스트로 기려지는 『삼국사기』와 『삼국유사』는 그런 모범적 사례를 보여주는 고전으로 꼽힌다. 그럼에도 불구하고 설씨녀와 호녀를 도덕적·종교적 수사로 찬미하는 김부식과 일연을 보면서, 우리는 국가-가문-가장이라는 이름으로 여성의 삶을 가두기 시작한 중세적이고 남성적인 이데올로기의 광포함과 마주치게 된다. 그래서 당혹스럽다. 게다가 그들은 그런 목적을 이루기 위해 이야기를 손질하고 엄청난 오독도 서슴지 않았다.

하지만 현재 남아 있는 자료를 꼼꼼하게 더듬어보면, 신라시대 청춘 남녀의 사랑은 참으로 다양한 방식으로 구가되고 있었다. 이루어질 수 없는 사랑의 아픔으로 죽어가는 쪽은, 요즘에는 주로 여성이지만 그때는 뜻밖에도 남성들이었다. 『수이전』에 실려 있는 「수삽석남(首揷石柟)」의 주인공 최항(崔伉)도 그렇고 「심화요탑」의 주인공 지귀도 남성이었다. 그런가 하면 고단한 부부생활을 마치자고 결별을 선언하는 주체는 의외로 여성이었다. 『삼국유사』에 실려 있는 〈조신전(調信傳)〉에서 헤어지자며 털어놓은 조신처(調信妻)의 발화는 너무나도 인상적이다. "당신은 나 때문에 괴로움을 받고, 나는 당신 때문에 근심이 되고 있습니다. 지난날 서로 만난 기쁨을 곰곰이 생각해보니, 그것은 바로 우환(憂患)의 씨앗이었습니다. (……) 만나고 헤어지는 것에도 운수가 있는 법이니, 이제 그만 헤어집시다"라던 담담함.

그럼에도 그렇게 다채로운 삶을 보여주던 여성 중심의 서사는 남성의 손에 의해 훼손되거나 오독된 자취가 역력하다. 건국신화에서의 여성들이 그 신성성을 잃어버리며 가정 내의 모성성에 포획되어갔던 것처럼. 우리는 이런 사례들로부터 참으로 활달하던 삼국 여성의 모습이 강고한 남성 중심적인 중세 사회의 긴 터널을 지나오면서 순종과 희생이라는 찬사를 얻는 대신 점차 생기를 잃어버리게 되는 단초를 읽는다.

거울로 맺어진 설씨녀와 가실

『삼국사기』 권48, 「열전」, 〈설씨녀〉

설씨녀와 가실의 혼인 약속

설씨녀(薛氏女)는 경주 율리(栗里)의 일반 백성 집 딸이다. 비록 지체가 낮은 가문에 세력이 없는 집안이었으나 얼굴빛이 단정하고, 뜻과 행실이 닦여지고 가지런했다. 보는 사람들은 아름다움에 감탄하지 않음이 없었으나 감히 가까이하지 못했다. 진평왕 때 그 아버지는 나이가 많았으나 정곡(正谷)에 외적을 막으러 갈 순서가 됐다. 딸은 아버지가 늙어 병들었으므로 차마 멀리 헤어질 수 없었고, 또 여자의 몸이라서 대신 갈 수도 없음을 안타까워하면서 다만 스스로 근심하고 괴로워할 뿐이었다.

사량부(沙梁部) 소년 가실(嘉實)은 비록 매우 가난했으나 자기의 뜻을 이루기 위해 노력하는 지조가 곧은 남자였다. 일찍부터 설씨녀를 좋아했으나 감히 말을 하지 못했는데, 설씨녀가 아버지가 늙은 나이에 전쟁터에 나가야 함을 걱정한다는 소식을 듣고 드디어 설씨녀에게 가서 말했다. "저는 비록 나약한 사람이지만 일찍부터 뜻과 기개를 자부해왔습니다. 이 몸이 아버님의 군역을 대신하기를 원합니다."

설씨녀가 대단히 기뻐하여 들어가 아버지에게 아뢰었다. 아버지가 가실을 불러 말했다. "듣건대 그대가 이 늙은이가 가는 것을 대신하고자 한다고 하니 기쁘면서도 두려움을 금할 수 없네. 보답할 바를 생각하여 보니, 만약 그대가 우리 딸이 어리석고 못생겼다고 버리지 않는다면 어린 딸을 주어 수발을 받들도록 하겠네." 가실이 두 번 절을 하고 말하기를 "감히 바랄 수 없었는데 이는 저의 소원입니다"라고 했다. 이에 가실이 물러가 설씨녀에게 혼인할 날을 물으니 그녀가 말했다. "혼인은 인간의 중요한 도리이므로 갑작스럽게 할 수는 없습니다. 제가 이미 마음으로 허락했으니 죽어도 변함이 없을 것입니다. 바라건대 당신께서 변방 지키는 일을 교대하고 돌아오시면 그런 후에 날을 잡아 혼례를 올려도 늦지 않을 것입니다." 이에 거울을 가져다 반을 나누어 각각 한 쪽씩 가졌는데, 설씨녀는 "이는 신표로 삼는 것이니 후일 그것을 합쳐봅시다"라고 했다. 가실이 말 한 필을 갖고 있었는데 설씨녀에게 "이는 천하의 좋은 말이니 후에 반드시 쓰임이 있을 것입니다. 지금 제가 떠나니 기를 사람이 없습니다. 이를 두고 쓰십시오"라고 말하고 드디어 물러나 떠났다.

돌아오지 않는 가실과 설씨녀의 갈등

마침 나라에 변고가 있어 다른 사람으로 하여금 교대하도록 하지 못하여 가실은 6년을 머물고도 돌아오지 못했다. 아버지가 딸에게 말하기를 "처음에 3년으로 기약을 했는데 지금 이미 지났구나. 다른 집안에 시집을 가는 것이 좋겠다"라고 했다. 설씨녀가 말했다. "지난번에 가실이 아버지를 편안히 하여 드렸고, 그러므로 굳게 가실과 약속했습니다. 가실은 이를 믿었고, 그러므로 전쟁터에 나가 몇 년이 됐습니다. 굶주림과 추위에 괴롭고 고생이 심할 것이고, 하물며 적지에 가까이 있어 손에서 무기를 놓지 못하고, 호랑이 입에 가까이 있는 것 같아 항상 물릴까 걱정할 것인데,

신의를 버리고 약속을 지키지 않는다면 어찌 사람의 마음이겠습니까? 아무래도 감히 아버지의 명을 좇을 수 없으니 다시는 말을 하지 마십시오."
설씨녀의 아버지는 늙어서 정신이 없었고, 딸이 장성했는데도 짝이 없었으므로 억지로 그녀를 시집보내려고 몰래 동네 사람과 혼인을 약속했다. 정한 날이 되자 그 사람을 불러들였으나 설씨녀는 단호하게 거절했다. 몰래 도망을 치려고 했으나 뜻을 이루지 못하고, 마구간에 가서 가실이 남겨두고 간 말을 보면서 크게 탄식하며 눈물을 흘렸다.

　이때에 가실이 교대하여 왔다. 몸과 뼈가 야위어서 파리했고 옷이 남루하여 가족들도 알아보지 못하고 다른 사람이라고 여겼다. 가실이 곧바로 앞에 와서 깨진 거울을 던지니 설씨녀가 그것을 주워 들고 큰 소리로 울었다. 아버지와 가족들은 좋아하고 기뻐했다. 드디어 다른 날을 약속하여 서로 만나 그와 더불어 해로했다

김현과 호랑이 처녀의 사랑

『삼국유사』 권5, 「감통」, 〈김현감호〉

흥륜사에서 탑돌이하던 청춘 남녀

신라에는 매년 중춘(仲春: 음력 2월)이면 초여드레부터 보름까지 도성의 남자와 여자들이 흥륜사(興輪寺)의 전탑(殿塔) 주위를 다투어 돌면서 복회(福會)로 삼는 풍속이 있었다. 원성왕 때 낭군(郎君) 김현(金現)이라는 자가 밤이 깊도록 홀로 쉬지 않고 탑 주위를 돌고 있는데 한 처녀가 염불하며 따라 돌았고, 둘은 서로 마음이 맞아 눈길을 보냈다. 그리고 돌기를 마치자 둘은 으슥한 곳으로 들어가 통정했다. 처녀가 장차 돌아가려고 하자 김현이 그를 따라갔다.

처녀가 사양하고 거절했으나 억지로 따라가서 서산(西山)의 기슭에 이르러 한 초가집으로 들어가니 어떤 노파가 처녀에게 묻기를 "데리고 온 사람은 어떤 사람인가?"라고 했다. 처녀가 그 사정을 이야기하니 노파가 말하기를 "비록 좋은 일이지만 없는 것만 못하다. 그러나 이미 벌어진 일이니 나무랄 수 없다. 또 은밀한 곳에 숨겨라. 너의 형제가 미워할까 두렵다"라고 했다. 처녀는 김현을 구석진 곳에 숨겼다.

오라비의 죄를 대신 받겠다던 처녀

　잠시 후 세 호랑이가 포효하며 집으로 들어와 사람의 말을 만들어서는 "집에 비린내가 난다. 요깃거리가 있으니 어찌 다행이 아닌가"라고 했다. 노파와 처녀가 꾸짖으며 "너의 코는 좋기도 하구나. 어찌 미친 말을 하는가"라고 했다. 이때 하늘에서 "너희들은 만물의 목숨을 즐겨 해치는 경우가 많다. 마땅히 하나를 죽여서 악행을 징계할 것이다"라는 외침 소리가 들리니 세 호랑이가 모두 걱정하는 빛이 되었다. 처녀가 일러 말하기를 "세 오빠가 만약 멀리 피하고 스스로 뉘우칠 수 있다면 내가 그 벌을 대신 받겠소"라고 하니 모두 기뻐하며 머리를 숙이고 도망가버렸다.

　처녀가 들어와 낭군에게 일러 말했다. "처음에 저는 낭군이 우리 집에 욕되이 오는 것을 부끄럽게 여겨 사양하고 막았습니다. 이제 숨김이 없이 속마음을 펼치겠습니다. 또한 천첩은 낭군에게 비록 같은 종족은 아니라도 하룻밤의 즐거움을 같이할 수 있었으니 의(義)가 중하여 혼인의 즐거움을 맺었습니다. 세 오빠의 악행은 하늘에서 이미 미워하여 한 집안의 재앙이 됐고 저는 그것을 감당하고자 합니다. 그 죽음을 상관없는 사람의 손에 주는 것이 어찌 낭군의 칼 아래에 엎드려서 은혜에 보답하는 덕과 같겠습니까. 저는 내일 저자에 들어가서 사람을 심하게 해칠 것입니다. 그러면 나라 사람들이 저를 어찌할 수 없어 대왕이 반드시 높은 관직을 걸고 사람을 모아 저를 잡게 할 것입니다. 낭군은 그것을 겁내지 말고 성 북쪽의 숲 속으로 쫓아오면 제가 그곳에서 기다리고 있겠습니다." 김현이 말했다. "사람이 다른 사람을 사귀는 것은 인륜의 도리이나 다른 유와 사귀는 것은 대개 떳떳한 것이 아니다. 이미 이렇게 됐으니 진실로 천행(天幸)이 많은 것인데 어찌 차마 항려(伉儷)의 죽음을 팔아 한 세상의 벼슬을 바라겠는가." 처녀가 말했다. "낭군은 그 같은 말을 하지 마십시오. 지금 저의 이른 죽음은 대개 하늘의 명령이고, 또한 제가 바라는 것이고, 낭군의 경사이고, 우리 일족의 복이자 나라 사람들의 기쁨입니다. 한 번 죽어 다섯 가지 이로움을 갖추는 것이니 어찌 그것을 거역하겠습니까. 다만 저를 위하여 절을 짓고 불경을 강론하여 좋은 과보(果報)를 얻는 데 도움이 되게 해주신다면, 낭군의 은혜가 이보다 더 큰 것이 없겠습니다." 그리고 둘은 마침내 서로 울면서 헤어졌다.

처녀의 희생, 깊은 감동에 빠진 김현

다음날 과연 사나운 호랑이가 성안에 들어왔는데, 사나움이 심하여 감히 당할 수 없었다. 원성왕이 그 소식을 듣고 명령을 내려 이르기를 "호랑이를 감당하는 사람에게 2급의 작(爵)을 주겠다"고 했다. 김현이 대궐에 나아가 "소신이 할 수 있습니다"라고 아뢰니 이에 왕이 먼저 관작을 주고서 그를 격려했다. 김현이 칼을 쥐고 숲 속으로 들어가니, 호랑이는 변하여 낭자가 되어 반갑게 웃으면서 말했다. "어젯밤 낭군과 함께 마음속 깊이 정을 나눈 일을 부디 잊지 마십시오. 오늘 내 발톱에 상처를 입은 사람들은 모두 흥륜사의 된장을 바르고, 그 절의 나발 소리를 들으면 나을 것입니다." 낭자가 말을 마치고 김현이 찼던 칼을 뽑아 스스로 목을 찔러 쓰러지자 곧 호랑이가 됐다. 김현이 숲 속에서 나와 말하기를 "내가 호랑이를 잡았다"라고 했다. 그 연유는 숨겨 새어나가지 않게 하고 단지 그 말에 따라서 치료했더니 상처는 모두 나았다. 지금 민가에서는 또한 그 방법을 쓴다.

김현은 벼슬에 오르자, 서천(西川) 가에 절을 지어 호원사(虎願寺)라 하고 항상 『범망경(梵網經)』을 강론하여 호랑이의 저승길을 인도하고 또한 호랑이가 그 몸을 죽여 자기를 성공하게 해준 은혜에 보답했다. 김현은 죽기 전에 지난 일의 기이함에 매우 감동하여 이에 붓으로 써서 전(傳)을 완성하니 세상에서 비로소 듣고 알게 됐다. 이로 인하여 『논호림(論虎林)』이라 이름했고, 지금도 그렇게 일컫는다.

임지로 가던 길에 맺은 신도징의 연분

정원(貞元) 9년에 신도징(申屠澄)이 황관(黃冠)에서 한주(漢州) 십방현위(什邡縣尉)로 임명되어, 진부현(眞符縣) 동쪽 10리가량 되는 곳에 이르렀다. 눈보라와 심한 추위를 만나 말이 앞으로 나아가지 못했는데 길가에 초가집이 있어 그 안에 불을 피워 매우 따뜻했다. 등불을 비춰 보니 늙은 부모와 처녀가 불을 둘러싸고 앉아 있었는데 그 처녀는 나이가 열네댓 살쯤 되어 보였다. 비록 머리는 헝클어지고 때묻은 옷을 입었으나 눈처럼 흰 살결과 꽃 같은 얼굴이며 동작이 아름다웠다. 그 부모는 신도징이 온 것을 보고 황급히 일어나서 말했다. "손님은 심한 한설(寒雪)을 만났으니 앞으로 나와 불을 쪼이십시오."

　신도징이 한참 앉아 있었는데 하늘색은 이미 어둑어둑해졌으나 눈보라는 그치지 않았다. 신도징이 말하기를 "서쪽으로 현(縣)에 가려면 아직 멀었으니 여기에서 자게 해주기를 부탁합니다"라고 했다. 부모가 말했다. "진실로 누추한 집안이라도 미천하게 여기지 않으신다면 감히 명을 받들겠습니다." 신도징이 마침내 말안장을 풀고 침구를 폈다. 그 처녀는 손님이 머무는 것을 보고 얼굴을 닦고 곱게 단장을 하고는 장막 사이에서 나오는데 그 한아(閑雅)한 자태는 처음보다 오히려 뛰어났다. 신도징이 말했다. "소낭자는 총명하고 슬기로움이 남보다 뛰어납니다. 다행히 아직 혼인하지 않았으면 감히 혼인하기를 청하니 어떠합니까?" 아버지가 말하기를 "기약하지 않은 귀한 손님께서 거두어주신다면 어찌 연분이 아니겠습니까." 신도징은 마침내 사위의 예를 갖추고 곧 타고 온 말에 그녀를 태우고 임지로 갔다.

행복한 부부, 뜻밖의 이별

임지에 이르니 봉록(俸祿)이 매우 적었으나 아내가 힘써 집안 살림을 돌보아서 즐겁지 않은 것이 없었다. 후에 임기가 다해 돌아가려 하니 이미 1남 1녀를 낳았는데 여전히 매우 총명하고 슬기로워 신도징은 아내를 더욱 공경하고 사랑했다. 아내에게 이런 시를 지어주었다.

한번 벼슬하니 매복(梅福)에게 부끄럽고
3년이 지나니 맹광(孟光)에게 부끄럽다.
이 정을 내 어디에다 비유할까.
냇가에 노니는 원앙새가 우리와 같을까.

그 아내는 종일 이 시를 읊어 묵묵히 화답하는 것 같았으나 아직 입 밖에 내지 않았다. 신도징이 관직을 그만두고 가족을 데리고 본가로 돌아가려 하니 아내가 갑자기 슬퍼하면서 말하기를 "주신 시 한 편에 화답한 것이 있습니다"라고 하고 이에 읊었다.

琴瑟情雖重　　부부의 정이 더욱 무거워질수록

山林志自深	산림을 향한 뜻 속으로 깊어갔어요.
常憂時節變	늘 시절이 변하는 것 근심했으니
辜負百年心	백년해로 저버릴까 싶어서였지요.

드디어 함께 그 집에 찾아갔는데 사람은 없었다. 아내는 그리워하는 마음이 커서 하루가 다하도록 울었다. 문득 벽 모퉁이의 호피(虎皮) 한 장을 보고 아내는 크게 웃으면서 말했다. "이 물건이 아직 있는 것을 몰랐다." 마침내 그것을 뒤집어쓰니 곧 변하여 호랑이가 됐고 으르렁거리며 할퀴고 문을 박차고 나갔다. 신도징이 놀라서 피했다가 두 아이를 데리고 그 길을 찾아 산림을 바라보고 며칠을 크게 울었으나 끝내 간 곳을 알지 못했다.

두 일화에 대한 일연의 독후감

아아 슬프다! 신도징과 김현 두 사람이 짐승과 접했는데 변하여 사람의 아내가 된 것은 같다. 그러나 사람을 배반하는 시를 주어 그런 뒤에 으르렁거리고 할퀴고 달아난 것은 김현의 호랑이와 다르다. 김현의 호랑이는 어쩔 수 없이 사람을 상하게 했으나 좋은 방책을 가르쳐줘서 사람들을 구했다. 짐승도 어질기가 그와 같은 것이 있는데 사람으로서도 짐승만 못한 자가 있으니 어찌 된 것인가.

이 사적의 처음과 끝을 자세히 살펴보면 절 안을 돌 때 사람을 감동시켰고 하늘에서 외쳐 악을 징계하자 자신으로 그를 대신했으며 신이한 방책을 전하여 사람을 구하니 절을 지어 불계(佛戒)를 강론한 것이다. 다만 짐승의 본성이 어진 것은 아니다. 대개 부처가 사물에 감응함이 여러 방면이어서 김현이 능히 탑을 돌기에 정성을 다한 것에 감응하여 명익(冥益)을 갚고자 했을 뿐이다. 그때에 복을 받은 것은 당연하지 않겠는가. 찬하여 말한다.

山家不耐三兄惡	산가가 세 오라비의 죄악 견디지 못할 제
蘭吐耐堪一諾芳	고운 입에 한 마디 허락의 아름다움이여!
義重數條輕萬死	의리의 중함 다섯 가지에 죽음도 가벼이 여겨
許身林下落花忙	숲 속에서 몸을 맡겼어라, 떨어지는 꽃잎처럼.

5. 너무나 아름다워 위태롭던 부인들

도미처와 도화녀

거부할 수 없는 치명적 아름다움

신라 사람들은 인간 육체의 아름다움에 대한 남다른 미의식을 가지고 있었다고 알려져 있다. 삼국시대에 유행했던 금동미륵보살반가사유상의 그 흐르는 곡선들과 알 듯 모를 듯 짓고 있는 묘한 미소를 비롯하여 석굴암 중앙에 자리한 장엄한 본존불에서조차 그런 아름다움을 본다. 어디 그뿐인가. 각종 기록에서도 아름다움에 대한 신라인들의 탐닉은 종종 발견된다. 아마 가장 대표적인 사례는 수로부인일 것이다. 신라의 미시족으로도 일컬어지는 이 여인의 행적은 우리의 호기심과 상상력을 불러일으키기에 충분하다.

　수로부인은 신라 성덕왕 시절 순정공(純貞公)의 아내였다. 남편이 강릉태수에 임명되어 함께 부임지로 가면서 그 아름다운 미모를 한껏 뽐냈던 것이다. 기사 결말에 수로부인은 자태와 용모가 매우 뛰어났기 때문에 깊은 산이나 큰 물가를 지날 때마다 신이한 존재들에게 자주 납치되고는 했다는 기록이 말해주듯, 뭇 사내들의 마음을 번번이 빼앗았던 것이다. 천 길 높은 절벽에 핀 철쭉꽃을 따다가 바친 늙은 노인도 있었고, 아름다움을 그냥 보고만 있을 수 없어 바다로 납치해간 해룡도 있었다. 그때마다 노래 한 편씩을 우리 문학사에 남기기도 했으니, 〈헌화가〉와 〈해가〉가 그것이다.

하지만 그런 수로부인의 아름다움을 따라가다 보면, 문득 그녀 남편이었던 순정공의 표정이 떠오른다. 그런 횡액을 겪고 있는, 아니 즐기고 있는 듯한 아리따운 부인을 보며 그는 무슨 생각을 하고 있었을까? 즐긴다는 표현이 과도할지 모르지만, 적어도 문면에 나타난 그녀의 행동을 볼 때 그런 생각을 갖게 만드는 게 사실이다. 따르던 여러 남자들에게 절벽 위에 핀 저 철쭉꽃을 누가 따다 바치겠느냐고 하자 지나가던 노인이 꽃을 따서 노래와 함께 바칠 때도 남편 순정공은 묵묵히 지켜보고만 있었다. 어디 그뿐인가? 해룡에게 납치당한 부인을 강릉부민의 도움으로 구해왔을 때도 수로부인은 아무렇지도 않은 듯 화려한 용궁과 진귀한 음식에 대한 자랑을 늘어놓았다. 용왕과 질펀하게 놀다 온 것에 대한 미안함이라고는 전혀 없이 말이다. 자신의 미모에 빠져 있는 사내들의 음험한 몸짓은 물론 남편의 시선에도 전혀 아랑곳하지 않았던 것이다.

그러고 보면 수로부인만 그랬던 건 아니다. 또 다른 아름다운 미시, 처용의 처도 크게 다르지 않았다. 그녀 역시 빼어난 미모 때문에 역신(疫神)에게 몸을 빼앗기는 곤욕을 치러야 했던 여인이다. 그렇지만 그런 일로 인해 그녀가 수치심이나 죄책감에 빠졌다는 조짐은 어디서도 발견할 수 없다. 오히려 자신의 아내가 역신과 밀회를 즐기는 장면을 목격하고서도 처용은, 그냥 물러나와 춤을 추며 체념조의 노래를 불렀다니 그 사실이 놀랍다. 그때 부른 〈처용가〉의 내용은 이러하다.

동경(東京) 밝은 달에 밤늦게 노닐다가
들어가 자리 보니 다리가 네 개이네.
둘은 내 것인데 둘은 누구 것인고.
본디 내 것이다마는 빼앗긴 걸 어찌할꼬?

부인의 불륜을 보고서도 춤을 추었던 처용의 태도는 도저히 어찌해 볼 수 없을 정도로 타락한 신라 사회에 대한 체념이거나 병든 도시 경주에 대한 야유일 수도 있다. 아니면 미녀를 아내로 둔 이방인의 위축, 또는 그런 사건이 한두 번이 아니었다는 암시가 아니었을까? 하지만 자신도 매일 경주 밤거리를 노닐며 쏘다녔으니 아내에게 할 말이 없을 수도 있겠다. 어쨌든 경주는 그렇게 향락으로 허물어지고 있었던 것이고, 일연은 신라 말기의 환락(歡樂)에 대한 탐닉을 처용 부부의 불륜으로 곡진하게 그려냈던 것이다.

이처럼 삼국의 여인들 가운데는 너무나 아름다워 위태롭던 부인들에 대한 일화가 적지 않다. 아름다운 여인들은 욕정에 가득 찬 남성들, 특히 절대권력을 움켜쥐고 있던 임금들의 강압적 겁탈과 달콤한 유혹에도 끊임없이 시험 받고 있었던 것이다. 그런 가운데 백제 개루왕과 신라 사륜왕의 범상치 않은 도발은 참으로 비슷하면서도 참으로 다르다.

집요하게 도미처를 강탈하려던 개루왕

『삼국사기』의 「열전」에는 삼국을 주름잡던 역사적 인물의 삶이 오롯이 기록되어 있다. 이들 모두가 사내들이라는 점, 두말할 나위 없다. 당시 역사의 주인공은 단연 남성이었던 것이다. 물론 여성들도 그곳에 간간이 끼어 있기는 하다. '효녀' 지은, 설씨'녀', 그리고 도미'처'가 그들이다. 이들 세 여인의 공통점은 가족의 이름으로 불려나와 있다는 점이다. 설씨의 '딸', 도미의 '아내'처럼 말이다. 여기서 새삼스런 사실 하나를 짚고 넘어가자. 김부식은 고려 중기를 대표하는 정치가·역사가·문장가였지만, 동시에 유가적 이념에 기초한 가부장적 가족제도를 구축하려던 '근엄한 가장'이기도 했다는 사실이다.

그렇다면 '설씨의 딸'이라든가 '도미의 아내'라고 부른 그의 호명법(呼名法)은 단순하게 보아 넘길 일이 아니다. 딸로서, 또는 아내로서 지켜야 할 도리에 대한 남성이자 가장인 김부식의 의지가 강력하게 작동한 것이기 때문이다. 그녀들의 행적 구석구석에는 편찬자 김부식의 가부장적 그림자가 짙게 드리워져 있을 가능성이 매우 높은 것이다. 실제로 그런 의혹의 눈으로 이들의 삶을 읽어가노라면, 우리는 선뜻 이해하기 힘든 대목을 종종 만나게 된다. 다음의 대목도 그러하다.

> 왕이 그녀를 시험해보려고 일을 핑계로 도미를 머물게 하고는 가까운 신하 한 사람으로 하여금 거짓으로 왕의 옷을 입고 마부를 데리고 밤에 그 집에 가도록 시키고, 사람을 시켜 먼저 왕께서 오실 것임을 알리도록 했다. 그러고는 부인에게 말했다. "나는 오랫동안 네가 예쁘다는 소리를 들었다. 도미

와 내기를 하여 이겼으니 내일 너를 들여 궁인(宮人)으로 삼기로 했다. 이제부터 네 몸은 내 것이다." 그러고는 그녀를 간음하려고 하자 부인이 말했다. "국왕께서는 거짓말을 하시지 않을 것이니, 제가 어찌 따르지 않겠습니까? 청컨대 대왕께서는 먼저 방에 들어가소서. 제가 옷을 갈아입고 들어가겠습니다." 그렇게 물러나서는 한 계집종을 치장하여 잠자리에 들였다. 왕이 후에 속았음을 알고 크게 노했다. 도미를 무고하여 처벌했는데, 두 눈을 멀게 하고 사람을 시켜 끌어내 작은 배에 태워 강에 띄웠다.

- 『삼국사기』 권48, 「열전」, 〈도미〉

도미와 그의 아내가 부부로서의 도리를 견결하게 지키는 〈도미〉의 핵심이 되는 대목이다. 인용된 부분을 다시 정리해보면 다음과 같다. ① 개루왕은 신하 하나를 왕처럼 꾸며 도미의 집에 보냈다. ② 왕은 사람을 시켜 왕이 왔음을 도미처에게 알렸다. ③ 왕은 도미처에게 내기에서 이겼으니 이제 자신의 소유라고 말했다. ④ 도미처에게 왕이 속았다. ⑤ 속은 것을 알게 된 개루왕은 도미의 두 눈을 뽑아 강물에 버렸다. 이것이 위에 인용한 사건의 골자다.

이런 일련의 과정은 다소 혼란스럽다. ②~④에 등장하는 '왕'이 누구인지 명확하지 않은 것이다. ①에서 도미의 집으로 가게 한 주체는 개루왕이 분명하다. 그런데 ②에서 왕이 왔다고 미리 알렸다는 왕은 진짜 개루왕인가 왕으로 꾸민 가짜 개루왕인가? 마찬가지로 ③에서 도미처에게 이젠 나의 소유라고 말한 왕은 진짜 개루왕인가 가짜 개루왕인가? 또한 ④에서 도미처에게 속은 왕은 진짜 개루왕인가 가짜 개루왕인가? 해당 대목의 원문 "王欲試之, 留都彌以事, 使一近臣, 假王

衣服馬從, 夜抵其家, 使人先報王來, 謂其婦曰"은 불과 한 줄밖에 안 된다. 하지만 해석하기는 쉽지 않다. 기존에 『삼국사기』를 완역한 한문 고전의 대가들도 그러했다.

〔가〕 근신(近臣) 한 사람에게 왕의 의복(衣服)과 말, 종자(從者)를 빌려주어 밤에 그 집에 가게 했는데, 먼저 사람을 시켜 왕이 온다고 알렸다. 왕(王)이 와서 그 부인에게 이르기를 (……)
〔나〕 가까운 한 신하를 시켜서 거짓으로 왕의 옷과 말과 시종을 갖추어 도미의 집으로 가게 했으며, 미리 사람을 보내 왕이 온다고 알렸다. 왕으로 가장한 이가 도미의 아내를 보고 말했다.

도미처를 겁탈하려던 주체를 진짜 개루왕으로 보고 있는 〔가〕는 『삼국사기』를 최초로 번역했던 이병도의 해석이고, 가짜 개루왕으로 보고 있는 〔나〕는 『삼국사기』를 최근에 번역한 이강래의 해석이다. 〔가〕처럼 개루왕으로 본다면, 도미처에게 속은 것을 알고 도미에게 보복을 했던 개루왕의 분노는 이해할 만하다. 그런데 문제는 개루왕이 어디에서 갑자기 나타났는지 설명할 길이 없다는 점이다. 가짜 왕을 보냈다는 기사에서 갑자기 진짜 왕으로 바뀌고 있기 때문이다. 그래서 이강래는 〔나〕처럼 가왕(假王), 곧 가짜 개루왕으로 해석했던 것이다. 하지만 그렇게 보아서는 뒤에 이어지는 사연이 자연스럽게 연결되지 않는다. 도미처를 겁탈하려 들고 도미처에게 속고, 그래서 남편 도미에게 혹독한 복수를 하는 주체는 문맥상 개루왕이 분명하기 때문이다. 가짜로 보낸 신하가 속아서 그런 것이 아니라 자신이 직접 속았기 때문에 그토록 분개했을 것이 분명하다. 그렇다면 앞의 구절을 어떻게 설명해야 하는가?

〔다〕 그러고는 개루왕은 가까운 신하 한 사람으로 하여금 거짓으로 왕의 옷을 입고 마부를 데리고 밤에 그 집에 가도록 시켰다. Ⓐ 사람을 시켜 먼저 왕이 오실 것임을 알리도록 했다. 그러고는 부인에게 말했다.

〔다〕를 이렇게 이해해야 한다고 생각한다. 처음에는 신하를 왕처럼 꾸며 도미처를 만나보도록 보내고, 그런 뒤 얼마 있다가 개루왕 자신이 직접 도미처를 찾아갔다는 것이다. 두 사건 사이, 그러니까 Ⓐ로 표시한 부분을 시간적으로 분절시켜서 이해하는 것이다. 다시 말해 개루왕으로 변장한 신하는 도미처를 만나고 돌아와 그 결과를 개루왕에게 아뢰었다. 도미처의 마음을 전해 듣고 난 뒤, 개루왕은 직접 찾아갔던 것이다. 그러고는 내기에서 이겼으니 나의 소유라며 음행을 자행하려 했다는 것이다.

이런 추론이 타당하다면, Ⓐ 부분에는 무슨 사연이 감춰져 있음에 분명하다. 그게 무엇일까? 개루왕으로 변장한 신하가 도미처의 마음을 떠본 뒤, 결과를 보고했을 것으로 추측했다. 그때 보고 내용은 상당히 희망적인 것이었던 듯하다. 그래서 개루왕은 안심하고 찾아갔다가 그만 속임을 당했던 것이다. 이렇게 추측하는 근거는 『삼국사기』에 실려 있는 고구려의 산상왕(山上王)도 유사한 절차를 밟아가며 민간의 여자와 정을 통했기 때문이다. 임금이 되면 모두 그런 짓을 하고 싶은 모양인데, 어쨌거나 그런 짓은 조심스러울 수밖에 없는 일이다. 사연은 이러하다.

> 왕이 듣고 이를 이상히 여겨 그 여자를 보려고 미행하여 밤에 여자의 집에 이르러 시중드는 사람을 시켜 말하게 했다. 그 집에서 왕이 온 것을 알고 감히 거절하지 못했다. 왕이 방으로 들어가 여자를 불러서 상관하려 하자, 그 여자가 아뢰기를 "대왕의 명을 감히 거역할 수 없으나, 만약 상관하여 아들을 낳으면 버리지 말기를 바랍니다"라 했다. 왕이 이를 허락했다. 자정이 되어 왕이 일어나 궁으로 돌아왔다.
>
> — 『삼국사기』 권16, 「고구려본기」, 〈산상왕〉

산상왕은 아름답기로 소문난 민간의 여자를 겁탈하기 전, 가까운 신하를 먼저 보내서 여자의 마음을 달래는 절차를 밟는다. 그런 뒤, 자신이 들어가 정을 나눈다. 일개 천한 여인에게 망신을 당하면 민망한 일일 터, 그들의 음행도 나름 조심스러웠던 것이다. 〈도미〉에서의 개루왕도 이런 단계를 거쳤을 개연성이 높다. 물론 가짜 개루왕이 찾아갔을 때, 도미처가 보였던 반응을 지금 확인할 길은 없다. 다만 뒤에서 읽게 될 〈도화녀 비형랑〉과 관련지어 생각할 때, 남편 도미가 없으면 왕의 요구에 응하겠다고 답했을 법하다. 여자가 지킬 일은 두 남편을 섬기지 않는 것이라며 사륜왕의 요구를 완강하게 거부하던 도화녀가, 남편이 없으면 요구를 들어줄 수 있다고 했던 것처럼.

도화녀의 이런 발언은 신라 사회의 일부일처관을 암시한다는 점에서 의미심장하다. 물론 여기에서 도화녀가 말한 '불사이부(不事二夫)'란, '동시에' 두 남자를 섬길 수 없다는 것이지 '평생' 그러지 않겠다는 것은 아니다. 한번 결혼했던 여자는 다시는 다른 남자를 섬길 수 없다는 이유로 재혼을 금지했던 조선시대의 일부일처관과는 완전히 다른 것이다. 남편이 있기 때문에 안 된다는 도화녀의 말은 그래서 흥미롭다. 같은 처지였던 도미처도 그런 식으로 사태를 모면하려 했을 가능성이 높다. 그래서 개루왕은 처음 만났음에도 불구하고 '도미와 내기하여 너를 얻었다'며 '소유권 이전의 논리'를 앞세우고 있는 것으로 보인다. 만약 우리의 추측대로 도미처가 그런 식으로 말을 했다면, 그것이 아무리 왕의 겁박을 모면하기 위한 임기응변이었다고 해도, 부녀자의 정절을 강조하고 싶었던 고려 중기의 남성/가장 김부식에게는 불온한 언사로 읽힐 수밖에 없었다. 고민하던 김부식은 마침내 문제의 발언을 통째로 삭제해버리기로 마음먹었다. 그 결과 문맥은 의미가 제대로 통하지 않는 훼손된 텍스트가 되고 말았던 것이다.

김부식이 도미처의 행적에 손질을 가한 까닭은 그 자신이 품었던 넘쳐나는 목적의식에 따른 당연한 귀결이었다. 김부식은 이들의 사연을 풀어내는 첫머리에 "도미는 백제인이다. 비록 민간의 백성이었지만 자못 의리(義理)를 알았고, 그 아내는 아름답고도 절행(節行)이 있어 당시 사람들의 칭찬을 받았다"라고 전제해두고 있다. 도미처는 그런 목적에 부합하는, 아니 좀 더 정확하게 표현하자면 그런 전범을 보여주기 위해 건져 올린 정절의 화신이었던 것이다. 사정이 이럴진대 그녀의 절행에 손상을 줄 만한 손톱만큼의 흔들림일지언정 쉽게 용납할 수 없었다. 역사가 김부식은 자신의 신념에 부합하는 한 여인을 역사에 길이 기리기 위해, 기존의 내용에 손질을 가하는 일도 때로는 서슴지 않았던 것이다. 역사를 두려워해야 한다는 말이 있지만, 그건 많은 경우 옳지 않다. 역사가가 이렇듯 자신의 역사관에 맞게 빼고 덧붙이는 손질을 가할 수밖에 없는 것이라면.

죽어서도 도화녀를 잊지 못하던 사륜왕

도미처와 비슷한 처지였던 여인으로 도화녀(桃花女)가 있다. 그는 사륜왕이 탐심을 품었던 여인으로 『삼국유사』의 「기이」에 이름이 전한다. 사륜왕은 신라 25대 진지왕으로 진흥왕의 둘째 아들이다. 그런데 그는 왕위에 오른 지 4년 만에 주색에 빠져 있다는 이유로 나라 사람들에게 폐위당하고 말았다. 권좌에서 쫓겨난 탐욕스러운 임금이었다는 점을 알려주기 위해서였을까? 일연은 사륜왕과 사량부 민간의 여자 도화녀와의 사통(私通) 과정을 자세하게 서술하고 있다. 우리는 민간의 부녀자를 넘보았던 또 다른 임금, 백제 개루왕의 이야기를 방금 읽었다. 그는 자신의 욕망을 충족시키지 못한 채 자신의 포학함만 만천하에 알렸지만 사륜왕은 집요한 노력 끝에 자신의 욕망을 충족시켰고, 도화녀로 하여금 자식 비형랑(鼻荊郞)을 낳게 하기에 이르렀다. 그런 사연을 지켜본 당대인들은 다음과 같은 노래를 불렀다고 한다.

聖帝魂生子	성스런 황제의 혼이 아들을 낳았으니,
鼻荊郞室亭	여기는 비형랑의 집이로다.
飛馳諸鬼衆	날고 뛰는 잡귀들아,
此處莫留停	이곳에 머물지 말거라.

위의 노래는 신라시대에 악귀를 쫓는 부적으로 사용됐다고 한다. 그런데 좀 이상한 구절이 있다. 여색에 탐닉하여 황음하다고 폐위된 임금을 당시 사람들은 '성제(聖帝, 성스러운 황제)'라 추켜세우고 있으니 말이다. 비형랑을 낳게 만든 사륜왕을 성스러운 임금으로 지칭했던 것이다. 그리고 보면, 도화녀와 관계를 맺는 과정도 개루왕과 달리 전혀 폭압적이지 않았다. 오히려 점잖고 환상적인 분위기를 자아내고 있었는데, 그 겁탈의 현장은 이러했다.

> 왕이 폐위되고 죽었는데 2년 후에 도화랑의 남편도 역시 죽었다. 십 여일이 지난 어느 날 밤중에 홀연히 왕이 평시와 같이 나타나 여인의 방에 들어와 말하길 "네가 옛날에 허락한 것처럼 지금 너의 남편이 없으니 되겠느냐?"라고 하자, 여인이 쉽게 허락하지 못하고 부모에게 이 사실을 고하니 부모가 말하기를 "임금의 교시인데 어찌 피할 수 있겠느냐" 하고 딸을 방에 들어가게 했다. 왕이 이레 동안 머물렀는데 늘 오색 구름이 집을 덮고 향기가 방 안에 가득했다. 이레 후에 홀연히 종적이 사라졌다. 여인은 이로 인하여 임신하여 달이 차서 해산하려 할 때 천지가 진동하며, 한 사내아이를 낳으니 이름을 비형이라 했다.
>
> — 『삼국유사』 권1, 「기이」, 〈도화녀 비형랑〉

나라 사람들이 황음하다고 폐위시켰다는 임금이 어찌 이처럼 다정한, 또는 신비스런 인물로 그려질 수 있었던 것일까? 하긴 도화녀 역시 미묘하게 문답을 주고받았다. 아름다움을 탐하기 위해 사륜왕이 처음 찾아왔을 때의 장면이다.

사량부(沙梁部)에 사는 어느 민가 여인의 얼굴과 자태가 매우 아름다웠으므로 사람들이 도화랑이라고 불렀다. 왕이 소문을 듣고 궁중에 불러들여 그녀를 범하려 하니 여인이 말하기를 "여자가 지켜야 하는 일은 두 남자를 섬기지 않는다는 것입니다. 남편이 있는데도 다른 사람에게 시집가는 것은 만승(萬乘)의 위엄으로도 마침내 얻지 못할 것입니다" 했다. 왕이 말하기를, "너를 죽인다면 어떻게 할 것이냐?"라고 하자, 여인이 대답하기를, "차라리 거리에서 죽임을 당하더라도 어찌 다른 마음 가지기를 원하겠습니까?" 왕이 희롱으로 말하기를 "남편이 없으면 되겠느냐?" 하자, 여인이 말하기를 "되겠습니다" 했다. 왕은 그를 놓아 보내주었다.

- 『삼국유사』 권1, 「기이」, 〈도화녀 비형랑〉

대화의 내용이 예사롭지 않다. 두 남편을 섬길 수 없다거나 죽더라도 두 마음을 품지 않겠다던 도화녀, 그러나 이내 남편이 없으면 괜찮다고 말한다. 앞서 지적했듯, 조선시대 부녀자에게 늘 따라붙던 열녀불경이부(烈女不更二夫)와는 확연히 다르다. 도화녀는 동시에 두 남자를 섬길 수 없다는 의미로 말했던 것이다. 이런 결혼 풍습이 허용되고 있었으니, 조선시대에 비해 참으로 유연하다 하겠다. 그뿐만 아니다. 우리는 이들 대화에서 개루왕과 도미처 사이의 팽팽한 긴장감을 느끼기 어렵다. 도화녀의 거절에 사륜왕은 순순히 물러섰던 것이다. 그러고는 남편이 죽기를 기다린 뒤에 자신마저 혼령이 되어 다시 찾아온다. 남편이 없으면 될 것이라 생각하여, 도미의 두 눈을 빼서 강물에 버린 개루왕과 얼마나 다른가? 그런 까닭에 사륜왕과 도화녀의 관계는 겁탈이라기보다 순응으로 읽힌다.

오히려 사륜왕이 도화녀의 남편이 죽은 뒤에 그것도 혼령이 되어 나타나는 대목에 이르게 되면, 도화녀에 대한 사륜왕의 탐욕이 단순한 탐욕이 아니라 죽음도 갈라놓지 못한 진정한 연모처럼 읽힐 정도가 된다. 실제로 이들은 이레 동안의 달콤한 동침의 결과, 비형랑이라는 비범한 자식을 얻을 수 있었다. 비형랑, 이름도 범상치 않다. 하지만 그는 설화의 주인공인 것만이 아니라 실제로 존재했던 역사적 인물이었다. 진위 논란에서 자유롭지 못하지만, 얼마 전 발견된 김대문의 『화랑세기(花郎世紀)』의 「용춘공조(龍春公條)」에서 그의 존재를 확인할 수 있다. 비형랑은 제13세 화랑주였던 김용춘의 서얼동생으로 소개되고 있는 것이다.

> 『전군열기(殿君列記)』에 이르기를 "김용춘은 용수 갈문왕의 동생이다. 금륜왕(사륜왕)이 음란함에 빠졌기 때문에 폐위되어 유궁(幽宮)에 3년간 살다가 죽었다. 아들 김용춘 공은 아직 어려 아비 얼굴을 몰랐다. 지도태후가 태상태후의 명으로 다시 신왕(新王)인 진평왕을 섬기게 되자 김용춘 공은 그를 아버지라 불렀다. 때문에 진평왕이 가엾게 여겨 총애하고 대우함이 매우 도타웠다. 김용춘 공은 자라나서 (그 사실을 알게 되어) 슬퍼하며 문노(文弩)의 문하에 들어가 비보랑(秘寶郎)을 형으로 섬기고, 서제(庶弟) 비형랑과 함께 힘써 낭도(郎徒)를 모았다. 그러자 많은 대중들이 따랐고, 주요 계파가 모두 추대하고자 했으므로 서현랑이 김용춘 공에게 화랑의 자리를 물려주었다 한다.
>
> — 『화랑세기』, 「용춘공조」

앞에 소개한 사연은 『삼국유사』와 맥락을 같이하면서도 보다 상세하게 그 이면을 보여준다. 사륜왕이 음란한 군주였기에 폐위됐다는 사실은 같다. 그러나 이어지는 사연은 보다 흥미롭고 착잡하다. 폐위된 사륜왕의 부인 지도태후는, 자기 남편을 권좌에서 몰아내고 그 자리를 차지한 원수이자 시조카인 진평왕을 다시 모셨다고 한다. 어떻게 그럴 수 있을까? 요즘의 우리로서는 감히 상상하기 어려운 행로를 걸었다. 하지만 신라는 그런 불륜이 통용되던 사회이고, 권력은 그런 비정을 감행하게 만들기도 한다. 물론 지아비에 이어 원수인 조카까지 연이어 모셔야 했던 정치적 배경이라든가 복잡하기 그지없었을 지도태후의 심경을 헤아려보기란 어렵지 않다. 그럼에도 영화의 소재가 될 법한 이 사건을 『화랑세기』는 아무렇지도 않은 일처럼 담담하게 서술할 뿐이다.

오히려 관심은 사륜왕의 자식들에게 집중된다. 사륜왕의 아들 김용춘은 그런 궁중 비화를 갓난아이여서 까맣게 몰랐다. 아버지를 몰아낸 원수 진평왕을 아버지라 부르며 따르던 정경, 그건 비정한 진평왕조차 가엾게 여길 정도로 애처로운 일이었다. 하지만 비밀은 영원히 지켜질 수 없었다. 점차 자라면서 자신의 출생 비밀을 알게 된 김용춘은 진평왕의 품을 떠나 화랑의 무리로 들어가게 된다. 그리고 그곳에서 비형랑과 함께 힘써 낭도들을 모았다는 것이다. 자신의 출생 비밀을 알게 되어 슬피 흐느끼던 김용춘은 무슨 생각을 했을까? 왜 화랑 문노를 찾아갔던 것일까? 무엇 때문에 서얼동생 비형랑과 낭도 모으기에 힘썼던 것일까? 굳이 말하지 않아도 짐작할 수 있을 것이다.

김용춘은 폐위된 임금의 자식이라는 악조건에도 불구하고 아우 비형랑과 함께 자신의 지지 세력을 널리 모았다. 결국 주요 계파의 추대에 의해 제13세 화랑주의 지위에까지 올랐다. 그런데 김용춘은 누구인가? 사륜왕의 아들로서보다는 김춘추의 아버지로서 보다 쉽게 다가오겠다. 김용춘은 바로 성골 계보를 끝내고 진골 계보로 왕위를 잇기 시작했던, 다시 말해 삼국통일의 초석을 놓았던 무열왕 김춘추의 아버지였던 것이다. 이들의 복잡한 관계를 표로 정리하면 다음과 같다.

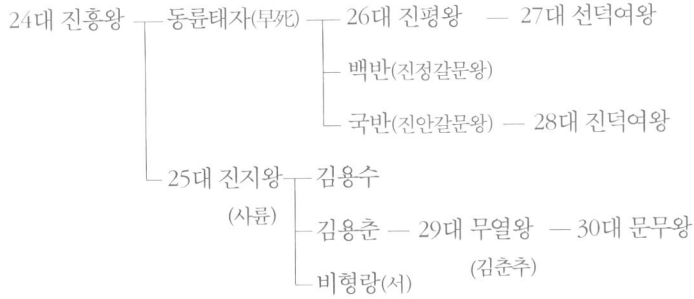

위의 계보에서 확인할 수 있는 것처럼, 사륜왕은 진흥왕의 장자가 아닌 차자였다. 그럼에도 왕위에 오를 수 있었던 데는 기구한 사연이 있다. 진흥왕의 장자이자 사륜왕의 형이었던 동륜태자는 자기 부친의 여자 보명궁주와 밤마다 밀회를 즐겼다. 참으로 지독한 불륜이다. 그러던 중 밤에 밀회를 즐기다가 개에 물려 죽는다. 불륜의 대가였을까? 어쨌든 동륜태자의 죽음으로 그의 어린 아들(진평왕)을 대신하여 동생 금륜태자(사륜왕)는 왕위에 오르는 행운을 거머쥐었다.

이런 비정상적 과정을 거쳐 왕위에 올랐으니, 형인 동륜태자의 아들이 성장함에 따라 사륜왕의 지위가 불안했을 것은 뻔하다. 이런 정황을 감안해볼 때 즉위 4년 만에 사륜왕이 나라 사람에 의해 폐위된 것은, 다시 말해 『삼국유사』에서 거론하고 있는 죄목 "국정이 문란하고 주색에 빠져 있었다는 것"은 동륜태자의 아들을 왕위에 올리기 위한 구실이었을 가능성이 높다. 『삼국사기』의 기사를 보면, 그 어디에도 폐위될 만한 사유를 발견할 수 없다. 그럴 만큼 충분하게 왕위에 있지도 못했다. 국정을 문란하게 하고 주색에 빠져 있었다며 왕위에서 쫓아내기에 4년이라는 재위 기간은 너무 짧았던 것이다.

그 사연을 어찌 알 수 있겠는가? 중요한 것은 신라의 사람들은 사륜왕을 폐위시키고 진평왕을 왕위에 올렸다는 사실이다. 하지만 진평왕은 오랜 재위 기간에도 불구하고 뒤를 이을 아들을 낳지 못했다. 하는 수 없이 나라 사람들은 연거푸 여자 둘(선덕과 진덕)을 왕으로 세웠지만 그래도 문제가 해결되지 않았다. 결국 김춘추를 왕으로 추대할 수밖에 없었던 것이다. 그런데 김춘추가 누구인가? 바로 자신들이 폐위시킨 사륜왕의 적손(嫡孫), 그러니까 앞서 살핀 김용춘의 아들이다. 한번 생각해보라. 폐위 당한 사륜왕의 손자가 왕위에 오르는 것이 쉽겠는가? 거기에는 필경 부친 김용춘이 서얼 비형랑과 함께 낭도들을 모으고, 여러 계파의 신망을 얻어 화랑주에 오를 정도로 든든한 정치적 뒷받침이 되어주었기에 가능했으리라.

여기에서 우리는 『삼국유사』, 「기이」의 〈진덕왕〉 마지막 장면을 다시 상기할 필요가 있다. 나라에 큰일이 있을 때면 경주의 신령스런 네 곳에 모여 의논했다는 증언이 그것인데, 회의의 주역은 김유신 등 당대 최고 실력자들이었다. 앞서 사륜왕을 폐위시켰다는 나라 사람들(國人)도 오늘날 우리가 연상하듯 평범한 국민을 가리키는 것이 아니다. 나라를 경영할 만한 경륜과 실력을 갖춘 바로 그들을 지칭하는 말이다. 김춘추가 왕위에 추대된 것도 바로 그곳이었다. 『삼국사기』에서는 그 장면을 이렇게 증언하고 있다.

> 진덕여왕이 죽자 여러 신하들이 이찬 알천에게 섭정을 요청했으나 알천이 굳이 사양하며 말하기를 "저는 늙고 이렇다 할 덕행이 없습니다. 지금 덕망이 높기는 춘추공만한 이가 없는데, 실로 세상을 다스릴 뛰어난 인물이라고 할 만합니다"라고 했다. 마침내 그를 받들어 왕으로 삼으려고 했는데, [김]춘추는 세 번 사양하다가 마지못하여 왕위에 올랐다.
>
> – 『삼국사기』 권5, 「신라본기」, 〈태종 무열왕〉

김춘추는 이렇게 즉위했던 것이다. 김춘추, 즉 무열왕이 성골 시대를 마감하고 진골 시대를 열었다. 이후 왕위는 계속해서 무열왕계로 이어지게 된다. 그렇다면 그때 자신들의 계보 맨 윗자리에 놓인 사륜왕을 더 이상 '폭군'으로 버려둘 수는 없었을 터다. 실제로 무열왕의 손자 신문왕은 즉위 7년 오묘(五廟)에 제사를 지낼 때, 자신의 직계 선조인 태조대왕(太祖大王, 미추왕)에 이어 진지대왕(眞智大王, 사륜왕), 문흥대왕(文興大王, 김용춘), 태종대왕(太宗大王, 김춘추), 문무대왕(文武大王, 김법민) 다섯 임금의 신위(神位)만 모신다. 진평왕·선덕여왕·진덕여왕을 빼버리는 대신, 그들에 의해 폐위된 사륜왕을 완벽하게 복권시켰던 것이다.

더욱이 사륜왕이 도화녀와 사통하여 낳은 비형랑은 탁월한 능력을 가진 인물이었다. 김용춘이 화랑주의 자리에 오르는 데는 물론, 그리하여 아들 김춘추가 왕위에 오르도록 결정적인 정치적 기반을 마련해주는 데에도 비형랑의 공헌이 작지 않았다. 앞서 보았듯이 서제인 비형랑의 도움으로 많은 낭도들을 모았다고 하지 않았던가? 우리는 이런 복잡한 정치적 역학관계를 통해, 황음하다고 폐위됐던 사륜왕이 신라 사람들에게 성제(聖帝)로 추앙됐던 사정의 일단을 납득할 수 있게 됐다. 더욱이 신령스런 아들 비형랑을 낳았으니 그렇게 불릴 만도 하다. 그럼에도 여전히 궁금한 대목이 남는다. 사륜왕의 사생아였던 비형랑이 귀신 쫓는 능력을 지닌 인물로 떠받들어진 사연이다. 거기에는 또 무슨 맥락이 감춰져 있었던 것일까?

비형랑을 치켜세운 낯간지러운 찬사

정말 민가의 여인을 탐했던 사륜왕이 '성제'라 불렸던 까닭이 이런 정치적 이유만 가지고 설명될 수 있을까? 그러기에는 석연치 않은 구석이 있다. 혹여 〈도화녀와 비형랑〉이라는 이야기를 통해 일연이 말하고 싶었던 것은, 〈도미와 도미처〉라는 이야기를 통해 김부식이 말하고 싶었던 것과 확연하게 달랐던 것이 아닐까? 김부식은 개루왕의 온갖 폭력과 회유에도 굴복하지 않던 도미처의 정절에 주목했었다. 그렇다면 일연은 도미처와 다른 길을 걸었던 도화녀의 훼절에 주목했던 걸까? 아니면 사륜왕의 폭압에 주목했던 걸까?

  모두 아니다. 그보다는 「기이」에 사륜왕과 도화녀의 이야기를 거둔 데서 짐작할 수 있듯, 일연은 여기에서 비형랑의 신이한 탄생, 그로 말미암은 비형랑의 신이한 행적을 말하고 싶었던 것이다. 도화녀가 죽은 사륜왕의 영혼과 비범한 관계를 맺어서 낳은 비형랑, 그는 온갖 잡귀(雜鬼)를 몰아내는 벽사(辟邪)의 신으로 자리 잡게 된다. 사륜왕과 도화녀가 엮어간 전반부의 기이한 서사는 그런 비형랑의 비범한 탄생을 설명하기 위한 하나의 전제였던 것이다. 그렇다면 우리는 비형랑에 보다 주목해야 마땅하다.

  비형랑은 혼귀(魂鬼) 사륜왕과 인간(人間) 도화녀가 관계하여 낳은 인물이다. '반인반귀(半人半鬼)'의 존재였던 것이다. 그런 사실을 알게 된 진평왕은 비형랑의 신이한 능력에 기대를 걸고 궁궐로 부르고, 벼슬까지 내려준다. 반은 인간이고 반은 귀신인 비형랑을 인간 세상에 잡아두고자 했던 것이다. 하지만 비형랑은 밤만 되면, 자신을 구속하고 있는 반월성 궁궐을 넘어 자신의 동료인 귀신들과 노니는 이중생활을 지속한다. 낮에는 인간의 삶, 밤에는 귀신의 삶, 인간이기도 하고 귀신이기도 한, 아니 인간도 아니고 귀신도 아닌 반인반귀로서의 이중생활은 점차 인간 세상의 달콤함에 길들여진다. 자신의 정체가 들통 났건만 인간의 요구에 순순히 응하고 비범함을 뽐내듯 여러 사람에게 자신의 능력을 드러내 보이고, 심지어는 자신의 동료인 길달(吉達)을 인간 세상으로 끌고 나오는 모범적이고도 인간친화적인 귀신으로 변모했던 것이다.

  인간 세계는 그런 비형랑에게 매력을 느끼고 아낌없는 신뢰를 주었다. 그래서 새로 이끌려나온 귀신 길달에게도 벼슬을 내리고, 인간의 아들로 만들어주기까지 했다. 인간 세계에 포섭하고자 했던 정략들이다. 한때 길달은 비형랑처럼 자신의 신이한 능력을 한껏 발휘하기도 했다. 비형랑이든 길달이든, 충성스럽고 능력이 뛰어나 그들을 짝할 만한 사람이 없을 정도였다. 그런 귀신의 변화를 바라보는 인간들은 더없이 흡족하게 생각했겠지만, 정작 길달은 밤마다 자신의 고향을 잊지 못해 몸서리쳤다. 인간 세계와 귀신 세계 사이에서 방황하던 길달, 그는 결국 인간들의 달콤한 유혹을 뿌리치고 자신의 고향으로 탈주를 시도한다. 그런 길달에 대해 일연은 다음과 같이 기록하고 있다.

> 왕이 또 묻기를 "귀신의 무리 가운데에서 인간의 모습으로 나타나 조정(朝廷)을 도울 만한 자가 있느냐?" 하자 비형이 말하기를 "길달(吉達)이라는 자가 있사온데 가히 국정을 도울 만합니다." 왕이 말하기를 "데리고 오도록 하여라" 했다. 이튿날 비형이 길달과 함께 왕을 알현하니 길달에게 집사라는 관직을 내렸는데, 과연 충직한 것이 비길 자가 없었다. 이때 각간 임종(林宗)이 자식이 없었으므로 왕이 명령하여 길달을 아들로 삼게 했다. 임종이 길달에게 명하여 흥륜사(興輪寺) 남쪽에 누문(樓門)을 세우게 했더니, 길달은 밤마다 그 문루 위에 가서 잤으므로 그 문을 길달문(吉達門)이라 했다.
> 하루는 길달이 여우로 변하여 도망을 갔으므로 비형이 귀신들로 하여금 그를 잡아 죽였다. 그러므로 그 귀신의 무리들은 비형의 이름만 듣고도 두려워하며 달아났다. 당시 사람들이 노래를 지어 부르기를 "성스런 황제의 혼이 아들을 낳았으니, 여기가 비형랑의 집이로다. 날고 뛰는 잡귀들아, 이곳에 머물지 말거라" 하였다. 나라의 풍속에는 이 글을 붙여서 귀신을 물리친다.
> ―『삼국유사』권1, 「기이」, 〈도화녀 비형랑〉

앞의 인용 결말부는 참으로 많은 것을 생각하게 만든다. 길달은 자신의 본모습인 여우로 변해 달아났다. 인간의 지극한 은혜를 배반한 자에 대한 혐오를 느끼게 만든다. 처단하지 않을 수 없다하여 비형은 길달을 잡아 죽인다. 뒷날 귀신들이 비형의 이름이 두려워 달아난 것은 바로 이 사건 때문이다. 그러나 흥미로운 대목은 인간을 배반하고 달아나는 길달을 비형이 직접 잡아 죽이지 않은 것이다. 대신 자기를 따르는 '귀신'을 시켜 잡아 죽이게 한다. 비형이든 길달이든 아니면 부림을 받은 귀신들이든 그들은 한때 밤이면 밤마다 함께 노닐던 동료였다. 그러던 그들은 왜 서로 죽이고 두려워하고 피하게 됐는가? 우리는 이곳에서 인간 세계와 귀신 세계의 착잡한 관계를 읽는다. 그러기에 다음 대목도 예사롭게 읽어 넘길 수만은 없다.

[가] 비형이 매일 밤 멀리 나가서 놀자 왕이 용사(勇士) 50명을 시켜 지키게 했으나, 매번 월성(月城)을 날아 넘어 서쪽 황천(荒川) 언덕 위에 가서 귀신의 무리를 거느리고 놀았다. 용사들이 숲 속에 매복하여 엿보니 귀신들은 여러 절에서 울리는 새벽 종소리에 각각 흩어지고 비형랑도 역시 돌아가는 것이었다.

[나] 용사들은 돌아와서 이 사실을 보고했다. 왕이 비형을 불러 묻기를 "네가 귀신을 거느리고 논다는 말이 사실이냐?" 하자 비형랑이 대답하기를 "그렇습니다" 했다. 왕이 "그러하면 너는 귀신의 무리를 이끌고 신원사(神元寺)의 북쪽 도랑에 다리를 놓아보도록 하여라" 했다. 비형은 칙명을 받들고 그 무리들로 하여금 돌을 다듬어 하룻밤 사이에 큰 다리를 놓았다.

— 『삼국유사』 권1, 「기이」, 〈도화녀 비형랑〉

[가]에서 볼 수 있듯이 비형랑에게 인간 세계와 귀신 세계를 구분 짓는 경계는 월성의 높은 성벽이 아니었다. 그는 그걸 훌쩍 뛰어넘어 다

났다. 오히려 두 세계를 구분 짓는 경계는 낮과 밤이었다. 밤만 되면 비형랑은 자신의 본성을 주체하지 못해 인간 세상의 굴레를 뛰쳐나가 밤새 쏘다녀야만 했다. 그러나 그런 본성을 금지하도록 강제하는 강력한 힘, 그것은 바로 새벽에 들려오는 절의 종소리였다. 새벽닭이 아니라 새벽 종소리였다. 둘 다 날이 밝았다는 의미이지만 사회적 맥락은 같지 않다. 종소리는 귀신들이 활보하던 밤의 세계를 깨우는 부처의 목소리였던 것이다. 그 소리에 귀신들은 소스라치게 놀라 흩어져 다시금 어두운 수풀에 웅크린 채 밤을 기다려야만 했던 것이다. 그런데 [나]에서 볼 수 있듯이, 비형랑은 그토록 무서워하던 부처님이 계신 신원사로 이르도록 하는 '다리'를 만들어야 했다. 귀신에게 절의 다리를 만들라고 했던 인간의 지시는 과연 우연이었을까? 아니다. 인간들은 다시 세상에 끌려나온 길달에게도 같은 지시를 내리고 있었다.

  길달은 흥륜사의 문루를 만들라는 첫 번째 임무를 부여받았다. 그리고 만들었다. 절의 다리가 부처의 세계로 인도하는 구실을 한다면, 절의 문은 잡귀가 들어오지 못하도록 막는 구실을 한다. 귀신인 비형랑과 길달이 그걸 모를 리 있었겠는가? 그들은 절의 종소리만 들어도 벌벌 떨던 존재들이었다. 인간 세계로 나온 귀신들에 대한 인간들의 시험은 이처럼 가혹했던 것이다.

  자신의 무리를 배반하고 인간 세계에 나온 비형랑과 길달은 그런 일을 마친 뒤, 무슨 생각을 했을까? 우리는 그 하나의 단서를 길달에게서 본다. 길달은 흥륜사 문루를 만들고는 밤마다 그 위에서 잠을 잤다고 한다. 그러다가 여우로 변해 달아나려 했던 것이다. 길달은 왜 하필 인간 세계와 귀신 세계의 경계인 그곳에서 잠을 잤던 것일까? 아니,

정말 잠을 잔 것일까? 오히려 우리는 그곳에서 길달의 깊은 혼란과 번민을 읽는다. 더 이상 견딜 수 없던 길달은 마침내 자신의 고향으로 되돌아가고자 했다. 자신의 동료에 대한 속죄의 마음도 품었을 법하다. 하지만 인간은 그걸 허용하지 않고, 단호하게 처단한다. 그 악역을 절친했던 벗 비형랑에게 맡기고, 비형랑은 기꺼이 수행한다. 참으로 착잡한 결말이다.

개루왕의 폭압을 견디다 못해 고구려로 도망가서 구차하게 구걸하며 살다 죽어간 도미 부부, 그리고 진평왕의 명령을 충실하게 받들며 자신의 동료들을 매몰차게 쫓아낸 비형랑의 태도는 씁쓸한 삶의 한 장면처럼 대비된다. 남편을 배반하지 않았던 도미처는 극한의 비참한 삶을 살아야 했지만, 동료를 배반한 비형랑은 두고두고 인간들에게 기려졌기 때문이다. 우리네 인간의 삶에도 그런 일이 얼마나 많이 일어나고 있는가? 그런 사건이 계기가 되어 비형랑은 귀신을 막아주는 신적 존재로 자리 잡을 수 있었던 것이다.

그런데 그런 역할을 맡은 인물은 비형랑 하나에 그치지 않았다. 아직 합리적 사고와 과학적 지식이 발달하지 못했던 그 시절, 사람들은 인간 세계를 두려움에 떨게 만드는 귀신·역병·화재 등을 방비하는 신적 존재를 만들어내곤 했다. 『삼국유사』 등에 전하는 것만 들어보면 비형랑·처용·지귀가 그들이다. 이들 사연은 이렇게 끝맺고 있다.

> 비형: 민간의 풍속에 이 글을 집에 붙여서 귀신을 물리쳤다.
> 처용: 이로 말미암아 나라 사람들이 처용의 형상을 문에 붙여서 사귀(邪鬼)를 물리쳐 경사(慶事)를 맞아들이게 됐다.

지귀: 선덕여왕은 술사(術士)에게 명해 주문을 지었다. 신라 때 풍속에 이 주문을 문에 붙여 화재를 막았다 한다.

비형랑·처용·지귀, 이들은 귀신의 존재를 인간의 영역에서 몰아내기 시작하던 때 혁혁한 공을 세운 주문(呪文)의 주인공들이다. 참으로 역설적인 것은, 이들 모두 비정상적이고 천한 존재들이었다는 사실이다. 그렇기 때문에 인간 세계로부터 서러움을 겪고, 배반을 당하고, 천대 받을 수밖에 없었다. 그런 까닭에 인간 세계를 원망하거나 저주할 만한데도 불구하고 오히려 이들 모두는 인간 세계를 지켜주기 위해 충실하게 복무한다. 비형과 길달의 엇갈린 행로가 선명하게 보여주듯, 자신의 존재 조건을 배반한 비형은 누구보다 철저하게 인간 세계로부터 귀신 세계를 분리시키는 역할을 수행하고 있었다. 잔혹한 처사이지만, 이런 존재들을 동원하여 인간 세계를 지켜주는 수호신으로 만들어 낸 인간들은 더욱 잔혹할지 모른다. 힘없는 그들은 협박과 유혹을 버텨내기 어려웠을 터다. 음란한 사륜왕을 성제로 부른 진정한 까닭은 배반자 비형랑을 한껏 추어주기 위한 인간의 낯간지러운 찬사이기도 했다.

절대권력에 맞선 도미처

『삼국사기』권48, 「열전」, 〈도미〉

도미 부부를 시험하려는 개루왕

도미(都彌)는 백제 사람이다. 비록 호적에 편입(編戶)된 평민이었지만 자못 의리를 알았다. 그의 아내는 아름답고 예뻤으며 절개 있는 행실로 당시 사람들로부터 칭찬을 받았다. 개루왕(蓋婁王)이 이를 듣고 도미를 불러 말했다. 왕이 "무릇 부인의 덕은 비록 지조가 굳고 행실이 깨끗함을 우선으로 하지만 만약 그윽하고 어두우며 사람이 없는 곳에서 교묘한 말로 유혹하면 마음을 움직이지 않을 사람이 드물 것이다"라고 했다. 도미는 "사람의 마음이란 헤아릴 수 없으나 저의 아내와 같은 사람은 비록 죽더라도 변함이 없을 것입니다"라고 대답했다.

  왕이 그녀를 시험해보려고 일을 핑계로 도미를 머물게 하고는 가까운 신하 한 사람으로 하여금 거짓으로 왕의 옷을 입고 마부를 데리고 밤에 그 집에 가도록 시키고, 사람을 시켜 먼저 왕께서 오실 것임을 알리도록 했다. 그러고는 부인에게 말했다. "나는 오랫동안 네가 예쁘다는 소리를 들었다. 도미와 내기를 하여 이겼으니 내일 너를 들여 궁인(宮人)으로 삼기로 했다. 이제부터 네 몸은 내 것이다." 그러고는 그녀를 간음하려 하자 부인이 말했다. "국왕께서는 거짓말을 하시지 않을 것이니, 제가 어찌 따르지 않겠습니까? 청컨대 대왕께서는 먼저 방에 들어가소서. 제가 옷을 갈아입고 들어가겠습니다." 그렇게 물러나서는 한 계집종을 치장하여 잠자리에 들였다. 왕이 후에 속았음을 알고 크게 노했다. 도미를 무고하여 처벌했는데, 두 눈을 멀게 하고 사람을 시켜 끌어내 작은 배에 태워 강에 띄웠다.

위기를 모면한 도미 부부

드디어 그의 아내를 끌어다가 강간하려고 하니, 부인이 말했다. "이미 남편을 잃었으니 홀로 이 한 몸을 스스로 보전할 수가 없습니다. 하물며 왕의 시비가 됐으니 어찌 감히 어길 수 있겠습니까? 그러나 지금 월경 중이라서 온몸이 더러우니 다른 날을 기다려 향기롭게 목욕한 후에 오겠습니다." 왕이 그 말을 믿고 허락했다.

부인이 곧바로 도망쳐 강어귀에 이르렀으나 건널 수가 없었다. 하늘을 향해 통곡을 하니 문득 빈 배 한 척이 물결을 따라 이르는 것을 보았다. 부인은 그것을 타고 천성도(泉城島)에 이르러 남편을 만났는데 아직 죽지 않았다. 풀뿌리를 캐서 먹다가 드디어 함께 배를 타고 고구려의 산산(蒜山) 아래에 이르렀다. 그들을 불쌍히 여긴 고구려 사람들에게 옷과 음식을 구걸하며 구차히 살다가 객지에서 일생을 마쳤다.

왕을 허락한 도화녀

『삼국유사』 권1, 「기이」, 〈도화녀 비형랑〉

아리따운 도화녀, 그를 탐하려던 사륜왕

신라 제25대 사륜왕(舍輪王)의 시호는 진지대왕(眞智大王)으로 성은 김씨이며 왕비는 기오공(起烏公)의 딸인 지도부인(知刀夫人)이다. 대건(大建) 8년 병신(丙申)에 왕위에 올라 나라를 다스린 지 4년 만에 주색에 빠져 음란하고 정사(政事)는 어지러우므로 나라 사람들이 그를 폐위시켰다. 이보다 앞서 사량부(沙梁部)에 사는 어느 민가 여인의 얼굴과 자태가 매우 아름다웠으므로 사람들이 도화랑(桃花娘)이라고 불렀다. 왕이 소문을 듣고 궁중에 불러들여 그녀를 범하려 하니 여인이 말하기를 "여자가 지켜야 하는 일은 두 남자를 섬기지 않는다는 것입니다. 남편이 있는데도 다른 사람에게 시집가는 것은 만승(萬乘)의 위엄으로도 마침내 얻지 못할 것입니다" 했다. 왕이 말하기를, "너를 죽인다면 어떻게 할 것이냐?"라고 하자, 여인이 대답하기를, "차라리 거리에서 죽임을 당하더라도 어찌 다른 마음 가지기를 원하겠습니까?" 왕이 희롱으로 말하기를 "남편이 없으면 되겠느냐?" 하자, 여인이 말하기를 "되겠습니다" 했다. 왕은 그를 놓아 보내주었다.

홀로 된 도화녀, 죽어서 다시 찾아온 사륜왕

이 해에 왕이 폐위되고 죽었는데 2년 후에 도화랑의 남편도 역시 죽었다. 십여 일이 지난 어느 날 밤중에 홀연히 왕이 평시와 같이 나타나 여인의 방에 들어와 말하길 "네가 옛날에 허락한 것처럼 지금 너의 남편이 없으니 되겠느냐?"라고 하자, 여인이 쉽게 허락하지 못하고 부모에게 이 사실을 고하니 부모가 말하기를 "임금의 교시인데 어찌 피할 수 있겠느냐" 하고 딸을 방에 들어가게 했다. 왕이 이레 동안 머물렀는데 늘 오색 구름이 집을 덮고 향기가 방 안에 가득했다. 이레 후에 홀연히 종적이 사라졌다. 여인은 이로 인하여 임신하여 달이 차서 해산하려 할 때 천지가 진동하며, 한 사내아이를 낳으니 이름을 비형(鼻荊)이라 했다.

귀신을 부리던 비형랑, 여우가 되어 달아난 길달

진평대왕(眞平大王)이 그 이상스런 소문을 듣고 비형을 궁중에 데려다 길렀다. 나이가 15세가 되자 집사(執事)라는 직책을 주었다. 비형이 매일 밤 멀리 나가서 놀자 왕이 용사(勇士) 50명을 시켜 지키게 했으나, 매번 월성(月城)을 날아 넘어 서쪽 황천(荒川) 언덕 위에 가서 귀신의 무리를 거느리고 놀았다. 용사들이 숲 속에 매복하여 엿보니 귀신들은 여러 절에서 울리는 새벽 종소리에 각각 흩어지고 비형랑도 역시 돌아가는 것이었다. 용사들은 돌아와서 이 사실을 보고했다. 왕이 비형을 불러 묻기를 "네가 귀신을 거느리고 논다는 말이 사실이냐?" 하자 비형랑이 대답하기를 "그렇습니다" 했다. 왕이 "그러하면 너는 귀신의 무리를 이끌고 신원사(神元寺)의 북쪽 도랑에 다리를 놓아보도록 하여라" 했다. 비형은 칙명을 받들고 그 무리들로 하여금 돌을 다듬어 하룻밤 사이에 큰 다리를 놓았다. 그런 까닭에 귀교(鬼橋)라 한다.

왕이 또 묻기를 "귀신의 무리 가운데에서 인간의 모습으로 나타나 조정(朝廷)을 도울 만한 자가 있느냐?" 하자 비형이 말하기를 "길달(吉達)이라는 자가 있사온데 가히 국정을 도울 만합니다." 왕이 말하기를 "데리고 오도록 하여라" 했다. 이튿날 비형이 길달과 함께 왕을 알현하니 길달에게 집사라는 관직을 내렸는데, 과연 충직한 것이 비길 자가 없었다. 이때 각간 임종(林宗)이 자식이 없었으므로 왕이 명령하여 길달을 아들로 삼게 했다. 임종이 길달에게 명하여 흥륜사(興輪寺) 남쪽에 누문(樓門)을 세우게 했더니, 길달은 밤마다 그 문루 위에 가서 잤으므로 그 문을 길달문(吉達門)이라 했다.

하루는 길달이 여우로 변하여 도망을 갔으므로 비형이 귀신들로 하여금 그를 잡아 죽였다. 그러므로 그 귀신의 무리들은 비형의 이름만 듣고도 두려워하며 달아났다. 당시 사람들이 노래를 지어 부르기를 "성스런 황제의 혼이 아들을 낳았으니, 여기가 비형랑의 집이로다. 날고 뛰는 잡귀들아, 이곳에 머물지 말거라" 하였다. 나라의 풍속에는 이 글을 붙여서 귀신을 물리친다.

6. 차라리 지아비의 칼에 죽는 게 낫다고?

계백·소나·박제상·석우로의 처

충절이라는 이름으로 포장된 전쟁기계들

『삼국사기』의 성격을 한 마디로 규정해보라면, 피비린내 나는 전쟁서사라고 불러도 크게 틀리지 않을 법하다. 삼국의 패권을 장악하기 위한 통일 시기 즈음의 역사 기록은 특히 그러하다. 거기에는 살기등등한 눈을 부라리던 장수와 죽음으로 내달리던 장졸들이 뒤얽혀 있다. 해론, 소나, 취도, 눌최, 설계두, 김영윤, 관창, 김흠운, 열기, 비녕자, 죽죽, 필부, 계백 등이 바로 그들이다. 이들 가운데는 생소한 이름도 있지만, 널리 알려진 이름도 있다. 아마 관창과 계백은 모르는 사람이 없으리라. 이들이야말로 국가의 존망을 걸고 혈전을 벌인 삼국 전쟁의 두 영웅이었다. 아니 인간이 저지르는 최악의 범죄가 전쟁이라는 점을 인정한다면, 국가 영웅으로 추앙받던 이들은 오히려 살육에 목숨 건 '전쟁기계'라 불러야 옳다. 먼저 관창의 활약을 보자.

관창은 말에 올라 창을 비껴들고 곧바로 적진을 향해 말을 달리면서 적군 몇을 죽였다. 그러나 상대편의 수가 많고 우리 편의 수가 적어서 적의 포로가 됐다. 사로잡혀서 백제의 원수(元帥) 앞에 끌려갔다. 계백이 투구를 벗게 하니, 그가 어리고 또한 용기가 있음을 아끼어 차마 죽이지 못했다. 이에 탄식하기를 "신라에는 뛰어난 병사가 많다. 소년조차 이와 같거늘 하물며 장사들이야 어떠하겠는가?" 하고는 살려 보내주었다. 관창이 돌아와서 "적지 가운데에 들어가서 장수의 목을 베고 깃발을 뽑아오지도 못한 것이 몹시 한스럽다. 다시 들어가면 반드시 성공할 수 있다"고 애석해하고는 손으로 우물물을 움켜 마시더니 다시 적진으로 돌진하여 민첩하게 싸웠다. 계백이 그런 관창을 사로잡아 머리를 베어 말 안장에 매달아서 보냈다. 품일(品一)이 그 머리를 붙들고 소매로 피를 닦으며 "우리 아이의 얼굴과 눈이 살아 있는 것 같다. 나라의 일에 죽었으니 후회할 것이 없다"고 말했다.

- 『삼국사기』 권47, 「열전」, 〈관창〉

누구나 한 번쯤은 읽거나 들어보았을 어린 관창의 최후다. 절제된 언어 표현이 발휘할 수 있는 비장미를 한껏 뽐내면서 전개되는 결연한 이 대목을 읽고 있노라면, 한반도의 구석에 박혀 있던 신라가 어떻게 삼국통일의 대업을 이룩할 수 있었는가를 실감할 수 있다. 돌이켜보면 초등학교 시절, 관창의 이런 최후를 가슴 벅찬 감동으로 읽었던 기억이 생생하다. 화랑정신이 강조되던 박정희 군사독재 시절의 일이었다. 하지만 죽음도 불사하고 돌진하다 목이 잘린 앳된 관창을 보면, 지금은 몹시도 안쓰럽다. 그 어린 것이 뭘 안다고, 더욱이 피가 철철 흐르는 아들의 목을 들어 닦으면서도 태연했던 아비 품일을 보면 화가 치밀기까지 한다. 아들을 잃은 설움이 복받쳤을 텐데도, 조금도 슬프지 않은 척 애써 참아야 했던 그야말로 전쟁기계의 모습이다. 이는 차마 어린 관창을 죽이지 못했던, 그 인자한 장수 계백도 다르지 않다.

> 계백은 장군이 되어 죽음을 각오한 군사 5천 명을 뽑아 이들을 막고자 했다. 그러고는 "한 나라의 장수로 당나라와 신라의 대규모 병력을 맞게 됐으니 나라의 존망을 알 수 없다. 내 처와 자식들이 잡혀 노비가 될까 염려된다. 살아서 치욕을 당하는 것보다 죽어서 흔쾌한 편이 나을 것이다"라고 말하고 마침내 처자식을 모두 죽였다. 황산의 벌판에 이르러 3개의 군영을 설치했다. (……) 마침내 격렬히 싸우니 백제의 군사로서 일당천(一當千)이 아닌 자가 없었다. 신라군이 이에 퇴각했다. 이와 같이 진격하고 퇴각하며 싸운 것이 네 차례에 이르렀지만 계백은 결국 힘이 다해 죽었다.
>
> ─ 『삼국사기』 권47, 「열전」, 〈계백〉

백제의 계백도 결연한 각오로 전장에 나온 몸이었다. 나라가 멸망한 뒤 겪게 될 참혹함을 예감한 뒤, 처자식을 모두 죽여야 할 만큼 각오가 대단했다. 어린 관창도 그러했지만, 계백의 처자식이야말로 자신이 죽어야 하는 까닭을 알기나 했을까? 그런 점에서 이준익 감독이 만든 영화 〈황산벌〉 가운데 계백의 아내가 "뭐라고라"라며 자결을 거부하는 장면은 통렬하다. 삼국통일이라는 명분을 내걸고 죽음의 잔치를 벌이던 남성의 야욕에 대한 신랄한 야유였던 것이다. 꽃 같은 젊은이를 죽음으로 내몰아 불리한 전투의 반전을 노린 아비 품일이든, 처자식을 죽이면서까지 항전의지를 북돋으려던 지아비 계백이든, 황산벌에서 맞섰던 이들은 모두 전쟁에 눈먼 전쟁기계들이었다. 물론 본인들이야 군주를 위해서라면 죽음도 아깝지 않다고 생각했겠지만. 땅에 묻혀 백골이 진토가 되고도 남았을 지금, 그들은 그때 자신들이 왜 그리도 광분했는지 기억하고 있을까? 도도하게 흘러가는 역사의 흐름 속에서, 더욱이 경상도든 전라도든 모두 한 나라가 되어버린 지금에 와서. 충절의 아내들이 피의 잔치를 지켜보며 무언(無言)으로 하고 싶었던 이야기도 아마 그 어름쯤이었을 것이다. 죽어간 그녀들의 죽음을 다시 살펴야 하는 이유이다.

충신의 아내가 살아가는 법

삼국통일 전쟁으로 죽어간 인물을 김부식은 『삼국사기』의 「열전」에 고스란히 담고 있다. 물론 전쟁기계로서가 아니라 자신의 목숨을 기꺼이 조국에 바친 충절이라는 이름으로 담았다. 관창과 계백의 자리도 동일하다. 거기에 그려진 그들의 죽음은 장엄하기 그지없다. 마치 누가 더 장렬하게 죽어가는지 경쟁이라도 하듯 하나 둘 스러져갔다. 대를 이은 부자의 죽음, 형제가 서로 뒤질세라 내닫던 죽음, 죽을 이유가 없는 승려들의 죽음 등 하나하나 살펴볼 만한 가치가 있지만 우선 한 사람의 죽음을 전한 기록부터 직접 읽어보기로 하자.

> 소나(素那)가 칼을 휘두르며 적을 향해 크게 외치기를 "너희들은 신라에 심나(沈那)의 아들 소나가 있다는 것을 아느냐? 진실로 죽음을 두려워하지 않

고 살고자 도모하지 않을 것이니 싸우고자 하는 자는 당장 나오거라"고 했다. 마침내 분노하여 적에게 돌진하니 적이 감히 가까이 오지 못하고 다만 그를 향하여 화살을 쏠 뿐이었다. 소나 또한 화살을 쏘니 나는 화살이 벌떼와 같았다. 아침부터 저녁까지 싸우니 소나의 몸에 박힌 화살이 고슴도치의 가시 같았다. 마침내 소나는 꺼꾸러져서 죽었다.

– 『삼국사기』 권47, 「열전」, 〈소나〉

백제의 군사들을 벌벌 떨게 만들었던 '신라의 날랜 장수[新羅飛將]' 심나의 아들 소나의 최후다. 용감하게 죽어간 자신의 아버지처럼, 혈혈단신 하루 종일 벌인 공방전 끝에 온몸 빽빽하게 화살이 꽂혀 죽어간 그의 최후는 차마 상상하기 어려울 정도로 끔찍하다. 그런 참혹한 죽음을 아름답게 기리고 있는 김부식의 심사도 끔찍하기는 마찬가지다. 그러나 더욱 끔찍한 것은 그런 사내를 지아비로 의지하고 살았던 그들의 아내였을 것이다. 그래서 그랬던 것일까? 다른 기사에서는 모습을 잘 드러내지 않던 충절의 아내들이 「열전」에서는 언뜻언뜻 얼굴을 내비친다. 아니 역사가 김부식이 그 여인들의 얼굴을 흘낏흘낏 돌아보았던 것이다. 장렬하게 죽어간 충절의 아내에게 뭔가 찜찜한 구석이 있었던가 보다.

해론(奚論)이 여러 장수들에게 말하기를 "전에 우리 아버지가 여기에서 숨을 거두셨다. 내가 지금 또한 여기에서 백제군과 싸우게 됐으니 오늘이 내가 죽을 날이다"라고 했다. 드디어 짧은 칼을 가지고 적에게 나아가 몇 명을 죽이고 해론도 죽었다. 진평왕은 이 소식을 듣고 눈물을 흘리고 그의 가족을 돕기를 매우 후하게 했다.

– 『삼국사기』 권47, 「열전」, 〈해론〉

왕의 행동은 그럴 만하다. 장렬하게 전사한 해론의 소식을 듣고 어찌 눈물 흘리지 않을 수 있겠고, 그 남은 가족들에게 어찌 상을 내려주지 않을 수 있겠는가? 후한 상을 받은 가족 중에는 아내도 포함되어 있었을 게 분명하다. 그렇지만 가족과 아내가 슬픔으로 통곡하는 모습을 그려내지 않은 김부식의 태도는 불만스럽기 짝이 없다. 하지만 이건 나은 편이다. 기어이 역사의 문면으로 불러낸 아내의 모습이란 이런 식이었다.

핍실(逼實)이 출전에 임하여 그 아내에게 이르기를 "나의 두 형이 이미 나랏일에 죽어 이름을 남겼소. 나는 비록 어질지 못하나 어찌 죽음을 두려워하여 구차히 살겠는가? 오늘 그대와 살아서 헤어지지만, 끝내는 사별할 것이오. 상심하지 말고 잘 있으시오"라고 했다. 이에 적진과 맞서게 되자, 홀로 나가 용감히 싸워 수십 명을 목 베어 죽이고 그도 죽었다.

– 『삼국사기』 권47, 「열전」, 〈취도〉

죽음의 전장으로 떠나며 아내에게 남긴 핍실의 말은 참으로 비장하다. 오늘은 살아 헤어지지만 이것은 죽어 이별하는 것이라고. 하지만 정작 궁금한 것은 그런 지아비의 '명언'을 듣고, 아내가 했을 답변이다. "예, 잘 가십시오"였을까? 아니면 "제발, 가지 마세요"였을까? 어쩌면 할 말을 잃은 채 눈물만 흘렸을지 모른다. 하지만 김부식은 아내의 목소리를 들려주지 않는다. 여인의 잔망스런 말로 비장한 분위기를 깨서는 안 된다고 생각했을지도 모른다. 어찌 됐건, 핍실의 아내가 역사에 이름을 올린 역할은 남편의 결연한 자세를 돋보이게 만들어주는 무언의 배역으로서다. 하긴 죽기를 바라고 전장으로 나아가는 지아비를 말없이 지켜보아야 했던 핍실의 아내는 그래도 좀 나은 편이다. 더욱 참담한 지경에 처해 있으면서도 말 한 마디 못한 충절의 아내들과 견주어본다면 말이다. 계백의 처가 무참하게 죽어갔던 것처럼, 품석(品釋)의 아내도 그러했다.

> 품석이 나가려고 하다가 장수와 종별이 죽었다는 말을 듣고 먼저 처자를 죽이고 스스로 목을 찔러 죽었다.
>
> — 『삼국사기』 권47, 「열전」, 〈죽죽〉

지아비의 칼에 죽어가던 충절의 아내들은 무슨 생각을 했을까? 적장의 칼에 죽는 것보다는 사랑하던 지아비의 손에 죽는 것이 낫겠다고 생각했을까? 냉정하게 생각해보면, 온갖 수모를 겪으며 치욕스럽게 살아가는 것보다 차라리 깨끗하게 죽는 게 나을지도 모른다. 충절의 사내들은 그렇게 확신했다. 하지만 정작 그녀들은 어떤 길도 자기 의지로 선택하지 못한 채 참혹한 지경에 내던져지고 말았다. 왜 그렇게 죽어가야 하는가를 누구도 설명해주지 않았다. 아니, 어떤 위로의 말도 해주지 않는다. 위로가 부질없는 것이기는 하지만 말이다. 그것이 충절의 아내가 걸어가고 감수해야만 하는 외길이었던 것이다.

하지만 김부식은 지아비의 죽음을 말없이 지켜보거나 지아비의 손에 죽어가야 했던 아내들을 기어코 피의 잔치자리로 끌어내기도 했다. 뭔가 말을 좀 해보라고, 충절들이 결코 미친 짓을 하고 있는 것이 아니라고 말이다. 그래서 여인들은 마지못해 무거운 입을 열기도 한다. 소나의 아내가 울먹이며 했던 말이 귀에 쟁쟁하다. 소나가 누구인가? 앞서 살펴보았던, 벌 떼 같은 화살을 맞고 죽어간 바로 그 사내다. 지아비의 비참한 죽음을 전해 들은 그 아내는 뭐라 했을까?

> 고을 사람들이 소나가 죽었다는 소식을 듣고 그를 조문하니, 그 아내가 울면서 대답하기를 "내 남편은 항상 말하기를 '장부가 마땅히 싸우다 죽어야지, 어찌 병상에 누워서 집사람의 보살핌 속에서 죽을 수 있겠는가?'라고 했습니다. 그의 평소의 말이 이와 같았는데 지금의 죽음은 그의 뜻대로 된 것입니다"라고 했다. 대왕이 그 소식을 듣고 눈물을 흘려 옷깃을 적시면서 "아버지와 아들이 나랏일에 용감했으니 대대로 충의를 이루었다고 할 만하다"고 말하고 그에게 잡찬(迊湌)을 추증했다.
>
> – 『삼국사기』 권47, 「열전」, 〈소나〉

참으로 비감하고 잔혹하기 그지없다. 김부식은 어째서 소나의 아내가 마음놓고 통곡하지도 못하게 만들었던 것일까? 이는 소나의 충절을 더없이 장렬하게 포장하기 위해서였을 것이다. 그때만 그런 것이 아니라 지금도 이런 모습을 가끔 볼 수 있다. 중동의 전쟁터로 내몰려 죽음을 당한 젊은 자식의 주검 앞에 통곡하는 어머니에게, 또는 그 아내에게 마이크를 들이대며 기어코 무슨 말이든 하게 만드는 기자들의 광경을 보면 그렇다. 그때 그들은 이렇게 말하고는 한다. 정말 착하고 평소에 책임감이 강했던 자식이었으며, 결국 국가를 위해 기꺼이 자기 한 몸을 던져 희생했노라고, 그런 희생을 헛되게 하지 말았으면 좋겠다고 말이다. 이런 것들은 소름끼치도록 오랫동안 반복되고 있는 국가 이데올로기의 상투다. 그런 점에서 남성의 전쟁에서 모습을 드러내는 아내의 역할이란 남성의 충절을 더 높은 감동으로 끌어올리기 위한 소도구에 불과하다. 그것이 충절의 아내로 살아가는 법이었다.

김부식이 그린 박제상의 처

김부식이 그려낸 많은 충절의 아내 가운데 그런 역할을 가장 훌륭하게 수행하고 있는 여인을 꼽아보라면, 단연 박제상의 아내를 꼽아야 할 것이다. 그녀야말로 남성의 충절을 돋보이게 만들어주는 주연급 조연이었다. 『삼국사기』의 「열전」 권5에 실려 있는 〈박제상〉에서 그녀는 오래 등장하지 않는다. 딱 한 장면에서 모습을 드러낼 뿐이다. 그런데도 그 장면은 잊히지 않는 명장면이다. 영화 〈황산벌〉에서 배우 김선아가 계백의 아내로 딱 한 번 특별 출연하여 잊을 수 없는 장면을 연출했던 것과 마찬가지다.

> 눌지대왕이 기뻐하고 위로하며 "내가 두 아우 생각하기를 좌우의 팔과 같이 했는데 지금은 단지 한쪽 팔만 얻었으니 어찌하면 좋겠는가?" 제상이 아뢰기를 "저는 비록 열등한 재목이나, 이미 몸을 나라에 바쳤으니 끝내 명령을 욕되게 하지 않겠습니다. 그러나 고구려는 큰 나라이고 왕 또한 어진 임금

이었습니다. 이 때문에 신의 한 마디 말로 고구려의 왕을 깨우칠 수 있었습니다. 왜인의 경우는 입과 혀로 달랠 수 없습니다. 마땅히 거짓 꾀를 써서 왕자를 돌아오도록 하겠습니다. 신이 저곳에 가면 청컨대 나라를 배반했다고 논하여, 저들로 하여금 이 소식을 듣도록 하소서"라고 했다. 이에 죽기를 맹세하고 처자를 보지 않고 율포(栗浦)에 다다라 배를 띄워 왜로 향했다. 그 아내가 소식을 듣고 달려 나가 포구에 이르러 배를 바라다보며 대성통곡하면서 "잘 다녀오세요"라고 했다. 제상이 돌아다보며, "내가 왕의 명을 받아 적국으로 들어가니 그대는 다시 볼 것이라는 기대를 하지 말라!"고 했다.

-『삼국사기』 권45, 「열전」, 〈박제상〉

실제로 〈박제상〉의 내용을 아느냐고 물어보면, 이 장면을 기억하는 사람이 의외로 많다. 천신만고 끝에 고구려에 인질로 잡혀간 왕의 아우 복호를 데려오자마자 다시 일본에 인질로 가 있는 미사흔이 보고 싶다고 징징대는 신라 눌지왕. 하는 수 없이 죽기를 각오한 채 집에도 들르지 않고 다시 왜국으로 떠나는 박제상. 그런 소식을 듣고 뒤따라가다가 아득히 멀어져가는 배를 바라보며 통곡해야 했던 박제상의 아내가 등장하는 짧은 순간이다. 하지만 그 짧은 장면에서 주고받은 대화, "잘 다녀오세요"와 "다시 볼 것이라는 기대를 하지 말라"야말로 귀에 쟁쟁한 명대사이다.

그런데 이들 부부는 왜 이토록 뼈아픈 이별을 해야만 했던가? 모두 알고 있겠지만, 그래도 잠시 그들의 사연을 되짚어보자. 『삼국사기』, 「신라본기」의 〈눌지마립간〉 2년에 그 사실을 다음과 같이 전하고 있다.

2년 봄 정월에 시조묘에 몸소 배알했다. 왕의 동생 복호(卜好)가 고구려에서 제상내마(堤上奈麻)와 함께 돌아왔다. 가을에 왕의 동생 미사흔(未斯欣)이 왜국에서 도망해 돌아왔다.

— 『삼국사기』 권3, 「신라본기」, 〈눌지마립간〉

「열전」은 대부분 「본기」에서 간단하게 기록된 사실 가운데 흥미로운 인물을 다루는 게 보통이다. 역사적 사실에 감춰졌던 인물의 사연을 자세하고도 곡진하게 드러내는 특징을 갖는다. 그런 관점에서 볼 때, 〈박제상〉의 경우가 유별난 것은 아니다. 하지만 「본기」와 「열전」이 얼마나 다른 텍스트로 기능하고 있는가를 보여준다는 점에서 흥미롭다. 「본기」가 사실 전달에 초점을 맞추고 있다면, 「열전」은 인물 묘사를 생생하게 그려내는 데 온 힘을 기울이고 있는 것이다.

사실 박제상이 고구려와 일본에 인질로 잡혀간 눌지왕의 동생들을 구출해오는 데 얽힌 정치적 사연은 자못 복잡하다. 간략하게 소개하면 다음과 같다. 눌지왕은 내물왕의 맏아들이다. 하지만 내물왕이 죽었을 때는 너무 어려 왕위를 잇기 어려웠다. 나라 사람들은 대신 실성을 왕으로 추대했다. 하지만 실성왕은 평소 내물왕에게 원한을 품고 있었다. 자신이 어렸을 때, 내물왕이 자신을 고구려에 볼모로 보냈기 때문이다. 그런 실성은 왕위에 오르자 내물왕의 아들들에게 복수를 하려고 했다. 둘째 아들 복호는 고구려, 셋째 아들 미사흔은 일본에 인질로 보낸 까닭이다. 그리고 맏아들 눌지는 몰래 죽여버리려고 했는데, 그만 자신이 죽임을 당하고 말았다. 이런 우여곡절 끝에 왕위에 오른 눌지왕은 볼모로 잡혀간 두 아우를 찾아오고 싶었고, 박제상은 바로 그 일을 맡았던 것이다.

하지만 〈박제상〉에서는 복잡하게 뒤얽힌 정치적 사연을 일체 언급하지 않고 있다. 대신 박제상이 어떤 각오와 어떤 수단으로 왕의 동생들을 구출해오고, 자신은 어떻게 장렬하게 죽어갔는가를 그리는 데 서사의 초점을 맞추고 있다. 그때, 아내와 이별하고 떠나는 대목은 단연 돋보인다. 천신만고 끝에 고구려에서 복호를 구해오고, 집에도 들르지 못한 채 곧바로 일본으로 떠나야 했던 박제상의 행로. 애절하게 울부짖는 아내를 뒤로한 채, 망망대해를 건너가는 박제상의 결연한 뒷모습에서 그의 충절은 정점을 이루는 것이다.

그렇지만 궁금하다. 아득히 떠나가는 배를 바라보며 통곡하던 박제상의 아내가 했던 말은 "잘 다녀오세요[好歸來]"가 전부였을까? 아닐 것이다. 다만 아내를 통해 박제상의 충절을 돋보이게 만들려는 데 골몰했던 김부식에게는 그 말만 들렸을 뿐이다. 어찌 보면 김부식은 참으로 대단한 사람이다. 아스라이 멀어져가는 배 위에서 아내에게 했다는 박제상의 말을 어찌 그리도 똑똑하게 들어 기록으로 남겼을까? "내가 왕의 명을 받아 적국으로 들어가니 그대는 다시 볼 것이라는 기대를 하지 말라!"라는 그 말을……. 아니, 듣지 못했다. 다만 박제상의 충절을 한껏 드높이고 싶었던 김부식은, 박제상이 그런 말을 남기고 떠났으리라 희망했을 따름이다. 그런데도 마치 직접 들은 것처럼 역사 기록으로 남겼다. 충절의 역사란, 으레 그렇게 만들어지는 법이다. 무장공비에 의해 비참하게 죽어간 어린 이승복을 "나는 공산당이 싫어요!"라고 절규하다 죽었다고 부풀려서 반공소년의 화신으로 선전했던 지난날의 해프닝이 퍼뜩 스쳐 지나간다.

충절의 아내들은 지아비의 죽음을 지켜보며 침묵하든 아니면 무슨 말인가를 하든, 남성의 충절을 돋보이도록 만들어주는 조역을 마치고는 문면 뒤편으로 사라지고 만다. 박제상의 처도 그러했다. 김부식은 박제상의 파란만장한 사연을 다음과 같이 끝맺을 뿐이었다.

> 눌지왕이 제상이 죽었다는 소식을 듣고 애통해하며 대아찬으로 추증하고 그 가족들에게도 후하게 물품을 내렸다. 미사흔으로 하여금 제상의 둘째 딸을 아내로 삼게 하여 은혜에 보답했다. 이전에 미사흔이 돌아올 때 왕은 6부(六部)에 명령하여 멀리까지 나가 그를 맞이하게 했다. 곧 만나게 되자 손을 잡고 서로 울었다. 마침 형제들이 술자리를 마련하고 기쁨이 최고였을 때 왕은 스스로 노래를 짓고 춤을 추어 자신의 뜻을 나타냈다. 지금의 향악 가운데 〈우식곡(憂息曲)〉이 그것이다.
> ─ 『삼국사기』 권45, 「열전」, 〈박제상〉

눌지왕도 여느 왕들처럼 박제상의 충절에 무심하지 않았다. 박제상이 일본에서 죽었다는 소식을 듣자 몹시 슬퍼하며 대아찬 벼슬을 추증해주었고, 그 가족에게는 후한 상을 내려준다. 심지어 박제상의 둘째 딸을 일본에서 돌아온 미사흔과 결혼시켜주었으니, 국가의 보답이 예사로운 것은 아니었다. 하지만 박제상 처의 뒷얘기는 어디에서도 찾을 길이 없다. 다만 앞에서 보듯 잔치를 벌여 노래 부르고 춤추며 떠들썩하게 형제 해후의 기쁨을 만끽하고 있을 뿐이다. 어리석지만 그래도 한번 물어보자. 그때 왕이 부른 노래가 〈우식곡〉인데, 풀이하면 "근심이 그쳤다"는 뜻이다. 누구의 근심인가? 당연히 눌지왕의 근심이다.

우리를 슬픔으로 몰아가는 박제상의 죽음, 그런 지아비를 향한 아내의 끝없는 기다림과 근심은 거기에 없었다. 흥청거리는 군신 간의 술자리에 묻혀 까맣게 잊힌 것이다. 그게 유자(儒者)들이 그토록 추켜세우던 충절의 끝이기도 했다.

일연이 그린 김제상의 처

그렇다면 임금도 없고 아비도 없다고 비판받던 불자(佛者), 곧 일연은 남성들의 충절을 어떻게 읽고 있었을까? 다행스럽게도 박제상의 사연은 『삼국사기』만이 아니라 『삼국유사』에도 실려 있어 비교해볼 수 있다. 물론 『삼국유사』에는 〈내물왕(奈勿王) 김제상(金堤上)〉이라는 제목에서 볼 수 있듯, 다소 차이가 있다. 박혁거세의 후손이요 파사이사금의 5세손이라는 『삼국사기』의 기록으로 본다면 '박'제상이 옳을 듯한데, 『삼국유사』에서는 '김'제상이라 되어 있다. 일연의 착각일 수 있겠지만, 신라 초기에는 모계의 성을 따른 경우도 있었다고 하니 어머니가 김씨였는지도 모른다. 하지만 눈여겨볼 대목은 따로 있다. 박/김제상, 그리고 그의 처의 삶을 어떻게 달리 그리고 있는가가 비교의 관건인 것이다. 앞서 소개한 율포에서의 이별 대목을 보자.

> 제상은 이 말을 듣고 두 번 절을 한 다음 왕에게 다짐하고 말에 올라타 집에도 들르지 않은 채 곧바로 율포의 해안가에 이르렀다. 제상의 아내가 이 소식을 듣고 달려 율포에 이르렀으나 남편은 이미 배에 오른 뒤였다. 아내가

그를 간절히 부르자 세상은 다만 손만 흔들어 보일 뿐 멈추지 않았다.

-『삼국유사』권1.「기이」,〈내물왕 김제상〉

아까 읽어본『삼국사기』의 이별 장면과 차이를 느낄 수 있겠는가? 김제상의 부인은 애타게 부르고, 김제상은 손만 흔들어줄 뿐 멈추지 않았다. 이런 이별의 모습은 김부식이 그렸던 것과 뭔가 다르다. 애달픈 이별이야 마찬가지지만, 일연은 자신의 견해를 드러내지 않은 채 있는 그대로 이별의 정경을 그렸다. "잘 다녀오세요"라든가 "다시 볼 것이라는 기대를 하지 말라"와 같은 상투적 대화 일체를 생략했다. 김부식과 달리 김제상의 충절을 인위적이거나 과장되게 꾸며내지 않은 것이다. 김제상 부부의 이별이 보다 애잔하게 느껴지기도 하는 것은 그런 담담함에서 비롯된다. 그렇다고『삼국유사』에 그려진 김제상의 충절이『삼국사기』보다 약화되었다는 말은 결코 아니다. 오히려 훨씬 더 강렬하다. 김구 선생이「나의 소원」이라는 글에서 인용해 너무나 잘 알려진 다음의 장면을 한번 읽어보자.

왜 왕은 제상을 가두고 물었다. "너는 어찌하여 너의 나라 왕자를 몰래 돌려보냈느냐?" 제상이 대답했다. "나는 계림 신하이지 왜국 신하가 아니다. 우리 임금의 소원을 이루어드렸을 뿐인데, 어찌 이 일을 말하겠는가?"

왜 왕은 노했다. "너는 이미 내 신하가 됐는데도 어찌 계림 신하라고 말하느냐? 반드시 오형(五刑)을 갖추어 너를 벌하겠노라. 그렇지 않고 만일 왜국 신하라고 말한다면 후한 녹(祿)을 상으로 주리라." 제상은 대답했다. "차라리 계림의 개돼지가 될지언정 왜국의 신하가 되지 않겠다. 차라리 계림의 형벌을 받을지언정 왜국의 작록(爵祿)을 받지 않겠다."

왜 왕은 노하여 제상의 발 가죽을 벗기고 갈대를 벤 뒤 그 위를 걸어가게 했다(지금 갈대 위에 피 흔적이 있는데, 세간에서 제상의 피라고 한다). 그리고 다시 물었다. "너는 어느 나라 신하냐?"

"계림의 신하다." 왜 왕은 다시 쇠를 달군 뒤, 그 위에 제상을 세워 놓고 물었다. "너는 어느 나라 신하냐?" "계림의 신하다." 왜 왕은 제상을 굴복시키지 못할 것을 알고 목도(木島)라는 섬으로 데리고 가서 불태워 죽였다.

— 『삼국유사』 권1, 「기이」, 〈내물왕 김제상〉

우리 고전에서 죽음에 굴복하지 않은 충절을 이토록 생생하게 그린 경우를 찾기란 쉽지 않다. 위의 사연을 『삼국사기』와 비교해보라. 거기에는 "제상을 왜 왕에게로 데리고 가서 목도로 귀양 보냈다가 얼마 후에 사람을 시켜 나무에 불을 질러 온몸을 태운 후에 목을 베었다"라고 되어 있을 뿐이다. 하지만 일연은 김제상의 충절과 죽음을 참으로 강렬하게 드러내고 있다. 일연은 무슨 까닭으로 김제상의 충절을 이처럼 처절하게 묘사했던 것일까? 그에 대해 답하기 위해서라면 김제상의 일화가 『삼국유사』의 「기이」에 실려 있다는 점에 우선 주목해야 한다.

일연이 신이한 일들만 기록했던 「기이」에 김제상의 사연을 거두었다는 것은 뜻밖이다. 무엇이 신이하다는 말인가? 혹독한 고문을 겪다가 죽은 김제상의 행위가 신이할 정도였다고 생각해볼 수 있다. 하지만 그러기에는 뭔가 부족하다. 신이하기보다 끔찍한 일이기 때문이다. 보통 인간이라면 하기 힘든 대단한 행위로 천지신명을 감동시켜 신이로운 현상을 일으키는 것, 그 정도는 되어야 하지 않을까? 그때 우리는 김제상의 발바닥을 벗긴 채 칼날 같이 베어진 갈대를 밟게 해서 흘린 선연한 피, 바로 그것이 갈대 잎에 핏자국처럼 남겨진 것이라는 주석에 주목하게 된다. 그것이야말로 김제상이 극한의 고통을 겪으면서 만들어낸 신이의 증거이기 때문이다.

그때 비로소 일연이 김제상의 사연을 다음의 후일담으로 마무리한 의도를 깨닫게 된다. 김부식이 눌지왕의 흥겨운 잔치로 장식했던 대단원을 일연은 다음과 같은 후일담으로 마무리하고 있다.

> 처음 제상이 출발하여 떠날 때 제상의 부인이 그 소식을 듣고 뒤를 쫓았으나 따라가지 못하고 망덕사(望德寺) 문 남쪽의 모래언덕 위에 주저앉아 길게 울부짖었다. 그런 까닭에 그 모래언덕을 장사(長沙)라고 하며, 친척 두 사람이 그 부인을 부축하여 돌아오려 하자 다리를 뻗댄 채 일어서지 않으려 했다. 이에 그 땅을 벌지지(伐知旨)라고 불렀다. 오래된 뒤에도 부인은 남편을 사모하는 마음을 이기지 못해 세 딸을 데리고 치술령에 올라가 왜국을 바라보며 통곡하다가 죽었다. 그래서 부인을 치술신모(鵄述神母)라고 하는데, 지금도 사당(祠堂)이 남아 있다.
>
> —『삼국유사』 권1, 「기이」, 〈내물왕 김제상〉

앞서 읽어본 이별의 대목에서도 김제상 부인의 애끓는 심사를 실감할 수 있었지만, 일연이 쓴 후일담에서야말로 그 슬픔의 깊이가 어느 정도였는지 생생하게 느낄 수 있다. 일연이 『삼국유사』에 김제상의 사연을 거둔 것이 13세기 후반이었으니, 천 년의 세월이 흐르도록 경주 사람들은 부인이 애통해하며 울부짖던 자리까지 분명하게 기억하고 있었다. 아니, 지금도 경주 사람들은 그곳을 기억하고 있다. 예전에 경주 답사를 갔을 때, 우리를 안내해준 그곳 사람은 마치 어제 일어난 일처럼 어디가 '장사'이고 어디가 '벌지지'인지 흔들림 없이 지목해줄 정도였다.

 어디 그뿐이던가? 김제상이 흘린 피는 갈대 잎에 선연한 자국을 남겼고, 치술령에 올라 그런 지아비를 원통하게 기다리던 부인은 신모가 됐다고 믿고 있었다. 지금도 가뭄이 들면 그곳 사당에 가서 기우제를 지낼 정도이다. 한 인간이 겪은 극한의 고통은 이처럼 천지자연에까지 그 자취를 남기고, 급기야는 모든 사람이 떠받드는 신적 존재로까지 승화된다는 신이함에 대한 굳은 믿음, 그것이 일연이 김제상과 그 처의 애절한 사연을 기억하는 방식이었던 것이다. 눈에 보이는 현실에만 급급한 우리 중생의 어리석음을 일깨우려던 일연의 발상은 일견 값지다고 하겠다. 하지만 치술령 신모가 되기까지 겪어야 했던 한 아낙의 절절한 슬픔이 단지 종교적 신이의 사례로 활용되는 데 그치는 듯해 왠지 불만스럽다.

지아비의 복수에도 지켜야 할 정도가 있다?

충절의 아내가 걸어간 길은 모두 참담했다. 가족의 보상으로 만족하는 길, 아무 까닭 없이 남편을 따라 죽어야 했던 길, 남성의 충절을 돋보이게 만들어주는 조역의 길 모두 그렇다. 모두 남성 지배층들이 강조했던 지배이데올로기를 위한 수단으로서 그녀들의 존재 의의는 보장될 뿐이었다. 정말 그런 길밖에 없었던 것일까? 다행스럽게도 『삼국사기』에는 그런 길을 걷지 않은 아내의 사연이 하나 실려 있다. 바로 석우로(昔于老)의 아내다.

그녀의 길을 살펴보려면 우선 남편 석우로를 알아볼 필요가 있다. 부당한 일이겠지만 한 여인을 이해하려면 그의 남자를 먼저 알아보아야 하는 불가피한 여자의 '운명' 때문이다. 석우로라는 이름은 우리에게 좀 낯설지만, 그래도 좋을 만큼 하찮은 위인이 아니었다. 신라 내해이사금의 아들이자, 흘해이사금의 아버지이니 당당한 석씨 왕족 가운데 한 사람이었다. 잘만 하면 자신도 왕위에 오를 수 있었다. 한 가지 불행한 사건이 없었다면 말이다.

사건의 발단은 아주 사소했다. 조분왕(助賁王) 2년에 대장군 석우로는 감문국(甘文國)을 쳐서 신라의 군현으로 복속시키고, 조분왕 4년에는 내침하는 왜적의 전함을 몰살시켜 격퇴했다. 석우로는 혁혁한 전공을 이어가던 인물이었다. 그게 화근이었을까? 석우로는 일본에서 사신으로 온 갈나고(葛那古)에게 분에 넘치는 말을 하고 말았다. "조만간에 너희 왜 왕을 잡아 소금 만드는 종을 삼고, 왕비는 부엌일을 하는 계집으로 만들겠노라."

아무리 승승장구하고 있었다고 해도 해서는 안 되는 말실수를 했던 것이다. 그리고 그 대가는 참으로 가혹했다. 자신의 말실수로 두 나라가 전쟁을 벌이게 됐고, 석우로는 장부답게 빌미를 제공한 자신이 책임지겠다며 적진을 찾아가 용서를 빌었다. 지난날의 말은 농담이었노라고. 하지만 한번 내뱉은 말은 돌이킬 수 없는 법, 결국 왜적들은 석우로를 불태워 죽이고서야 돌아갔다. 그의 죽음이 충절인가 아닌가는 논란이 있겠다. 하지만 전장에서 참혹하게 죽었다는 사실만큼은 분명하다.

그렇다고 죽은 석우로에게는 물론 남은 가족들에게 국가의 포상이 있었던 것도 아니다. 어찌할 것인가? 석우로의 아내는 아무도 걷지 않았던 복수의 길을 선택했다. 하지만 일개 아낙이 남편을 죽인 왜적에게 복수하는 길이 쉬울 수는 없었다. 기회를 노리던 중 복수의 날이 찾아왔다. 남편을 죽였던 왜국의 장수가 신라에 사신으로 왔던 것이다. 석우로의 아내는 미추왕에게 부탁했다. 자신의 집에서 그를 대접하는 것을 허락 받은 뒤, 석우로의 처는 왜장을 잔뜩 취하게 만들어 마당에서 태워 죽인다. 자기 남편을 죽인 것과 똑같은 방식으로. 참으로 통쾌하다. 그때 김부식은 그녀의 행위를 칭찬했겠는가? 그렇다면 한번 들어보자.

> 석우로의 아내가 원한을 갚았으나 또한 변통(變通)이요 정도(正道)는 아니다. 만일 그렇지 않았다면 그의 공적은 또한 기록할 만하다.
> ―『삼국사기』 권45, 「열전」, 〈석우로〉

뜻밖이다. 김부식은 왜 그리도 그녀의 복수를 인색하게 평가했을까? 스스로 밝혔듯, 복수의 방식이 정도가 아니었기 때문이었다. 궁금하다. 어떻게 복수를 하는 게 정도일까? 뚜벅뚜벅 정면으로 다가가 칼로 찔러 죽이는 것을 말하는가? 아니면, 일대일로 결투를 신청하여 죽여야 정도인가? 모르겠다. 정말 그래야 한다면 논개도 정도가 아닌 변통의 길을 택한 셈이다. 그렇다고 왜장을 유혹하여 촉석루 아래 강물로 함께 투신한 논개에게서 '의기(義妓)'라는 수식을 빼앗을 수는 없다. 실제 유사 이래로 힘없는 자가 힘센 자에게 복수를 하는 데 정도를 쓴 경우가 한 번이라도 있었던가? 그런 사실을 모를 리 없을 김부식이 그토록 정도를 들먹인 까닭은 다른 데 있었다. 석우로의 처가 왜장에게 복수하는 과정은 이러했다.

> 미추왕 때 왜국의 대신이 와서 공물을 바쳤다. 석우로의 아내가 국왕에게 청하여 사사로이 왜국 사신에게 음식을 대접했다. 곧 그가 술에 몹시 취하게 되자, 장사를 시켜 마당으로 끌어내려 그를 불태워 전일의 원한을 갚았다. 왜인이 분하여 금성(金城)을 공격해왔으나 이기지 못하고 군사를 이끌고 돌아갔다.
>
> — 『삼국사기』 권45, 「열전」, 〈석우로〉

아마도 김부식이 문제 삼았던 대목은 석우로의 처가 적장을 집으로 불러들여 '접대'한 것이었던 듯하다. 적장을 불러들여 대취하게 만들 정도로 접대한다는 건 쉽지 않은 일이다. 게다가 초대한 사람이 이전에 자신들이 죽인 석우로의 처라는 사실을 감안한다면 더욱 그러하다. 그럼에도 자신이 불타 죽는 것도 모를 정도로 인사불성 상태로 취했다는 것은 석우로 처의 계략이 그만큼 치밀했음을 말해준다. 초대하고 안심시키고 유혹하고 대취하게 하고, 그리고 통쾌한 복수에 이르기까지 그 과정에서 술과 여자가 동원됐을 것은 불문가지다. 그렇다면 석우로의 처 자신이 직접 유혹했던 것은 아니었을까?

우리의 추정이 황당해 보일지 모르지만, 그럴 만한 근거가 있다. 석우로의 사건은 신라는 물론 일본에게도 워낙 큰 사건이었던 모양인지 일본의 고대사 기록인 『일본서기(日本書紀)』에도 실려 있다. 그 기록을 소개하면 다음과 같다.

> 신공황후(神功皇后)는 남장하고 신라에 쳐들어왔다. 신라 왕을 포로로 잡아 해변에서 무릎의 힘줄을 뽑고 돌 위에서 기어가도록 시켰다. 얼마 뒤 죽여 모래 속에 묻어버렸다. 한 사람을 일본의 총재로 신라에 남겨두고는 돌아갔다. 그 뒤 신라 왕의 처는 남편의 시신이 묻혀 있는 곳을 몰라 총재를 유혹할 마음을 가졌다. 총재를 꾀어서 "그대가 왕의 시신이 묻힌 곳을 알려주면, 후하게 보답하겠다. 또한 그대의 처가 되겠다"라고 말했다. 총재는 그 말을 믿고, 은밀히 시신이 묻혀 있는 곳을 일러주었다. 왕의 처와 나라 사람들이 공모하여 총재를 죽였다. 그러고는 왕의 시신을 꺼내어 다른 곳에 묻었다. 그때 총재의 시체를 왕의 관 아래에 묻고는 "존비(尊卑)의 자리란 실로 이와 같은 것이다"라고 말했다.
>
> – 『일본서기』

이 기사가 석우로의 농담으로 인해 빚어진 신라-일본 간의 전쟁, 그리고 그 후의 복수담을 기록한 것임은 분명해 보인다. '신라 왕의 처'란 당당한 왕족이던 석우로의 처를 지칭하는 것이겠다. 그렇다면 여기서 흥미로운 대목은 유혹의 방식이다. 신라 왕의 처는 왜장의 처가 되겠다며 유혹했던 것이다. 『삼국사기』에는 기록되지 않았지만 석우로의 처가 왜국 사신을 유혹했으리라는 우리의 추정에 개연성을 실어주는 대목이다. 끔찍할 정도로 과격한 복수의 방법. 그래서 김부식도 눈살을 찌푸리며 정도가 아니라고 꾸짖었던 게 아닐까? 근엄한 유학자 김부식의 생각으로는 남편에 대한 복수도 중요하지만 여자에게 더욱 소중한 것은 어떤 경우에도 잃지 말아야 할 절의라고 생각했던 것이다. 여기에서 우리는 여인의 길이 참으로 험난하고도 가혹했음을 본다. 그래도 김부식의 비난은 좀 나아 보인다.『삼국사기』에는 복수 뒤 어떤 일이 있었는지 입을 다물고 있지만,『일본서기』는 이렇게 증언하고 있었다.

> 천황이 그 소식을 듣고 매우 노하여 군사를 일으켜 신라에 쳐들어왔다. 군선이 바다에 가득했다. 신라에서는 두려워하여 어찌할 바를 몰랐다. 나라 사람들이 서로 공모하여, 왕의 처를 죽이고 죄를 사했다.
>
> -『일본서기』

일본인의 증언에서 보듯, 그녀가 선택한 복수는 정도가 아니라는 비난 정도로 그치지 않았다. 자신 또한 죽어야 할 정도로 그녀가 치러야 할 죗값은 막중한 것이었다. 그때 신라의 남성들은 국가의 안위를 위해서는 어쩔 수 없었다고 말했을 것이다.

충절에 가려진 박제상의 처

『삼국사기』 권45, 「열전」, 〈박제상〉

잡혀간 아우를 구하기 위해 박제상을 부르고

박제상(朴堤上)은 신라 시조 혁거세의 후손이고, 파사이사금(婆娑尼師今)의 5세손이다. 할아버지는 아도(阿道) 갈문왕(葛文王)이고, 아버지는 파진찬 물품(勿品)이다. 제상은 벼슬길에 나가 삽량주간(歃良州干)이 됐다.

이보다 앞서 실성왕 원년 임인(壬寅, 402)에 왜국과 강화했는데, 왜 왕이 내물왕의 아들 미사흔(未斯欣)을 볼모로 청했다. 왕은 일찍이 내물왕이 자신을 고구려 볼모로 보낸 것을 원망하여, 그의 아들에게 감정을 풀고자 하는 마음이 있었다. 때문에 거절하지 않고 미사흔을 왜에 보냈다. 또 실성왕 11년 임자(壬子, 412)에는 고구려 또한 미사흔의 형 복호(卜好)를 볼모로 삼고자 했다. 실성왕은 또 복호를 고구려에 보냈다.

곧 눌지왕이 즉위하자 말을 잘하는 사람을 얻어 왜와 고구려에 가서 두 아우를 맞이해올 것을 생각했다. 수주촌간(水酒村干) 벌보말(伐寶靺), 일리촌간(一利村干) 구리내(仇里迺), 이이촌간(利伊村干) 파로(波老) 세 사람이 현명하고 지혜가 있다는 말을 들었다.

"나의 동생 둘이 왜와 고구려 두 나라에 볼모로 가 여러 해가 됐어도 돌아오지 못하고 있소. 형제의 정이라서 그리운 생각이 그치지 않소. 살아서 돌아오기를 원하는데 어찌하면 좋겠는가?"

세 사람이 똑같이 대답했다. "신들은 삽량주간 제상이 강직하고 용감하며 꾀가 있다고 들었습니다. 전하의 근심을 풀어드릴 수 있을 것입니다." 이에 제상을 불러 앞으로 나오게 하고 세 신하의 말을 알려주며 고구려와 왜에 가주기를 청했다. 제상이 대답하기를, "제가 비록 어리석고 변변치 못하나 감히 명령을 공경하여 받들지 않을 수 있겠습니까?"라고 했다.

고구려에서 복호를 구한 뒤, 다시 왜국으로

마침내 제상이 사신으로 고구려에 들어가 왕에게 말했다.

"신이 듣건대, 이웃 나라와 교제하는 도는 성실과 신의뿐이라고 했습니다. 만일 서로 볼모를 보낸다면 오패(五覇)에도 미치지 못하는 것이니 참으로 말세의 일입니다. 지금 우리 임금의 사랑하는 아우가 이 나라에 온 지 10년 가까이 됐습니다. 우리 임금은 형제가 어려움에 처했을 때 도와준다는 생각을 오랫동안 마음에 품고 그치지 못하고 있습니다. 만약 대왕께서 호의로써 그를 돌려보내 주신다면 소 아홉 마리에서 털 하나가 떨어지는 정도와 같아서 잃을 것이 없으며, 우리 임금은 대왕을 덕스럽게 생각함이 한량이 없을 것입니다. 왕은 그것을 생각해주십시오."

고구려 왕은 좋다고 생각하여 함께 돌아가는 것을 허락했다. 제상이 왕의 아우와 함께 신라로 돌아오자 왕은 기뻐 위로하여 말했다. "내가 두 아우 생각하기를 좌우의 팔과 같이 했는데 지금은 단지 한쪽 팔만 얻었으니 어찌하면 좋겠는가?" 제상이 아뢰기를 "저는 비록 열등한 재목이나, 이미 몸을 나라에 바쳤으니 끝내 명령을 욕되게 하지 않겠습니다. 그러나 고구려는 큰 나라이고 왕 또한 어진 임금이었습니다. 이 때문에 신의 한 마디 말로 고구려의 왕을 깨우칠 수 있었습니다. 왜인의 경우는 입과 혀로 달랠 수 없습니다. 마땅히 거짓 꾀를 써서 왕자를 돌아오도록 하겠습니다. 신이 저곳에 가면 청컨대 나라를 배반했다고 논하여, 저들로 하여금 이 소식을 듣도록 하소서"라고 했다. 이에 죽기를 맹세하고 처자를 보지 않고 율포(栗浦)에 다다라 배를 띄워 왜로 향했다. 그 아내가 그 소식을 듣고 달려 나가 포구에 이르러 배를 바라다보며 대성통곡하면서 "잘 다녀오세요"라고 했다. 제상이 돌아다보며, "내가 왕의 명을 받아 적국으로 들어가니 그대는 다시 볼 것이라는 기대를 하지 말라!"고 했다.

미사흔을 구한 박제상은 죽고, 눌지왕은 기뻐하고

마침내 곧바로 왜국으로 들어가서 마치 배반하여 온 자와 같이 했다. 그러나 왜 왕이 그를 의심했다. 백제인으로 전에 왜에 들어간 자가 신라가 고구려와 더불어 왕의 나라를 침략하려 한다고 참소했다. 왜가 마침내 군사를 보내 신라 국경 밖에서 정찰하고 지키게 했다. 마침 고구려가 쳐들어와 왜의 순라군(巡邏軍)을 포로로 잡아 죽였다. 왜 왕은 이에 백제인의 말을 사실로 여겼다. 또한 신라 왕이 미사흔과 제상의 가족을 옥에 가두었다는 말을 듣고, 제상을 정말로 배반한 자라고 말했다.

이에 왜 왕은 군사를 내어 장차 신라를 습격하려 했다. 겸하여 제상과 미사흔을 장수로 임명하고 아울러 그들을 향도(嚮導)로 삼아, 해중(海中) 산도(山島)에 이르렀다. 왜의 여러 장수들이 몰래 의논하기를, 신라를 멸망시킨 후에 제상과 미사흔의 처자를 잡아 돌아오자고 했다. 제상이 그것을 알고 미사흔과 함께 배를 타고 놀며 고기와 오리를 잡는 척했다. 왜인이 그것을 보고 다른 마음이 없다고 여겨 기뻐했다.

이에 제상은 미사흔에게 몰래 본국으로 돌아갈 것을 권했다. 미사흔이, "제가 장군을 아버지처럼 받들었는데, 어찌 혼자서 돌아가겠습니까?"라고 말했다. 제상은, "만약 두 사람이 함께 떠나면 계획이 이루어지지 못할까 두렵습니다"라고 했다. 미사흔이 제상의 목을 껴안고 울며 작별을 고하고 귀국했다.

다음날 제상은 방 안에서 혼자 자다가 늦게야 일어나니 미사흔을 멀리 가게 하려고 함이었다. 여러 사람이, "장군은 어찌 일어나는 게 늦습니까?"라고 물었다. 제상은 "어제 배를 타서 몸이 노곤해 일찍 일어날 수 없다"고 대답했다. 곧 제상이 밖으로 나오자 미사흔이 도망한 것을 알았다. 마침내 제상을 결박하고, 배를 풀어 추격했지만 마침 안개가 자욱하여 앞이 보이지 않았다. 제상을 왜 왕의 처소로 잡아 보냈더니, 그를 목도(木島)로 유배 보냈다. 그러고는 사람을 시켜 섶에 불을 질러 온몸을 불태운 뒤에 목 베어 죽였다.

눌지왕이 제상이 죽었다는 소식을 듣고 애통해하며 대아찬으로 추증하고 그 가족들에게도 후하게 물품을 내렸다. 미사흔으로 하여금 제상의 둘째 딸을 아내로 삼게 하여 은혜에 보답했다. 이전에 미사흔이 돌아올 때 왕은 6부(六部)에 명령하여 멀리까지 나가 그를 맞이하게 했다. 곧 만나게 되자 손을 잡고 서로 울었다. 마침 형제들이 술자리를 마련하고 기쁨이 최고였을 때 왕은 스스로 노래를 짓고 춤을 추어 자신의 뜻을 나타냈다. 지금의 향악 가운데 〈우식곡(憂息曲)〉이 그것이다.

신모가 된 김제상의 처

『삼국유사』 권1, 「기이」, 〈내물왕 김제상〉

볼모로 잡힌 두 아우

신라 17대 내물왕 36년에 왜 왕이 사신을 보내와서 이르기를 "우리 임금이 대왕께서 신성하다는 말을 듣고 신 등을 시켜 백제가 지은 죄를 대왕에게 아뢰게 하는 것이오니, 원하옵건대 대왕께서는 왕자 한 분을 보내서 우리 임금에게 성심을 나타내시기 바랍니다"라 했다. 이에 왕은 셋째 아들 미해(美海)를 왜국에 보냈는데 이때 미해의 나이가 열 살이었다. 말과 행동이 아직 익숙지 않았으므로 내신 박사람(朴娑覽)을 부사(副使)로 삼아 왜국에 보냈다. 왜 왕이 이들을 30년 동안이나 억류해두고는 돌려보내지 않았다. 눌지왕이 즉위한 3년에 고구려 장수왕의 사신이 와서 말했다.

"우리 임금은 대왕의 아우 보해(寶海)가 지혜와 재주가 뛰어나다는 소문을 들었습니다. 두 나라가 서로 친하게 지내기를 원하여 신을 보내어 보해를 청하는 바입니다."

왕은 이 말을 듣고 매우 다행스럽게 여겼다. 서로 화친하기로 마음을 정하고 아우 보해에게 명하여 고구려로 가게 했다. 내신 김무알(金武謁)을 보좌하도록 함께 보냈더니 장수왕도 그들을 억류해두고는 돌려보내지 않았다.

고구려에서 돌아온 보해

눌지왕 10년에 왕이 친히 여러 신하와 나라 안의 여러 호협한 사람들을 모아 잔치를 베풀었는데, 술이 세 순배 돌게 되자 왕이 눈물을 흘리면서 여러 신하에게 일러 말하기를 "옛날 아버님께서는 성심으로 백성의 일을 생각하셨기 때문에 사랑하는 아들을 동쪽의 왜로 보냈다가 다시 못 보고 돌아가셨고 내가 왕위에 오른 후에는 이웃 나라의 군사가 강하여 전쟁이 그치지 않았소. 고구려만이 화친을 맺자는 말이 있었으므로 내가 그 말을 믿고 아우를 고구려에 보냈소. 그런데 고구려에서도 아우를 억류해 보내지 않고 있으니, 내가 비록 부귀를 누린다 하여도 일찍부터 하루라도 이들을 잊거나 울지 않는 날이 없소. 만일 두 아우를 만나 함께 선왕의 사당을 볼 수만 있다면, 나라 사람에게 은혜를 갚으려 하오. 누가 능히 이 계책을 이룰 수가 있겠소"라고 했다. 이 말을 듣고 백관이 모두 말하기를 "이 일은 결코 쉬운 일이 아닙니다. 반드시 지혜와 용맹이 있어야 가능합니다. 신들의 생각으로는 삽라군(歃羅郡) 태수(太守)로 있는 제상(堤上)이 가할까 합니다" 했다.

이에 왕이 불러서 묻자 제상은 두 번 절하고 대하여 아뢰기를 "신이 들은 바에 따르면 임금에게 근심이 있으면 신하는 욕을 당하고, 임금이 욕을 당하면 그 신하는 죽는다고 했습니다. 만일 일의 어려움과 쉬운 것을 헤아려서 행한다면 이는 불충한 것이며, 죽고 사는 것을 생각하여 행한다면 이는 용맹이 없다고 할 것이니, 신이 비록 불초하나 명을 받들어 행하기를 원합니다"라고 했다. 왕은 그를 매우 가상스럽게 생각하여 술잔을 나누어 마시고 손을 잡아 작별했다.

제상은 왕 앞에서 명을 받고 바로 북해(北海) 길로 향했다. 변복(變服)하여 고구려에 들어가 보해가 있는 곳으로 가 함께 도망할 날짜를 약속했다. 제상은 먼저 5월 15일에 고성(高城) 어귀에 와서 배를 대고 기다렸다. 약속한 날짜가 가까워지자 보해는 병을 핑계대고 며칠 동안 조회(朝會)에 나가지 않았다. 그러다가 밤중에 도망하여 고성 바닷가에 이르렀다. 고구려 왕은 이를 알고 수십 명의 군사를 시켜 쫓게 했다. 고구려 군사들은 보해가 평소 주변 사람들에게 많은 은혜를 베풀었던 까닭에 화살의 촉을 뽑은 채 쏘아 상하지 않고 돌아올 수가 있었다.

일본에서 돌아온 미해

눌지왕은 보해를 보자 미해가 더욱더 생각나 한편으로 기쁘고 한편으로 슬펐으므로 눈물을 흘리면서 좌우의 사람들에게 말했다. "마치 몸에 팔 하나만 있고, 얼굴에 눈 한쪽만 있는 것 같구나. 비록 하나는 얻었으나 하나는 없는 그대로이니 어찌 마음이 아프지 않겠느냐."

제상은 이 말을 듣고 두 번 절을 한 다음 왕에게 다짐하고 말에 올라타, 집에도 들르지 않은 채, 곧바로 율포 해안가에 이르렀다. 제상의 아내가 이 소식을 듣고 달려 율포까지 이르렀으나, 남편은 이미 배에 오른 뒤였다. 아내가 그를 간절히 부르자 제상은 다만 손을 흔들어 보일 뿐 멈추지 않았다.

왜국에 도착한 그는 거짓으로 말을 했다. "계림왕(鷄林王)이 아무 죄도 없는 우리 부형(父兄)을 죽여 여기로 도망왔습니다." 왜 왕은 그 말을 믿고 제상에게 집을 주어 거처하게 했다. 이때 제상은 항상 미해를 모시고 해변에 나가 놀면서 물고기와 새를 잡아나 왜 왕에게 바쳤다. 왜 왕은 매우 기뻐하고 조금도 의심하지 않았다. 어느 날 새벽, 마침 안개가 자욱하게 끼었다. 제상이 미해에게 말했다.

"지금 빨리 떠나십시오." "함께 떠나십시다."

"신이 만일 같이 간다면 왜인들이 알고 뒤쫓아올 것입니다. 신은 여기에 남아서 뒤쫓는 걸 막겠습니다." "나는 그대를 부형(父兄)처럼 여기고 있는데, 어찌 그대를 버려두고 혼자서만 돌아간단 말이오?"

제상은 말했다. "신은 공의 목숨을 구하여 임금의 마음을 위로해드릴 수 있다면 그것으로 만족할 뿐입니다. 어찌 살기를 바라겠습니까?"

그러고는 술을 따라 미해에게 올렸다. 이때 계림(鷄林) 사람 강구려(康仇麗)가 왜국에 와 있어 그로 하여금 호송하도록 했다.

왜국에 남겨진 김제상의 최후

미해를 떠나보낸 뒤, 제상은 미해의 방에 들어가 이튿날 아침까지 머물렀다. 미해를 모시던 사람들이 방에 들어가보려 하므로 제상이 말리면서 말했다. "미해공은 어제 사냥하는 데 따라다니느라 몹시 지쳐 아직 일어나지 않았습니다." 저녁 무렵이 되자 좌우 사람들은 이상히 여겨 다시 물었다.

이때 제상은 대답했다. "미해공은 떠난 지 이미 오래됐소."

좌우 사람들이 급히 달려가 왜 왕에게 고했다. 왜 왕은 기병을 시켜 뒤쫓게 했으나 잡을 수가 없었다. 이에 왜 왕은 제상을 가두고 물었다. "너는 어찌하여 너의 나라 왕자를 몰래 돌려보냈느냐?" 제상이 대답했다. "나는 계림 신하이지 왜국 신하가 아니다. 우리 임금의 소원을 이루어드렸을 뿐인데, 어찌 이 일을 말하겠는가?"

왜 왕은 노했다. "너는 이미 내 신하가 됐는데도 어찌 계림 신하라고 말하느냐? 반드시 오형(五刑)을 갖추어 너를 벌하겠노라. 그렇지 않고 만일 왜국 신하라고 말한다면 후한 녹(祿)을 상으로 주리라." 제상은 대답했다. "차라리 계림의 개돼지가 될지언정 왜국의 신하가 되지 않겠다. 차라리 계림의 형벌을 받을지언정 왜국의 작록을 받지 않겠다."

왜 왕은 노하여 제상의 발 가죽을 벗기고 갈대를 벤 뒤 그 위를 걸어가게 했다. (지금 갈대 위에 피 흔적이 있는데, 세간에서 제상의 피라고 한다.) 그리고 다시 물었다. "너는 어느 나라 신하냐?"

"계림의 신하다." 왜 왕은 다시 쇠를 달군 뒤, 그 위에 제상을 세워 놓고 물었다. "너는 어느 나라 신하냐?" "계림의 신하다." 왜 왕은 제상을 굴복시키지 못할 것을 알고 목도(木島)라는 섬으로 데리고 가서 불태워 죽였다. 미해는 바다를 건너 돌아오며, 강구려를 시켜 먼저 나라 안에 사실을 알렸다. 눌지왕은 놀라고 기뻐하여 백관들에게 명하여 굴헐역(屈歇驛)에 나가서 미해를 맞게 했다. 왕은 아우 보해와 함께 남교(南郊)에 나가서 친히 맞아 대궐로 돌아왔다. 잔치를 베풀고 대사령(大赦令)을 내려 죄수를 풀어주었다. 또한 제상의 아내를 국대부인(國大夫人)에 봉하고, 그의 딸은 미해공의 부인으로 삼았다. 이때 사람들은 말했다.

"옛날에 한나라 신하 주가(周苛)가 형양(滎陽) 땅에 있다가 초나라 군사에게 포로로 잡힌 일이 있었다. 이때 항우(項羽)는 주가를 보고 '네가 만일 내 신하가 된다면 만호후(萬戶侯)를 주겠다' 했다. 그러나 주가는 항우를 꾸짖으며 굴복하지 않으므로 죽음을 당했다. 그런데 제상의 죽음은 주가의 죽음에 못지않다."

남편을 먼저 떠나보낸 부인의 최후

처음 제상이 출발하여 떠날 때 제상의 부인이 그 소식을 듣고 뒤를 쫓았으나 따라가지 못하고 망덕사(望德寺) 문 남쪽의 모래언덕 위에 주저앉아 길게 울부짖었다. 그런 까닭에 그 모래언덕을 장사(長沙)라고 하며, 친척 두 사람이 그 부인을 부축하여 돌아오려 하자 다리를 뻗댄 채 일어서지 않으려 했다. 이에 그 땅을 벌지지(伐知旨)라고 불렀다. 오래된 뒤에도 부인은 남편을 사모하는 마음을 이기지 못해 세 딸을 데리고 치술령에 올라가 왜국을 바라보며 통곡하다가 죽었다. 그래서 부인을 치술신모(鵄述神母)라고 하는데, 지금도 사당(祠堂)이 남아 있다.

7. 자식을 매장한 부모는 유죄인가

손순과 김유신의 처, 지은

효에 관한 불가사의한 일화

부모의 내리사랑은 불가사의한 일화들을 숱하게 남긴다. 『삼국유사』에 실려 있는 혜통(惠通) 스님과 관련된 일화도 그러한데 혜통 스님이 목격한 충격적인 대목은 다음과 같다.

> 혜통은 어느 날 집 동쪽 시냇가에서 놀다가 수달 한 마리를 잡아서 죽이고 뼈를 동산에 버렸다. 이튿날 아침 그 뼈가 사라졌는데 핏자국을 따라서 찾아가니 뼈는 원래 살던 굴로 돌아가서 새끼 다섯을 품고 웅크리고 있었다. 혜통은 그것을 바라보고 한참 동안 놀라워하고 이상히 여겼다. 감탄하고 망설이다가 문득 속세를 버리고 출가하여 이름을 혜통이라고 바꿨다.
>
> ─『삼국유사』, 권5, 「신주(神呪)」,〈혜통항룡(惠通降龍)〉

'혜통이 용을 항복시키다'라는 뜻인 〈혜통항룡〉의 첫대목이다. 혜통 스님이 어린 시절, 냇가에 나가 놀다가 수달을 잡아먹었던가 보다. 그런데 무심하게 잡아먹은 수달은 여러 새끼를 갓 낳은 어미였다. 그 어미는 죽었음에도 불구하고 자기를 기다리고 있을 새끼들이 걱정되어 살이 발라진 뼈다귀인 채로 되돌아가 새끼들을 보듬고 있더라는 그 경이로운 장면은 쉽게 믿기 어렵다. 하지만 부모의 사랑이 보여주는 기적 같은 일들을 종종 보아온 터라 사실 여부를 떠나 가슴이 짠해진다.

그런 충격적 경험은 어린 혜통의 삶을 송두리째 뒤흔들어 놓았다. 눈에 보이고 손으로 만질 수 있는 것만 믿을 수 있다고 생각했지만, 사실 현실 너머에 존재하는 또 다른 경이의 세계를 인정하지 않을 수 없었던 것이다. 그리하여 속세를 버리고 더 큰 진리의 세계를 찾아 떠나게 된다. 정말이지 사랑, 그 가운데 부모의 자식 사랑은 놀라운 기적을 만들어낼 정도로 위대하다. 그렇지만 그런 부모의 사랑을 잊은 채 꾸역꾸역 하루하루를 살아가는 무심한 자식들은 또 얼마나 많은가? 안타까운 일이고, 그래서 김부식과 일연은 부모의 사랑을 잊지 않고 보답하려는 자식들의 지극한 행동들을 모으기로 마음먹었다. 그리하여 많지는 않지만 『삼국사기』의 「열전」과 『삼국유사』의 「효선」에 효자와 효녀를 거두었다. 70세가 넘었던 그들은 이런 효행을 적어가는 동안 자신의 부모를 생각하며 속으로 뉘우치고 흐느꼈을지도 모른다.

부모는 자식을 몸으로 낳아 기르고, 자식은 어린 시절 부모의 품안에서 길러진다. 몸과 몸으로 엮인 관계가 부모와 자식인 것이다. 그런 끈끈한 관계이건만 제아무리 효자·효녀라 해도, 부모가 자식을 사랑하고 근심하는 마음에는 결코 미치지 못한다. '긴 병에 효자 없다'는 말처럼 아무리 효자라 하더라도 병치레하는 부모를 내다버리기도 하고, 그렇지 않더라도 돌아가시고 나면 자연히 잊게 되는 것이다. 하지만 자식을 앞세운 부모야 어디 그러겠는가. 부모는 먼저 죽은 자신을 평생 가슴에 묻은 채 살아간다. 그게 세상의 이치인지라 자식을 사랑하라는 가르침은 없고, 자식을 너무 사랑하지 말라는 가르침만 있을 따름이다.

하지만 자식에게 부모를 사랑하라는 가르침, 곧 효(孝)에 대한 강조는 참으로 오랜 역사를 지닌 교훈이었다. 유교에서 효는 도(道)를 실천하는 가장 근본이라 가르치고, 불교에서 인간이 저지르는 3천 가지 죄악 가운데 불효를 가장 큰 죄로 꼽았던 것도 그런 까닭이다. 그것만으로는 부족하여 두드러진 효행을 보인 인물을 길이 기리고, 그런 행위를 본받도록 가르치는 데도 무척이나 열심이었다. 중국의 왕상(王祥)과 곽거(郭巨)는 그런 효자의 최고로 손꼽혀 지금껏 인구에 회자되고 있다. 왕상은 중국 진(晉)나라 때 효자로 모진 계모를 지극정성으로 모셨다고 한다. 한겨울에 물고기가 먹고 싶다고 하자 옷을 벗고 얼음을 깨서 물고기를 잡으려 했는데, 그때 갑자기 얼음이 저절로 갈라지며 잉어 두 마리가 뛰어올랐을 정도였다. 왕상의 효심이 하늘에까지 미쳐 이런 기적을 만들어냈다는 것이다.

세종 때 편찬된 『삼강행실도』에는 '왕상이 얼음을 갈라지게 하다(王祥剖氷)'라는 제목으로 인용되어 전한다. 세종은 진주에서 일어난 한 패륜적 사건, 곧 자식이 아비를 죽인 사건을 들은 뒤 큰 충격에 빠졌다. 그리하여 백성을 교화하기로 작심하고 역대의 이름난 충신·효자·열녀를 추려내어 교화의 재료로 삼고자 했다. 그리하여 왕상의 효행을

『삼강행실도』에 실었고, 곽거의 효행도 담았다. 곽거 역시 왕상 못지않은 기적을 만들어낸 효자였던 것이다.

> 곽거는 가난하게 살면서 어머니를 봉양했다. 세 살 먹은 아들이 있었는데, 어머니가 항상 음식을 남겨서 주었다. 하루는 곽거가 아내에게 이르기를, "가난하여 먹을 것을 제대로 드리지도 못하는데 어린아이가 어머님의 음식을 빼앗아 먹으니 어디 데리고 가서 묻어버려야 되겠소" 하니, 아내가 그대로 따랐다. 땅 석 자를 파자 황금이 가득한 가마솥 하나가 나타났다. 그 위에는 다음과 같은 글이 적혀 있었다. "하늘이 효자 곽거에게 주는 것이니 관가에서도 빼앗을 수 없고 다른 사람도 가져가지 못한다."
>
> — 『삼강행실도』, 〈곽거매자(郭巨埋子)〉

왕상의 효행담도 믿기 어렵지만 곽거의 효행담도 믿기 어렵다. 그뿐만 아니라 끔찍한 느낌마저 든다. 아무리 굶주린 어머니가 안쓰럽다고 음식을 '빼앗아' 먹는 어린 자식을 죽일 마음까지 먹었을까? 그것이 과연 제대로 된 효행일 것인가? 그래서 『삼강행실도』는 끔찍한 살인 교과서라는 비난을 받기도 한다. 어찌 됐든 곽거는, 어머니는 세상에 한 분이지만 자식은 또 낳으면 된다는 논리로 자신의 비정상적인 행위를 정당화하려 들었다. 실제로 여기에 공감하는 분위기가 조성됐던 것도 사실이다. 여담이지만 이와 비슷한 논리로 옛사람들은 형제와 아내를 비유하기도 했다. 형제는 수족이요, 처는 의복이라고. 그래서 형제 관계는 끊을 수 없지만, 처는 언제든 갈아입을 수 있는 것이라고 말했다. 〈흥부전〉에서 놀부를 미워하는 아내를 꾸짖으며 했던 착한 흥부의 말이다.

  이 말에 전적으로 동의하기 어렵겠지만 말하려는 핵심을 이해할 일이다. 부모는 세상에 단 한 사람뿐이라는 점, 형제는 피를 나눈 혈육이라는 점. 그런데도 사람들이 부모를 저버리고, 형제와 불화한 까닭에 만들어낸 교훈이라고. 어찌 됐든 곽거가 모친의 굶주림을 보다 못해 자식을 버리려 마음먹었던 것은 먹을 게 부족했던 궁핍한 시대가 만들어낸 눈물겨운 가족사의 한 풍경임에 틀림없다. 널리 알려진 고려장 이야기도 사건은 정반대이지만 시대적 맥락은 다르지 않다. 어쩌면 쓸모없이 되어버린 늙은 부모를 내다버리는 반인륜적 악습을 경계하고 근절시키기 위해 곽거의 효행담이 만들어졌을지도 모르겠다.

부처를 감동시킨 비정한 부모

사정은 더 따져보아야 하겠지만 곽거는 왕상과 함께 중국 최고의 효자로 전해지고 있고, 마침내는 먼 신라에까지 그런 효자를 만들어내고야 말았다. 『삼국유사』에 전하는 손순(孫順)이 바로 그 주인공인데, 사연이 길지만 전문을 함께 읽어볼 필요가 있다. 먼저 전반부를 보자.

> 손순은 모량리(牟梁里) 사람인데 그의 아버지는 학산(鶴山)이었다. 아버지가 세상을 떠나자 아내와 함께 남의 집에 품을 팔아 곡식을 얻어서 늙은 어머니를 봉양했다. 어머니의 이름은 운오(運烏)였다. 손순에게는 어린아이가 있어 언제나 늙은 어머니의 음식을 빼앗아 먹었다. 손순은 이를 민망히 여

겨 그 아내에게 말했다. "아이는 다시 얻을 수 있지만 어머니는 다시 모시기 어려운데 아이가 그 음식을 빼앗아 먹으므로 어머니가 얼마나 배고프겠소. 하니 이 아이를 매장해버리고 어머니를 배부르게 먹입시다." 이에 아이를 업고 취산(醉山) 북쪽의 들로 가서 땅을 파다가 문득 돌종을 얻었는데 매우 기이했다.

- 『삼국유사』 권5, 「효선」, 〈손순매아(孫順埋兒)〉

앞서 읽어본 곽거 이야기와 거의 다르지 않은 내용이다. 다른 점은 곽거가 아이를 묻으려 하다가 '황금솥'을 얻은 반면, 손순은 '돌종'을 얻었다고 되어 있다. 돌로 된 종, 그건 일확천금을 부처님의 가호로 바꾼 것이다. 신라가 불교 국가였고, 승려 일연은 불교와 관련된 신이한 영험에 깊은 관심을 보였던 것을 감안할 때 납득 못할 일이 아니다. 그리하여 기적처럼 얻은 돌종은 '효성스런' 손순 부부에게 다음과 같은 보답을 준다. 이어지는 후반부이다.

손순 부부는 놀라고 괴이하게 여겨 잠시 숲의 나무 위에 걸어 놓고 두드려 보았더니 그 소리가 은은하여 들을 만했다. 아내는 말했다. "이런 이상한 물건을 얻은 것은 아마도 이 아이의 복인 듯합니다. 묻어서는 안 되겠습니다!" 남편도 또한 그렇게 여겼다. 아이와 돌종을 지고 집으로 돌아와서 종을 들보에 달아 두드렸더니 그 소리가 대궐에까지 들렸다. 흥덕왕이 종소리를 듣고 측근의 신하에게 말했다. "서쪽 교외에서 이상한 종소리가 나는데 맑고 멀리 들리니 보통 종이 아닌 듯하오. 빨리 알아보오." 왕의 사자가 그 집에 가서 알아보고 사실을 자세히 왕에게 아뢰었다. 왕은 말했다. "옛날에 곽거

(郭巨)가 아들을 묻자 하늘이 황금솥을 주었다더니, 이제 손순이 아이를 묻으려고 하자 땅에서 돌종이 솟아 나왔다. 전세의 효자와 후세의 효자를 천지가 똑같이 살피신 것이다." 이에 집 한 채를 내리고 해마다 메벼 50섬을 주었으며 지극한 효도를 표상했다. 손순은 자기 옛집을 내놓아 절로 삼고 절 이름을 홍효사(弘孝寺)라 하고 돌종을 달아두었다. 진성여왕 때 후백제의 횡포한 도적이 그 마을에 쳐들어와서 종은 없어지고 절만 남아 있다.

- 『삼국유사』 권5, 「효선」, 〈손순매아〉

〈손순매아〉는 『삼국유사』의 여러 편 가운데 '효선편(孝善篇)'에 실려 있다. 여기에서 효(孝)란 말 그대로 부모에게 효도를 한 이야기, 그리고 선(善)이란 불교의 가르침을 잘 실천한 이야기라는 뜻이다. 그러니까 효와 선을 함께 잘 실천한 인물의 이야기들을 '효선편'에 실어둔 것이다. 그런 편명에 걸맞게 전반부가 효행을 주로 이야기하고 있다면, 후반부는 그런 효행의 결과 얻게 된 부처의 영험과 손순의 돈독한 불심을 주로 이야기하고 있다. 돌종을 얻어 기이하게 여긴 나머지 아이를 묻지 않게 됐다는 점, 돌종을 두드리니 그 소리가 궁궐에까지 퍼져 나라에서 큰 보상을 내렸다는 점, 깊이 감동한 손순은 옛집에 절을 지을 정도의 지극한 불심을 갖게 됐다는 점이 그것이다.

그런데 이런 이야기를 읽어갈 때 손순을 곽거의 후신(後身)으로 여겼던 점도 흥미롭지만, 손순의 효행을 부처에 대한 독실한 신심으로 결론 맺는 점도 흥미롭다. '효선편'에서 부모에 대한 효도와 불교에 대한 신심은 상반되지 않고 동시에 함께하는 것이라 강조하고 싶었던 일연의 의도를 읽을 수 있기 때문이다. 사실 불교는 속세를 버리고 출가해야 하는 행위로 인해 무군무부(無君無父)라는 비난에 늘 시달려야만 했다. 임금도 버리고 부모도 버린 부류라는 것이다. 그런 비난에 맞서 호국불교로 자신을 옹호하기도 했지만, 일연은 그와 함께 효와 선이 별개가 아님을 보여주고자 했다. 굶주린 어머니에 대한 지극한 효심이 결국 부처를 감동시켜 부모에 대한 효도와 자식에 대한 사랑을 모두 지켜낼 수 있었다는 논리다.

그런 사실을 보다 명확하게 보여주는 일화는, 역시 '효선편'에 실려 있는 진정법사(眞定法師)의 출가에 얽힌 대목이다. 지독하게 가난하면서도 홀어머니 봉양에 정성을 다했던 진정법사는 의상대사가 태백산에서 불법을 강론하고 있다는 사실을 알고 그에게 불도를 배우려는 마음을 품게 됐다. 어느 날 부모에게 다음과 같이 출가의 뜻을 아뢰었다.

진정법사는 일찍이 군대에 있을 때 의상법사가 태백산에서 불법을 풀이하여 사람을 이롭게 한다는 말을 들었다. 그러자 곧바로 그리워하는 마음이 생겨 어머니에게 말했다. "효도를 다 마친 후에는 의상법사에게로 가서 머리를 깎고 불도를 배우겠습니다." 어머니는 말했다. "불법은 만나기가 어렵고 인생은 너무도 빠른데 효도를 다 마친 후면 또한 늦지 않겠느냐? 어찌 내 생전에 불도를 알았다고 들려주는 것만 같겠느냐? 머뭇거리지 말고 빨리 떠나는 것이 좋겠다." "늙은 어머님 곁에 오직 저만 있을 뿐인데, 어머님을 버리고 어찌 차마 출가할 수 있겠습니까?" "아, 나 때문에 출가를 못한다면 나를 곧 지옥에 떨어지게 하는 것이다. 비록 생전에 풍성한 음식으로 나를 봉양하더라도 어찌 효도가 되겠느냐? 나는 남의 집 문간에서 옷과 밥을 얻어 생활하더라도 또한 타고난 수명은 누릴 수 있을 것이니, 내게 효도를 하려거든 네 말을 고집하지 말라."

- 『삼국유사』 권5, 「효선」, 〈진정효선쌍미(眞定孝善雙美)〉

진정법사는 효도의 길과 불도의 길 사이에서 갈등하다가 효도를 마친 뒤, 불도의 길을 걷기로 했다. 하지만 어머니는 단호했다. 나로 인해 네가 출가를 못한다면, 결국 너를 막은 죄를 지어 내가 지옥에 떨어질 것이라고. 어머니는 자신의 희생을 통해 자식의 갈 길을 열어주려 했고, 일연은 그걸 불교의 인과설과 윤회설로 변호해주고 있다. 결국 진정법사는 집에 남은 쌀을 톡톡 털어 짊어진 채 사흘 밤낮을 걸어 태백산의 의상법사를 찾아갔다. 그리고 3년 만에 어머니가 돌아가셨다. 진정은 가부좌를 하고 선정(禪定)에 들었다가 이레 만에 일어났고, 제자들을 모아 놓고 90일 동안 『화엄대전(華嚴大典)』을 강론했다. 돌아가신 속세의 어머니를 위한 의식이었던 것이다.

모든 의식을 마친 뒤, 어머니가 꿈에 나타나 "나는 벌써 하늘에 환생했다"는 말을 전해주었다고 한다. 부모에 대한 효도와 불교에의 귀의가 별개가 아닌 하나였음을 입증해준 것인데, 작품의 제목을 '진정법사의 효도와 선행이 모두 아름답다'는 '진정효선쌍미'라고 정한 것도 그런 까닭이다. 하지만 일연의 이런 강한 의도에도 불구하고, 지극한 효심과 독실한 믿음은 현실적으로 종종 심각한 갈등을 불러일으킬 수밖에 없었다. 진정법사의 일화를 애써 강조한 것도 그런 갈등을 견뎌내려는 하나의 방편으로 읽을 수 있다. 실제로 일연 자신도 홀어머니를 두고 출가한 뒤, 불자로서의 길과 자식으로서의 길을 하나로 묶어

내기 위해 많은 노력을 기울였다. 아마도 진정법사 이야기는 일연 자신의 이야기일 수도 있었다.

하지만 자식의 장래를 위해 자기 한 몸을 기꺼이 희생했던 진정법사 어머니의 마음은 그지없이 너르고 깊다. 불도에 정진하고 있는 자식의 소식이 간간히 들려오는 것으로 만년의 궁핍과 병고를 달랬겠지만, 홀로 남은 어머니의 착잡한 마음과 그에 따라 깊어졌을 신심을 헤아리기란 어렵지 않다. 그러다가 자식 잘되기만을 바라며 쓸쓸하게 홀로 죽어갔을 것이다. 그처럼 자식 잘되기를 바라며 자신을 기꺼이 희생하던 진정법사 어머니와 달리, 자기 자식을 자신들의 손으로 파묻으려 했던 손순 부부와 같은 부모도 있었다. 효자이기는커녕 요즘 학생들에게 읽혀보면 늘 비난받기 일쑤인 그들 부부.

하지만 비정한 부모라고 탓하지 말자. 사실, 서사의 전개는 늙은 모친을 위해 효행을 실천하는 것으로 담담하게 서술되고 있지만 자식 묻으러 가는 손순 부부의 마음이 과연 편안할 수 있었겠는가? 무조건적인 변호가 아니라 그 순간을 상상해보자. 굶주리는 어머니를 보다 못한 남편 손순이 아이를 함께 묻어버리자고 하고, 실제로 어느 날 어둑한 밤 산에 올라가 구덩이를 파던 그들. 손순은 구덩이를 팠을 것이고, 손순의 처는 잠든 또는 무서워 우는 아이를 안고 있었을 것이다. 그들은 아무 말도 하지 않았다. 한 사람은 묵묵히 땅을 파고, 한 사람은 울음을 참으며 그 광경을 내려다보고. 마침내 구덩이를 거의 다 파고, 참혹한 시간이 코앞에 다가온 그 순간 돌종이 나타났다. 손순의 처는 처음으로 한 마디를 터뜨렸다. "이런 이상한 물건을 얻은 건 아마도 이 아이의 복인 듯합니다. 묻어서는 안 되겠습니다!"라고. 손순도 두말없이 동의했다. 돌로 된 종이 뭐라고, 그게 나왔다고 어머니의 굶주림이 해결되는 것도 아닌데 말이다. 숨죽이고 지켜보던 손순 부부의 처절한 환호는, 효행의 실천이라는 윤리규범과는 또 다른 육친 본연의 마음이 솟구쳐 올라온 것을 극적으로 표현한 것이다. 비정한 부모라고 탓할 수 없는 까닭이다. 그리고 그런 진정이야말로 하늘을 감동시킬 수 있다고, 일연은 믿었던 것이리라. 만약 손순 부부가 자식을 진짜 묻었다면, 『삼국유사』에 결코 실릴 수 없었으리라. 아니 비정한 부모라는 이름으로 실렸을 수는 있겠다.

효자가 되는 험난한 길

『삼국사기』의 「열전」에는 역사에 올릴 만한 두드러진 행적을 보이지 않은, 그러나 후대에 귀감이 될 만하다고 생각되는 인물 11명의 행적이 실려 있다. 그들 가운데 첫 번째 등장하는 인물은 향덕(向德)이고, 두 번째는 성각(聖覺)이다. 향덕은 덕을 숭상한다는 뜻이고, 성각은 성스러운 깨달음을 얻었다는 뜻의 이름이다. 그렇지만 이들은 신분도 미천하고 두드러진 공업을 이룬 것도 아니다. 다만 그들은 남들이 하기 어려운 효행을 실천에 옮겼다는 이유로 첫머리에 이름을 올렸을 따름이다. 도대체 어느 정도의 효행을 실천했기에 역사에 기록된 것일까? 먼저 향덕의 경우를 보자.

향덕은 신라의 웅천주(熊川州) 판적향(板積鄕) 사람이다. 그의 아버지의 이름은 선(善)이요, 자(字)는 반길(潘吉)이다. 타고난 기질이 온화하고 선량하여 향리에서 그 행실을 칭찬했다. 어머니는 그 이름이 전하지 않는다. 향덕 또한 효성이 지극해 부모에게 순종함으로써 마을 사람들에게 칭찬을 받았다. 천보 14년(755)에 흉년이 들어 백성들이 굶주리고 역질까지 겹쳤다. 향덕의 부모는 굶주리고 병이 들었다. 게다가 어머니는 모진 종기까지 나서 거의 죽을 지경에 이르렀다. 향덕은 밤낮으로 옷을 벗지 않고 정성을 다해 보살펴드렸으나 봉양할 길이 없었다. 이에 자기의 넓적다리 살을 베어서 부모에게 먹여드리고, 어머니의 모진 종기를 입으로 빨아 모두 편안하게 해드렸다. 고을 관원이 주(州)에 보고하고, 주에서는 왕에게 보고했다. 왕은 교지를 내려 벼 3백 석, 가택 1구(區), 구분전(口分田) 얼마를 내려주고, 관원에게 비석을 세워 이 사실을 기록해서 효행을 표시하도록 명했다. 지금에 이르기까지 그곳을 효가리(孝家里)라고 부른다.

— 『삼국사기』 권48, 「열전」, 〈향덕〉

우리나라에서 가장 오래되고 가장 잘 알려진 향덕의 효행담이다. 현재 충남 공주시 소학동에는 그의 효행을 기리는 비석과 정려(旌閭)가 세워져 있는데, 충청도관찰사로 내려왔던 조영국(趙榮國)이 영조 17년(1741)에 세운 것이다. 부모의 몸에 종기가 나면 직접 핥아 고름을 빨아들이고, 부모의 병세를 알아보기 위해 매일 대변의 맛을 보고, 부모가 병들어 기력이 없어지면 자신의 허벅지살을 베어 드리고, 부모가 혼절하면 손가락을 베어 피를 흘려 넣어드리는 행위들은 효자라면 갖추어야 할 이른바 효행의 요건들이다. 향덕에 뒤이어 등장하는 성각 또한 병든 어머니에게 자신의 허벅지살을 베어 드렸기에 역사에 이름을 올릴 수 있었다. 상분(嘗糞: 대변을 맛봄), 단지(斷指: 손가락을 자르거나 깨묾), 할고(割股: 허벅지 살을 베어 냄)야말로 효행의 기본 요건이었는데, 향덕과 성각은 그런 효자의 효시였던 것이다. 끔찍하기로 말하면 자식을 묻으려 했던 곽거의 효행 못지않다 하겠다.

  이런 효행담 역시 중국에 그 기원을 두고 있다. 하지만 이런 풍습들은 아무래도 인간의 보편적인 정서와 일정한 거리가 있을 수밖에 없었고, 그런 까닭에 뜻 있는 사람들은 일찍이 이런 효행담에 담긴 비인간성이나 반인륜적 측면을 비판적으로 바라보고는 했다. 이들을 효자의 이름으로 「열전」에 거둬들인 김부식도 다르지 않았다. 향덕과 성각의 효행담을 기술한 뒤, 자신의 견해를 사평(史評)으로 밝혀두었던 것이다.

논평한다. 송기(宋祁)의 『당서(唐書)』에 이런 말이 있다. "참으로 훌륭하다, 한유(韓愈)의 평론이여! 그 평론에 '부모가 병들면 약을 달여 드리는 것은 효도가 되지만, 팔다리와 몸에 상처를 내어 효도한다는 말은 듣지 못했다. 진실로 이것이 의리를 해치지 않는 일이라면, 누구보다도 먼저 성현이 이런 행동을 보였을 것이다. 불행히도 이런 일로 말미암아 죽게 된다면 몸을 상하게 하여 후사를 끊어지게 한 죄를 지게 되는 것이다. 그런데도 어찌 정문을 세워 이를 표창하겠는가?' 했다. 비록 그렇지만 궁벽한 시골에는 학술과 예의의 뒷받침이 없는데도 능히 제 몸을 잊고 어버이를 위한 것은 성심에서 우러나왔다고 하겠다. 그러하니 칭찬할 만한 것이 있어 「열전」에 기록한다"고 했다. 그렇다면 향덕과 같은 인물도 사실을 기록할 만한 사람이다.

                                           –『삼국사기』 권48, 「열전」, 〈성각〉

김부식은 한유의 비평을 옮겨 적는 방식으로 자신의 견해를 피력한다. 당송고문의 대가였던 한유도 일찍이 넓적다리를 베어 드리는 행위는 효행으로 칭송할 수 없다고 신랄하게 비판했다. 사람으로서의 정리(情理: 인정과 도리)에 반하는 행동으로 보았던 것이다. 그럼에도 불구하고 『신당서』에 효자라는 이름으로 이들을 올린 까닭은, 부모를 위하는 이들의 성심(誠心)을 소중하게 여겼기 때문이다. 김부식도 그 점을 명확히 밝혀두고 있었다. 그럼에도 불구하고 이런 행동들은 마침내 하나의 습속을 이루었고, 조선시대에 접어들면 이런 행위를 적어 올려 효자로 인정을 받고자 무진 애를 썼다. 거의 대부분이 거짓으로 지어 올린 효행담들이다. 향덕과 성각에서 비롯된 기이한 행적들을 베껴 썼던 것이다. 손가락으로 달을 보라고 가리켰더니, 달은 보지 않고 손가락만 바라본 격이다. 지금 전국에서 흔히 볼 수 있는 효자비는 모두 이런 거짓의 과정을 거쳐 획득한 국가의 보상이라 해도 과언이 아니다.

 부모가 죽으면 땅에 묻어 무덤을 만드는 까닭은, 맹자가 간명하게 설명했듯, 죽은 부모의 시체를 구덩이에 그냥 버려두면 온갖 짐승과 벌레가 달려들어 뜯어먹는 모습을 차마 볼 수 없었기 때문이다. 또한 부모가 죽으면 삼년상을 치르는 까닭은, 공자가 간명하게 설명했듯, 자식은 부모의 품안에서 3년 동안 길러져야 비로소 사람 구실을 할 수 있기 때문이다. 그렇다면 적어도 3년 동안만이라도 나를 길러준 부모의 은혜를 잊을 수 없지 않겠냐는 뜻이었다. 그럼에도 인간으로 지켜야 할 의리를 해치면서까지 과도하게 효행을 실천하는 것은 효가 아닌 것이다. 효행이란 육친의 정감에 기반을 두는 것이기 때문이다.

 하지만 어느 순간부터 효행은 인간의 자연스런 정리를 넘어서서 인간의 작위적인 규범으로 전환되고, 점차 일방적·수직적인 도덕으로 강화되기 시작했다. 그것은 '부자 간에는 친함이 있어야 한다'는 부자유친(父子有親)에서의 상호 동등한 친함[親]의 덕목이 '자식이 어버이를 섬기는 것이 근본이다'라는 부위자강(父爲子綱)에서의 위계적인 질서 체계로 재정립됐던 한대(漢代) 유학의 영향이 결정적 계기가 됐다. 전국시대 때 맹자가 강조한 '오륜(五倫)'과 한나라 때 동중서(董仲舒)가 강조한 '삼강(三綱)'을 분별해서 보아야 하는 이유이다. 여기에서 그 자세한 과정을 세세하게 거론하기는 어렵지만 신하로서의 충, 자식으로서의 효, 아내로서의 열이 일방적으로 강요되기 시작했던 것도 마찬가지다.

그런데 흥미로운 것은 그런 과정에서 충과 효가 팽팽한 갈등 관계를 형성하기도 했다는 점이다. 김부식은 「열전」을 편찬할 때, 김유신을 가장 중요한 인물로 주목했다. 총 10권 가운데 3권의 분량을 할애했을 뿐만 아니라 〈김유신〉 말미에는 자식과 부인들의 일화도 첨가했다. 그 가운데 둘째 아들 원술랑(元述郞)의 사연은 각별한 느낌으로 읽힌다. 그래서 유치진은 1950년 원술랑 이야기를 연극으로 올리고 그 뒤 영화로도 만들었던 것이다. 원술랑은 비장(裨將)으로 전투에 참여했다가 패했다. 그때 죽음을 각오하고 끝까지 싸우려 했지만, "대장부는 죽는 것이 어려운 일이 아니라 죽을 곳을 가리는 것이 어려운 일입니다. 만약 죽어서 성공함이 없다면 살아서 훗날의 성공을 도모함만 못할 것입니다"라는 부관 담릉(淡凌)의 만류를 뿌리치지 못했다. 그리하여 싸우다 죽는 것 대신 뒷날을 기약하기 위해 몸을 피해 돌아왔다. 그러자 아버지 김유신은 싸늘하게 이렇게 왕에게 건의했다.

대왕은 패전 소식을 듣고 유신에게 물었다. "군사들이 패전한 것이 이와 같으니 어찌하면 좋겠소?" 유신은 대답했다. "당나라 군사의 계획은 헤아릴 수 없사오니 마땅히 장수와 군사들을 각기 요해지(要害地)에서 지키도록 해야 할 것입니다. 다만 원술은 임금의 명령을 욕되게 했을 뿐만 아니라 가정의 훈계도 저버렸으니 목을 베어야 합니다." 대왕은 말했다. "원술은 비장이니 원술에게만 중한 형벌을 줄 수 없소." 이에 죄를 용서했다. 원술은 부끄럽고 두려워 감히 아버지를 뵙지 못하고 전원으로 숨어들었다.

― 『삼국사기』 권43, 「열전」, 〈김유신전 부록 원술〉

전투에서 패해 구사일생으로 살아 돌아온 아들 원술랑은 임금을 욕되게 만들었고, 가정의 훈계도 저버렸으니 목을 베어야 한다는 것이다. 연극과 영화에서 주목했던 이른바 화랑정신의 정화다. 하지만 자신의 아들을 죽여야 한다고 주청했던 아버지 김유신은 도대체 무슨 마음이었을까? 국가의 운명을 걸고 치열하게 싸우던 때였으니, 일벌백계(一罰百戒)의 모범을 보이려 했던 장수의 심사를 이해 못할 바는 아니다. 하지만 임금의 아량으로 겨우 목숨을 부지한 원술랑은 부끄러워 산속으로 숨어들어 평생을 불효자로 자책하며 살아야 했다. 국가를 위해 죽지 못했다면 자식이라도 자식이 아니라는 논리에서 충과 효의 날카로운 분립을 보게 된다. 전쟁이 낳은 가족사의 비극적 한 풍경이다. 하지만 정말 끔찍한 장면은 그 다음에 이어진다. 아버지 김유신이 죽자 원술랑은 집을 찾아가 어머니 뵙기를 청했다.

아버지 김유신이 세상을 떠난 후에 원술랑이 어머니를 뵙고자 하니 어머니는 말했다. "부녀자에게는 세 가지 따라야 하는 의리가 있는데 내가 지금 이미 혼자됐으니 마땅히 아들을 따라야 할 것이다. 그러나 원술과 같은 자는 이미 돌아가신 아버지께 자식 노릇을 하지 못했으니 내가 어찌 그 어미가 될 수 있겠는가?" 원술을 만나지 않았다. 원술은 통곡하며 가슴을 치면서도 자리를 뜨지 않았으나 부인은 끝내 만나주지 않았다.

— 『삼국사기』 권43, 「열전」, 〈김유신전 부록 원술〉

피비린내 나는 전쟁도 끝나고, 지엄했던 아버지도 죽고 난 뒤의 일이다. 하지만 어머니는 뜻밖에도 단호했다. 여자가 따라야 할 세 가지, 곧 어려서는 아버지를 따르고 자라서는 남편을 따르고 늙어서는 아들을 따른다는 삼종지도(三從之道)를 들먹이면서도 찾아온 아들을 끝내 외면했던 것이다. 아버지에게 버림받은 자식이니 자신도 그 자식을 자식으로 받아들일 수 없다는 저 완고한 사고방식. 원술랑은 울고불고 통곡을 해도 어머니는 요지부동이었다. 뒷날 당나라 군사들이 매소천성(買蘇川城)을 공격해왔을 때, 원술랑은 싸워 죽을 수 있을 때라고 여겨 죽기를 각오하고 힘껏 싸웠다. 그리하여 크나큰 전공을 세워 나라에서 상을 받았다. 하지만 부모에게는 끝내 용서를 받지 못했다.

부모를 따뜻하고 편안하게 모시고, 지극정성으로 보살펴드리는 것만으로는 충분하지 않았던 효행의 한 단면을 보여주는 사례다. 국가를 위해, 가문을 위해 더러운 이름을 남겨서는 안 되는 법이었다. 김유신과 그의 부인은 그 점을 굳게 믿고 있었다. 그럼에도 불구하고 어머니의 태도는 여전히 석연치 않은 점이 있다. 어째서 그리도 매몰찰 수 있었을까? 아마도 그것은 남편 김유신과 그 가문의 이름을 더럽혀서는 안 된다는 오래된 강박이 불러온 비인간적 처사였다. 손순의 부인도 자식을 묻어 죽여 어머니에게 효도를 다해야 한다는 남편의 말에 한 마디 항변도 해보지 못하고 지켜볼 수밖에 없었다. 그러다가 땅에서 나온 돌종을 구실 삼아 비로소 죽이지 말자는 속내를 털어놓을 수 있었다. 남성인 아버지와 여성인 어머니는 자식을 바라보는 눈도 그만큼 달랐던 것이다.

그렇다면 원술의 어머니도 울며 찾아온 아들을 되돌려 보낼 때 그런 심경이었을까? 남성들이 믿고 강요했던 그 비인간적인 부모-자식 간의 관계에 내심 진저리를 쳤을지 모른다. 실제로 〈김유신〉 끝부분에 그 비정한 어머니의 간략한 후일담이 덧붙여 있다. 그녀는 태종의 셋째 딸 지소부인(智炤夫人)이었는데, 아들 다섯과 딸 넷을 낳았다. 그리고 뒤에 "머리를 깎고 거친 옷을 입고 비구니가 됐다"라는 짤막한 기사. 왜 부귀영화를 뒤로한 채 절간으로 들어간 것일까? 피비린내 나는 전투를 지켜본 여인으로서 인간 세계에 대한 환멸 때문이었을지 모른다. 하지만 모정을 감춘 채 매몰차게 쫓아낸 아들이 평생 한을 품고 사는 것에 대한 자책은 없었을까? 물어 확인할 길 없지만, 그녀는 산사에서 뜨거운 회한의 눈물을 흘렸을 것이 분명하다. 남성들이 지배하는 가부장제 아래에서 여성으로서 살아가는 삶이란 이토록 코끝 찡하도록 신산한 것이기도 했다.

효행보다 감동적인 지은의 사연

『삼국사기』와 『삼국유사』에는 앞서 살펴본 것처럼, 효행과 관련된 흥미로우면서도 곱씹어볼 만한 일화들이 여럿 남아 있다. 자기 허벅지살을 베어 부모에게 올렸던 향덕과 성각, 굶주린 어머니를 위해 어린 자식까지 죽이려 했던 손순, 전쟁터에서 살아 돌아온 아들을 불효의 이름으로 내쫓았던 김유신 등 이들은 모두 남성들이고, 그들 모두의 행동은 왠지 비인간적이고 부자연스러워 보인다. 육친의 정에서 우러나온 것이라기보다 다소 작위적이고도 경직된 행동처럼 보이는 것이다. 그런 가운데 김부식과 일연 모두가 주목하여 싣고 있는, 효행을 실천한 한 가련한 여성을 그리고 있는 일화는 사뭇 다르게 읽힌다. 『삼국사기』에는 〈효녀 지은(孝女知恩)〉이라는 제목으로 실려 있고, 『삼국유사』에는 〈빈녀양모(貧女養母)〉라는 제목으로 실려 있다. 같은 인물, 같은 내용이다. 『삼국사기』의 향덕이라는 효자를 『삼국유사』에서는 향득사지(向得舍知)라는 이름 아래 간략히 기록한 공통을 제외하면, 매우 특이한 사례라고 하겠다. 그만큼 지은은 삼국시대 때 누구보다 가장 잘 알려진 효녀의 전범이었던 것이다.

하지만 일연은 그녀의 이름을 밝히지 않은 채 단지 가난한 여인이라는 뜻으로 '빈녀(貧女)'라 일컫고 있는데, 김부식은 지은(知恩)이라는 이름을 분명하게 밝혀두었다. '부모의 은혜'(恩)를 '안다'(知)는 뜻이니, 본래 이름이 아니라 이름 없던 여인에게 뒷사람들이 그녀의 행실을 보고 굳이 붙여준 이름으로 보아야 옳겠다. 향덕이라든가 성각과 같은 효자의 유별난 이름들처럼. 어쨌거나 여성으로서는 유일하게 효행으로 이름을 남겼으니, 그녀의 일화를 좀 찬찬히 읽어볼 필요가 있다.

사연은 이러하다. 하루는 화랑 효종랑(孝宗郎)이 남산 포석정에서 부하들을 모아 놓고 놀 때 두 사람만이 늦게 참석했다. 효종랑이 늦은 까닭을 물으니 그들의 대답은 다음과 같았다.

"분황사의 동쪽 마을에 나이가 스무 살가량 된 여자가 눈먼 어머니를 안고 서로를 부르며 울고 있기에 같은 마을 사람에게 물으니, '이 여자의 집이 가난하여 끼니를 구걸하며 부모의 은혜를 갚은 지 몇 년입니다. 때마침 흉년이라 문에 기대어 빌릴 수단이 어려워져 남의 집에 품팔이를 하여 곡식 30석을 얻어 부잣집에 맡겨두고 일을 했습니다. 해질 무렵 쌀을 싸서 집으로 와 밥을 지어드리고 함께 자고, 새벽이면 부잣집에 가서 일을 했습니다. 이렇게 한 지 며칠 만에 어머니가 지난날에는 거친 음식을 먹어도 마음이 화평했는데, 요즘의 좋은 쌀밥은 속을 찌르는 것 같으면서 마음이 편안하지 않으니 어찌 된 일이냐고 물었습니다. 여인이 사실대로 말했더니 어머니는 통곡하고 여인은 자기가 다만 어머니의 입과 배만을 봉양하면서 부모 앞에서 얼굴 빛 관리를 잘하지 못한 것을 한탄하며 서로 붙잡고 우는 것입니다.' 그래서 그것을 보고 오느라 늦었습니다."

— 『삼국유사』 권5, 「효선」, 〈빈녀양모〉

『삼국유사』의 「효선」에 실린 〈빈녀양모〉의 전반부이다. 그들이 들려준 모녀의 사연은 무척 간결하다. 딸은 자기 몸을 팔아서라도 눈먼 어머니를 봉양하고 싶어 했고, 어머니는 자기 때문에 그런 고생을 하는 딸에게 미안하여 부둥켜안고 울었다는 것이다. 가련하기는 하지만 그

뿐이다. 향덕이나 성각처럼 예사 사람이 하기 어려운 효행을 한 것도 없다. 그럼에도 불구하고 지은의 사연이 화랑과 임금에게 포상을 받고 『삼국사기』, 『삼국유사』와 같은 역사서에 신라 최고의 효녀로 오른 까닭이 무엇인지 궁금하다. 돌이켜보면 생산력이 낮았고, 게다가 흉년까지 들었던 그 당시 얼마나 많은 딸자식들이 종살이를 했을 것인가? 지은만 그런 고생을 겪은 게 아니다. 그럼에도 그녀의 효행만이 그토록 주목받고 인구에 회자된 까닭은 지은의 구체적인 효행보다는 그들 모녀의 아름다운 마음에 주목했기 때문이다. 지은은 가슴 아파하는 어머니를 보면서 자신의 봉양이 겨우 배부르게 해드리는 데 만족하는 것이었음을 깨달았다고 한다. 진정한 효도란 어머니의 마음을 편하게 해드려야 하는 것임에도 그렇게 하지 못했다는 깊은 자책이다.

우리가 주의 깊게 보아야 할 대목은 바로 그 지점이다. 김부식과 일연은 진정한 효도란 물질이 아니라 마음에 있음을 말하고 싶었던 것이다. 하지만 그런 설명도 평범하기 그지없다. 향덕이나 성각처럼 자기 몸을 도려내면서까지 효행을 실천한 것도 아니고, 금지옥엽 같은 자식을 파묻으려 했던 곽거에게는 한참 미치지 못한다. 그들이라고 어찌 그런 이치를 몰랐겠는가. 그럼에도 그들의 효행보다 지은의 사연은 더욱 진한 감동을 준다. 무슨 까닭인지 더 깊이 생각해보지 않을 수 없다.

그러고 보면 이 사연에는 납득하기 어려운 대목이 하나 있다. 어머니는 딸이 품팔이로 팔려간 사정을 알지 못했다. 그런데 어떻게 밥맛만 가지고 딸의 혹독한 고생을 느꼈던 걸까? 눈먼 어머니는 맛난 음식을 먹으면서도 속이 찌르듯 아팠다는 것으로 짐작했다지만 그런 일이 정말 가능할까? 어떤 사람들은 터무니없는 비약이라고 생각할지도 모른다. 하지만 모성의 본능이란 현실적 논리만 가지고 설명할 수 없을 때가 너무나 많다. 육친의 직감은 놀랍도록 무서운 까닭이다.

 이런 육친의 정감에서 우러나오는 자연스런 마음에 기반을 둔 것일 때 비로소 진정한 효도가 된다. 김부식과 일연이 지은의 마음에서 읽었던 것은 바로 그 점이고, 그녀가 효녀의 이름으로 역사서에 오르게 된 진정한 이유 또한 그 때문이리라. 지은 모녀의 사연을 읽을 때, "예전에는 거친 음식을 먹어도 마음이 편하더니, 요새는 좋은 쌀밥을 먹는 데도 마치 창자를 찌르는 것 같아 마음이 편안치 못하다. 어찌 된 일이냐?"라는 대목이 가장 인상적으로 읽히는 까닭이다. 거기에는 아버지와 아들과 같은 남성들이 보여주었던 효행에서는 느낄 수 없는, 섬세하고도 정감 어린 인간으로서의 진정이 스며들어 있다. 눈먼 어머니와 과년한 딸의 마음과 마음으로 이어지는 이런 공감과 설움은 그래서 많은 사람들을 감동의 바다로 이끌었던 것이다. 지은의 효행담은 뒷날 판소리 〈심청가〉 창작의 모태가 됐다고 하는데, 그런 〈심청가〉가 청중을 눈물바다로 만들었던 것은 결코 우연이나 과장이 아니다.

정치적 쇼에 동원된 효행담

예사 사람이 쉽게 할 수 없는 행동들은 주변 사람에게 깊은 감동을 준다. 또한 깊은 반성과 함께 경이로운 시선으로 바라보게 만든다. 지은도 그러했다. 지은 모녀의 사연을 전해 들은 효종랑은 뜨거운 눈물을 흘렸다. 그리고 그녀의 효행담은 효종랑과 그의 부모, 부하들, 그리고 진성여왕까지 감동의 도가니로 빠뜨렸으며 포상도 뒤따랐다. 얼마나 많은 포상을 받았는지, 진성여왕은 군사를 보내 집을 지켜줄 정도였다고 한다. 어느 정도였는지 직접 확인해보자.

> 효종랑은 이 말을 듣고 눈물을 흘리면서 곡식 1백 석(섬)을 보냈다. 그리고 효종랑의 부모도 옷 한 벌을 보냈으며, 효종랑의 부하들도 곡식 1천 석을 거두어 보내주었다. 이 일이 왕에게 알려지자 진성왕은 곡식 5백 석과 집 한 채를 내려주고, 군사들을 보내서 그 집을 호위하여 도적을 막도록 했다. 또한 그 마을을 표창하여 효양리(孝養里)라 했다. 후에 집을 내놓아 절로 삼고 절 이름을 양존사(兩尊寺)라 했다.
>
> — 『삼국유사』 권5, 「효선」, 〈빈녀양모〉

효종랑 1백 석, 효종랑 부하들 1천 석, 진성여왕 5백 석, 그 외에 옷과 집을 하사한 것은 물론 마을 전체를 포상할 정도였다. 곽거가 50석, 성각이 3백 석, 향덕이 5백 석에 불과했으니, 지은은 여자의 몸임에도 불구하고 가장 많은 포상금을 받았던 것이다. 그뿐만 아니다. 『삼국유사』에는 없지만, 『삼국사기』를 보면 신라에서는 그녀의 효행을 당나라 황실에 알려 그 아름다운 이름이 중국에까지 두루 퍼졌다고 한다. 이쯤 되고 보면 아무리 진정에서 우러나온 모녀의 아름다운 마음이라 해도 지나친 호들갑처럼 보이게 마련이다. 그들은 지은 모녀의 사연을 가지고 국내외에 걸쳐 왜 이리도 야단법석을 벌였던 것일까? 그런 의심을 품고 다시 읽어보면 『삼국사기』의 「열전」에 기록된 이들 효자, 효녀의 일화 뒤에 덧붙은 후일담들이 예사롭지 않게 다가온다.

[향덕] 고을 관원이 주(州)에 보고하고, 주에서는 왕에게 보고했다. 왕은 교지를 내려 벼 3백 석, 가택 1구, 구분전 약간을 내려주고, 관원에게 비석을 세워 이 사실을 기록해서 효행을 표시하도록 명했다. 지금에 이르기까지 그곳을 효가리라고 부른다.

— 『삼국사기』 권48, 「열전」, 〈향덕〉

[성각] 대신 각간 경신(敬信)과 이찬 주원(周元) 등이 이 사실을 국왕에게 알리니, 왕은 웅천주 향덕의 전례에 의거하여 가까운 고을의 벼 3백 섬을 상으로 주었다.

— 『삼국사기』 권48, 「열전」, 〈성각〉

[효녀 지은] 이때 효종랑이 나와 놀다가 이 광경을 보고 집으로 돌아와서 부모에게 청하여 집에 있는 곡식 1백 섬과 의복을 보내주고, 또 지은을 산 주인에게 그 몸값을 갚아주고 양민이 되게 하니, 효종랑의 무리 몇 천 명도 각기 곡식 한 섬씩을 내어 지은에게 주었다. 대왕도 이 소식을 듣고 또한 벼 5백 섬과 집 한 구(區)를 주고 조세와 부역을 면제해주었으며, 곡식이 많아 도둑질하는 자가 있을까 염려하여 관원에게 명령해 군사를 보내 당번으로 지키게 하고, 마을 전체를 표창하여 효양방(孝養坊)이라 했다. 이내 당나라 황실에 글을 올려 그 아름다운 명예를 당나라에 돌렸다.

— 『삼국사기』 권48, 「열전」, 〈효녀 지은〉

이들 효자와 효녀의 행실 뒤에 덧붙은 구절은 그들의 효행에 대한 포상 내용이다. 그들을 지켜본 사람이 조정에 보고하여 포상이 내려졌던 것이다. 이 기록들은 경향 각지에서 올린 효행담과 그에 근거하여 포상이 내려진 공적 과정에 사용된 문서에서 전재된 것임을 암시한다. 김부식은 효행 표창 건의의 문서들을 뒤져 이들 가운데 몇몇을 역사서에 올렸던 것이다. 이와 같은 효행을 하게 되면, 국가의 포상이 뒤따른다는 사실도 보여주면서.

그렇다면 이런 공적 문서가 만들어진 당대의 상황에 다시 주목할 필요가 있다. 효녀 지은의 사연은 신라가 멸망으로 치닫던 헌강왕과 진성여왕 사이, 그러니까 50대 정강왕(定康王) 때의 일이다. 그 즈음 백성들이 겪던 고통은 이루 말할 수 없을 정도였다. 정강왕 재위 2년 동안 있었던 일이란 고작 즉위 원년에 "나라 서쪽 지방이 가물어 흉년이 들었다." 그리고 이듬해에는 "한주의 이찬 김요(金蕘)가 반역하니 군사를 내어 죽였다"가 전부이다. 흉년과 반란으로 뒤범벅된 시대였던 것이다. 넓적다리를 베어 준 향덕이든 남의 집에 몸을 팔았던 지은이든 지독한 흉년이 들어 질병과 기아가 만연하던 시절의 인물이다.

그렇다면 민심은 흉흉하기 그지없었을 것이다. 사람이 사람을 잡아먹을 정도였다는 그때, 자식을 버리고 부모를 버리는 일은 예사였다. 사정이 이러하다면 굶주렸던 많은 백성들 가운데 유독 지은에 주목하여 화랑주와 낭도들, 국가의 군주, 심지어 중국 천자까지 들고 일어나 그녀의 효행을 기렸던 목적은 분명하다. 흉년과 질병으로 흉흉하던 시절, 민심을 다잡기 위해서는 이런 효자와 효녀를 발굴하여 대대적으로 선전하는 것 외에 달리 길이 없다. 그건 예나 지금이나 마찬가지다. 그런 점에서 효자와 효녀에 대한 표창이란 궁지에 몰린 지배층이 항용 써먹는 정치적 쇼에 다름 아닌 것이다. 그리고 정치적 쇼에 동원된 문서들이 김부식과 일연에 의해 거두어지고, 급기야 조선을 건국한 사대부들은 이를 가지고 정치적 선전에 대대적으로 활용했다. 세종 때 편찬된 『삼강행실도』가 대표적이다. 효자와 효녀라는 이름은 죽음으로 내몰릴 정도의 극한적 궁핍에도 불구하고 자식 된 도리로서 '차마 할 수 없는 마음[不忍之心]'을 지켜낸 눈물겨운 사연들이다. 하지만 이런 사실은 외면한 채, 그냥 당위로서만 자식들에게 강요되었던 것이다.

효녀 지은

『삼국사기』 권48, 「열전」, 〈효녀 지은〉

효녀 지은(知恩)은 신라의 한기부(韓岐部) 백성 연권(連權)의 딸이다. 성품이 지극히 효성스러웠다. 어려서 아버지를 잃고 홀로 그 어머니를 봉양했는데, 나이 서른두 살이 되도록 시집가지 않고 아침과 저녁으로 문안드리며 곁을 떠나지 않았다. 봉양할 것이 없으면 때로는 품을 팔고 때로는 돌아다니며 구걸하여 먹을 것을 얻어 드시도록 했다. 그러한 날이 오래되자 가난함을 이기지 못하여 부잣집에 가서 몸을 팔아 종이 되기로 하고 쌀 10여 섬을 얻었다. 온종일 그 집에서 일을 하고 저녁이면 밥을 지어 돌아와서 봉양했다. 이와 같이 한 지 3, 4일이 지나자 그 어머니가 딸에게 말했다.

"지난번에는 음식이 거칠었으나 맛이 있었는데, 지금은 음식은 비록 좋지만 맛이 전과 같지 않고, 속을 칼로 찌르는 것과 같으니 이 어찌 된 연유이냐?" 딸이 사실대로 아뢰니 어머니가 "내가 너를 종으로 만들었구나. 빨리 죽는 것보다 못하구나"라고 말하고 소리를 내어 크게 통곡하니 딸도 울었다. 슬픔이 길가는 사람들을 감동시켰다. 그때 효종랑(孝宗郎)이 나가서 돌아다니다가 이를 보았다. 돌아와 부모에게 청하여 집의 곡식 1백 석과 옷가지를 실어나 그녀에게 주었다. 또 종으로 사들인 주인에게 몸값을 갚아주고 양인으로 만들어주었다. 수천 명이 각각 곡식 한 섬씩을 내어서 주었다.

　대왕도 이 소식을 듣고 또한 벼 5백 섬과 집 한 구(區)를 주고 조세와 부역을 면제해주었다. 곡식이 많으므로 훔쳐가는 자가 있을 것을 염려하여 담당 관청에 명하여 군사를 보내 교대로 지키게 했다. 그리고 그 마을을 칭찬하고 드러내어 효양방(孝養坊)이라 했다. 이어서 표를 올려 그 아름다움을 당나라 황실에 아뢰었다.

　효종랑은 당시 제3재상인 서발한 인경(仁慶)의 아들이었는데 어릴 때 이름은 화달(化達)이었다. 왕이 생각하기를 그가 비록 나이는 어리지만 문득 어른스러움을 볼 수 있다고 여겨 곧 자기의 형인 헌강왕(憲康王)의 딸을 아내로 삼게했다.

어머니를 봉양한 가난한 여인

『삼국유사』 권5, 「효선」, 〈빈녀양모(貧女養母)〉

효종랑이 남산의 포석정에서 놀 때, 문객이 매우 빨리 뛰어왔는데, 두 사람의 객(客)이 홀로 늦었다. 효종랑이 그 까닭을 물으니 "분황사의 동쪽 마을에 나이가 스무 살가량 된 여자가 눈먼 어머니를 안고 서로를 부르며 울고 있기에 같은 마을 사람에게 물으니, '이 여자의 집이 가난하여 끼니를 구걸하며 부모의 은혜를 갚은 지 몇 년입니다. 때마침 흉년이라 문에 기대어 빌릴 수단이 어려워져 남의 집에 품팔이를 하여 곡식 30석을 얻어 부잣집에 맡겨두고 일을 했습니다. 해질 무렵 쌀을 싸서 집으로 와 밥을 지어드리고 함께 자고, 새벽이면 부잣집에 가서 일을 했습니다.

이렇게 한 지 며칠 만에 어머니가 지난날에는 거친 음식을 먹어도 마음이 화평했는데, 요즘의 좋은 쌀밥은 속을 찌르는 것 같으면서 마음이 편안하지 않으니 어찌 된 일이냐고 물었습니다. 여인이 사실대로 말했더니 어머니는 통곡하고 여인은 자기가 다만 어머니의 입과 배만을 봉양하면서 부모 앞에서 얼굴 빛 관리를 잘하지 못한 것을 한탄하며 서로 붙잡고 우는 것입니다.' 그래서 그것을 보고 오느라 늦었습니다."

효종랑은 이 말을 듣고 눈물을 흘리며 곡식 1백 석을 보냈다. 그리고 효종랑의 부모도 또한 옷 한 벌을 보냈으며, 효종랑의 부하들도 조(租) 1천 석을 거두어 보내주었다. 이 일이 왕에게 알려지자, 진성왕은 곡식

5백 석과 집 한 채를 내려주고 군사들을 보내서 그 집을 호위하여 도적을 막도록 했다. 또한 그 마을을 표창하여 효양리(孝養里)라 했다. 후에 그 집을 내놓아 절로 삼고 절 이름을 양존사(兩尊寺)라 했다.

김부식과 일연은 왜
삼국사기 • 삼국유사 엮어 읽기

초판 1쇄 발행 2012년 7월 23일
초판 5쇄 발행 2019년 8월 26일

지은이 정출헌
펴낸이 이상훈
편집인 김수영
본부장 정진항
책임편집 이조운
인문사회팀 고우리 이승한
마케팅 조재성 천용호 박신영 조은별 노유리
경영지원 이해돈 정혜진 이송이

펴낸곳 한겨레출판(주) www.hanibook.co.kr
등록 2006년 1월 4일 제313-2006-00003호
주소 서울시 마포구 창전로 70 (신수동) 화수목빌딩 5층
전화 02-6383-1602~3 **팩스** 02-6383-1610
대표메일 book@hanibook.co.kr

ISBN 978-89-8431-600-3 03910

• 값은 뒤표지에 있습니다.
• 파본은 구입하신 서점에서 바꾸어 드립니다.
• 이 책의 내용 일부 또는 전부를 재사용하려면 반드시 저작권자와 한겨레출판(주) 양측의 동의를 얻어야 합니다.